Love and Awakening

Discovering the Sacred Path of Intimate Relationship

男女の魂の心理学

ふたりの魂を目覚めさせる愛の旅

John Welwood
ジョン・ウェルウッド
島田啓介 訳

日本教文社

男女の魂の心理学——◎目次

男女の魂の心理学

――ふたりの魂を目覚めさせる愛の旅

はじめに

この社会では、男と女の関係についてほとんどの人が奇妙な思いこみにとらわれている。自分自身に対して豊かに、しっかりと関わっていかなくても、恋愛のパートナーとならそれが可能だ、と。

私たちは、幸せな恋愛を実現するためには自分にぴったりの相手を探し出し、正しくつきあい、愛を感じていけばいいと考える。しかしそれでも、まだ私たちが気づいていないことがある——相手との関わり方は自分自身との関わり方で決まってしまうこと、ふたりの関係は自分の心のあり方の延長であり、相手とうまく関わっていけるかどうかは、自分に対してどれだけ心を開き、深く関わっていけるかどうか次第だということを。

三十年前のアメリカで、女性たちが自分たちの成長を妨げてきた古い役割や固定観念に対して問い直しをはじめたのをきっかけに、意識向上の運動が起ってきた。さらに近年では、男性についての古くからの見方に疑問を投げかけるような男性自身のムーブメントも起ってきている。

今まで男性と女性は、こういった問題に別々に取り組んでいたのだが、そろそろ新たな視点から問い直さねばならない時がやってきた。古くからの社会的神話や固定観念から離れて、男女の結びつきとは何なのか？　と。

子供を育て、居心地のよい家庭を築くという以外に、ふたりの人間が人生をともにする目的はないのだろうか？　愛する者どうしが一緒に生きる本当の意味は何なのか？　いまや昔からの社会的規範は大きくゆらぎはじめ、ふたりでいつまでも幸せに暮らすというロマンティックな夢も息絶えた。長かった旧時代は終わり、男女にとって新たな成熟と、より深い意味での目的を見い出していこうという時期がきている。ふたりの意識を高めていく時は熟しているのだ[*1]。

今日、地球とそこに住む生きものたちが迎えている深刻な状況は、私たちすべてに目を覚まして自らの生き方を見直し、人間としてのいのちについての、より大きな聖なるヴィジョンとのつながりを持つようにうながしている。このような自己探求は、かつては世俗を離れ、真実を探し求める霊的修業者の役目だったが、もはやそういった「現実生活」から切り離されたスピリチュアリティーに安住していられるような余裕は、私たちにはない。

地球と、人間性そのものを脅かす危機がますます深まっている今、私たちに必要なのは、日々の試練の中から生まれ、同時にその試練に取り組んでいけるような、地に足をつけた新たなスピリチュアリティーである。「今・ここ」に自分のすべてをかけて関わっていくことを通して、現実における生の質（クオリティ・オブ・ライフ）を変えていくような、しっかりとした精神性が求められている。幸いにも、こうした知慧を育んでいくための頼もしい手段は身近にある。それがまさに、愛する人との親密な関係なのだ。

しかしそうした男女関係そのものも、根底からもう一度見直す必要がある。古くからの結婚の根拠がうすれ、次から次へと家庭が崩壊し、多くのカップルが人生をともに創造していくことの難しさを感じている今、男女が関わり合うのはいったい何のためなのかを、根本的に考え直すことがせまられているのだ。

私たちにとって必要なのは、男女の関係が本当は何をもたらすのか、それを困難にしているものは何なのかを新たに理解し、その困難が自分を本当に知っていくための糧となってくれることを知ることだ。自己を知ることは、もっと深く自分自身と関わり、また相手に関わっていくための鍵である。

男女の愛し方については、これまで充分探求されてはこなかったし、はっきりと語られてもこなかった。だから私たちには今、「男女の聖なる心理学」が必要なのである。

「三つの法則」として知られる古くからの教えによると、あらゆる人間関係は三つで一組の要素――自分と相手という二つの極と、それらを結びつける「目的」や「調和」の原理とで成り立っているという。かつてはこの三番目の要素は、つねに社会という外側からの強制によって保たれてきた。結婚には、家庭や社会のためというはっきりと定められた機能があったものだが、現代におけるそれは、相手に楽しみや、心地よさや、欲求の充足といった、生まれては消える主観的な感情を求めるような関係になっている。しかしそこには、とくに苦しみや困難が襲ってきたとき必要となる、お互いを結びつけておくための要素が欠けている。

男女関係にともなう義務や喜びを超えて、さらにその深い意味と目的を探っていくならば、私たちがふだんつけている仮面や装いの奥にある、本来の自分自身と深いレベルで結びつけるような、聖なる世界に踏みこんでいけるだろう。

本書では、愛する男女がともに自らのいのちの聖性に目覚め、それを尊重していくための方法を示していきたい。その聖性こそ、生涯を通じてたえずふたりに、向かうべき方向と意味と目的とを与えてくれるはずだ。

「聖性への目覚め」という言葉は難しく聞こえるかもしれない。しかしそれは、本来きわめてあたりまえのことなのである。それは、自分が経験していることに対してより敏感に反応し、本来の自己のありのままの姿を尊重していくことなのだから。

残念ながら私たちは、自分自身についてわかっている範囲でしか、相手とわかり合うことはできない。そして自分を知ること自体、たぶん長く困難な旅になる。しかし幸いなことに愛は、この自己理解をより深めていく支えとインスピレーションとを与えてくれる。あなたが愛する人にどう関わっているかが、自分自身への関わり方をも映す、くもりのない正確な鏡となるということが、そのうちわかってくるだろう。だから日常生活のどんな側面よりも、男女の関係こそが、もっとじかに深く自分を見つめ、理解していくきっかけになるのである。

こう考えると、愛こそは「目覚めへの道」になるのだということがわかる——それは過去の無意識のパターンにまどろんでいる私たちを揺り起こし、本来の自分自身と結びつき、もっと生き生きとまっすぐに、今、この瞬間に生きるようにうながしてくる。これこそが、楽しみや心地よさを超えた、深い幸福の源なのだ。健全で満ち足りた男女関係の基盤になるものは、それ以外にはない。

本書は、私の前著『男女のスピリチュアルな旅』と同じく、新しい男女の関係を探っていかねばという私自身の必要性にせまられて書かれたものだ。二十年前、この問題と取り組みはじめたころ、私は、東西の心理学、哲学、精神世界の教えを学び、肉体、心、魂と霊の神秘的な融合体である男と女の、微妙でさまざまな面を持ったやりとりを解き明かす道を探ったが、思ったようにはいかなかった。そのうち私は、自分自身の道を見つけ、いまだに充分探求されていないこの領域全体への理解を深めていくより他に方法はないのだと悟った。

本書では、一般によくあるような考え方とはまったく異なった男女関係へのアプローチを試みながら、さらにその先へと進んでいきたい。ふつう一般的な恋愛問題への取り組み方の中心になるのは、「問題解決法」である。そこで得られるのは、ふたりの良いコミュニケーションとは？　素晴らしいセックスとは？　共依存から脱するためには？　けんかをするには？　あるいはけんかをしないためには？　男女の違いをどうすべきか？　離婚後をどう乗り切ったらいいか？　といった数々のテクニックである。

確かにこうしたテクニックが役立つこともある。しかしこんな「応急処置」のアプローチは、問題の答えは自己の奥底にあるのではなく、法則とか解決法という形で自分の外側にあるのだという心の枠組み《マインド・セット》をつくり上げてしまう。そうすると私たちは、自分自身や恋愛の相手、そしていのち全体とのつながりを深める機会を与えてくれる、愛のより大きな聖なる可能性を知ることができなくなるのだ。

またこれとは対極にある考え方に、「霊的」または「ニューエイジ的」なアプローチがある。これらは、恐れを手放し、愛に身をゆだね、ハートを開き、相手の中に神を見い出す、といった高いヴィジョンを持っている。しかしその一方で、お互いの関係がもたらすさまざまな現実世界の心理的問題には目をつぶる。つまり聖性というものを雲の上へ押し上げ、複雑な感情のからんだ現実生活の問題を飛び越したり、迂回《うかい》したりしてしまうのだ(私はそれを「スピリチュアルな迂回」と呼ぶ)。

こうしたアプローチには、愛の試練と取り組みながら、それらの試練がもたらす、私たちを根本から変える可能性を発見させてくれるような〝道〟も方法も見受けられない。一般的な恋愛のアプローチが「天」の要素を欠いた「地」だけのものだとすれば、実際にはニューエイジのそれは、「天」だけで「地」が不在なのである。

さて本書では、これらと違って、より大きなヴィジョンとそれを実現するための現実的方法や道を示す、包括的な「心理的―霊的《サイコスピリチュアル》なアプローチ」を示したい。前半では、日常生活の中で他の方法ではめったに得られない、男女の間の心理的な障害のひとつひとつが、特別な形のスピリチュアルな機会を私たちに与えてくれることについて述べる。

愛が姿を現すにつれて、私たちは恐れや抵抗感に出会い、萎縮し、心を閉ざしてしまう。愛の力によってたえず私たち自身を広げていくためには、愛によって強められた、広がりの力と萎縮の力との緊張をいかに切り抜けていくかを学ばなければならない。第2章から8章までは、さまざまな角度からこの中心的な課題を見ていく。続く第9章から14章にかけては、さらに直接、男女の関係の持つより大きな可能性について見ていこう。

本書ではまた、ユニークな構成を試みた。それぞれの章で扱った話題をできるだけ現実的で個人的なレベルにおろすために、私が今まで行なってきた男女関係のワークショップの参加者の経験にもとづいた「対話」を、次章との間に差し入れたのである。この対話を読めば、男女関係から生まれるどんな苦しみについても、その中心に入りこんでいく率直で直接的な方法があるということがわかる。それによって、自分にもパートナーに対しても、より「あるがまま」でいられるようになる。これは、私が「存在中心の心理療法」(Presence-Centered Psychotherapy)と呼ぶ総合的なアプローチである。それについては、将来私が書くであろう本で具体的により詳しく取り上げたい。

ここで、本書の特徴をいくつか述べておこう。

前著『男女のスピリチュアルな旅』では、相手との意識的な関係を、情熱、明けわたし、関わり合い、結婚、セックスなど広い範囲にわたって見ていったが、本書では、私たち自身が失ってしまった部分をとり戻す手段としての男女関係に、さらに的をしぼっていく。

こうした取り組みによって私たちは、今までとは違った新しい領域に踏みこんでいくことになるが、二冊の本はいくつかのテーマを共有している。私は、一方の本を手にとった読者が、探求を深めていくためにもう一方を読むことを考えて、両著あわせて一組の構成にした。また、巻末の註を見ることによって、本筋のテーマを補足する説明とともに、二冊の本の内容を相互に参照することができるよう便宜をはかった。

心理療法の現場から紹介したいくつかの例は、臨床的な意味で取り上げたというより、重要なポイントを明らかにするために、本文の内容をかなり濃縮して示したものである。また子供時代の心の発達について述べた部分についても、話題が広範囲にわたることをさけ、同じ箇所に出てくるテーマに関係した、鍵となっている問題を明らかにしようと意図した。

本書は異性どうしのカップルに向けて書かれてはいるものの、同性のカップルを排除する意図はない。私自身の経験と関心によって、本書では男女の関係のみに問題をしぼった。

本書に出てくるさまざまな考えや知識は、パートナーどうしが深く結び合い、そこに起る試練と進んで取り組み、お互いの成長に力を注いでいこうとつとめる、そのような関係に限って提案したものであるから、これらの要素が欠けていたり、また誠実さや善意を欠いた男女関係を正当化するために使うのはひかえてほしい。

本書が、あなたが愛するパートナーとの関係をより広いヴィジョンで眺める眼を養い、その聖なる可能性を発見することに役立ったなら、望外の喜びである。もはや、むだに過ごす時間はない。ふたりの関係から、この世界の再生ははじまるのだから。

第1章 男女関係の新しいヴィジョンへ

存在とは、ただあること。それを理解することが知慧であり自由なのである。
——H・L・プーニャ

どんな人間関係においても私たちは、問題にぶつかって同じ疑問に出会うことになる。「私は、いったい何をしているんだろう？　こうして苦しむことに意味があるんだろうか？」と。こんな思いは、相手とつきあいはじめて数日もたたないうちにわいてくるかもしれないし、何年後、何十年後になって出てくるかもしれない。

しかし遅かれ早かれ、相手との関わり合いには楽しみだけでなく努力も必要だと感じられてくると、私たちはこのままでいいのだろうかと悩みはじめる。最初のころのうきうきした気分は消え、傷つけ合ってばかりなのに、なぜ一緒にいなければならないのだろう？　相手との仲が深くなるにつれて、見たくもない自分の心があばかれていくのに。日々他人と生活をともにし、愛し続けていく力なんて、自分にはあるのだろうか？

今の複雑な男女関係において歩むべき道を探していくのは、地図もコンパスも持たずに荒野をさ迷うようなものだ。そのほとんどの時間、私たちは、下草にやみくもに足をとられて負った傷の手当てに忙しい。しかし、傷に包帯を巻くことは一時しのぎにはなるだろうが、根本的な問題に取り組むこととは別だ。自分が向かっている方向を知ることなしには、道を見い出すことはできない。

男女関係とは何なのか？　それに対してはっきりした考えを持たなければ、恋愛がもたらす試練とどう取り組んだらいいかはわからない。応急手当とか一時しのぎではなく、本当に必要なのは、男女が長期的に関わりあっていくことの意味や目的を示す、新しいガイドとなるヴィジョンである。

こうしたヴィジョンと意志があってはじめて、目的は達成される。それが芸術家だろうと、登山家だろうと、ヨーガ行者だろうと、実業家だろうと、実現へのヴィジョンなしには、長くつらい取り組みを続けていくことはできない。ヴィジョンとそれを現実化するための明確な意志を持つことで、私たちはふたりの間に必ず起ってくる障害をたえ忍ぶことができるのだ。

しかし現実には、私たちは自分の本当の望みを知らないうちに恋愛をはじめてしまうことが多い。自分が何を求めているのかがはっきりしていないと、愛の道のりで待ち受けている困難の意味がわからない。こうしてしばしば私たちは、絶望の淵に立たされることになる。

あるがままでいること

パートナーとの新しいヴィジョンをつくり上げていくには、「相手との関係の中で何をいちばん大切にしたいのか？」と、まず自分に問いかけてみることである。

何組かのカップルを含んだグループワークをするとき、私がよく最初に尋ねるのは、「恋をして何がいちばん楽しいですか?」ということである。何があなたをそんなに素晴らしく、パワフルで感動的な気持ちにさせるのか? 他のどんなことより大切だと思えるような何を、恋は与えてくれるのか?

そんな質問に対してよく返ってくる答えは次のようなものだ。

・何か大きな存在の一部になった感覚。
・本当の自分になれたという確かな実感。
・今までにない力と安らぎ。
・いのちの不思議さを知った。
・未知のものを恐れる気持ちが消えた。
・流れるような動きとつながりの実感。
・自分自身とまわりのすべてをはじめて受け入れられた。
・自分のからだや五感が、生き生きとしてくる。
・世界が新鮮な目で見えてきた。
・何かに祝福されているという感じ。
・わが家に帰ったような気持ち。

さらにいろいろな人に、恋をしたときどんな感覚をおぼえたかと聞いたところ、温かさ、純粋さ、感謝、情熱、思いやり、心の広がり、現実感、信頼感、美しさ、不思議さ、解放感、喜び、確信、豊かさ、全能感、パワー、などの答えがあった。

これらの答えからは、ひとつの傾向が読みとれる。恋をしているときには、ふだんよりありのままの自分でいることができ、自分自身やまわりの世界とより深くつながれるようになる。その感覚がもっとも高められているときには、もはや自分の価値を人に印象づけようとしたり、自己分析をしたりする必要などない。

そのとき、私たちの内なる何かがリラックスしている。ふだんの心配や思いわずらいはなりをひそめ、私たちは覚醒し、生き生きとしてくる。ありのままでいること、自分自身でいるという体験をする。恋をすると、より大きな自分が開かれ、私たちはパワフルで生き生きとしてくる。

「ある」(being)という言葉は、静的で抽象的な印象を与える。しかし、それを動詞として(be-ing)見直すと、私たちはどんなときでもありのままの自分でいられ、世界と直接関われるのだという、存在の生きたプロセスがはっきりと見えてくる。

自分自身の本質に少しでも触れたければ、「今、この文章を読んでいるのは誰か? 今、この体験をしているのは誰か?」と自分に問いかけてみることだ。それに対する答えを考えようとするのではなく、それを体験している自分、つまり体験の主体である意識そのものを直接見つめるなら、そこには姿も場所も形もない、ひとつの静かな存在があるだけだ。私たちの思考や体験の中に、周りに、背後に、合間に現れてくるこの名前も形もない存在は、精神世界の伝統の中では、「真我」、魂の故郷などと呼ばれてきたものであり、「本質的自己」、「聖霊」などとも言われている。

be-ingとは、このように目覚め、開かれ、真実に対して敏感な、存在の流れの中に身をゆだねる状態を意味する。キリスト教の神秘家エックハルトはこれを、「今を流れ続けること」と表現している。

存在の持つ流動的で開かれた、ダイナミックな性質は、いのちの中心とじかにつながる水路を開く。しかし、日ごろの私たちは周囲に対して、心の動きや感情の反応などを介したまわりくどい方法でしか接していない。

こんなわけで、恋は人を「わが家に帰ったような気持ち」にさせるのだ。恋は私たちを、この世で唯一本当に信頼できる安らぎの場所である、存在の流れの中へと導いてくれる。

チベット仏教の導師チョギャム・トゥルンパは、私たちの本質であるこの開かれたあり方のことを、「根源的な善」とあざやかに表現している。私たちは、自分の価値を人に認めさせるために多くの時間とエネルギーを費やしたりするが、本当はありのままの私たち自身に、もともと備わっている無条件の価値があるのだ。

とはいえ、人間は善だけで成り立っているわけではない。この世で人類が行なっているあらゆる悪業を思えば、そんな考えはあまりにも単純すぎる。しかし私たちに備わった無条件の価値は、良い要素と悪い要素とがいつも混じりあっている条件づけされた人格や行動より、はるかに深いところにある。それは、私たちという存在の中心をなし、自分やまわりの世界の価値を知らせ体験させてくれる、根本的に開かれた性質の中にあるのである。

開かれた存在になれるという私たちの能力は、無条件の価値の源であるだけでなく、喜び、やさしさ、勇気、元気、正直さなど、人間のあらゆる良い性質の源でもあり、私たちはそれを恋愛の中でもっともあざやかに体験する。こうした数々の性質は、私たちの根源的な善が、人生の中でさまざまな形をとって現れてきたものだ。

この自分の存在の中心にある開かれた性質によって私たちは、もっとも困難な状況にあっても、自分という存在そのものは善であると知ることができ、日常に隠された魔法をありありと感じることもできるようになる。この世のあらゆる悪とは、こうした自分の存在の基盤を理解せず信じられないことから生まれてくるのだといえる。私たちが生きることとじかに結びつき、その喜びを感じるなら、自分の存在の健やかさを直接知ることができるだろう。

あるとき詩人イェイツは、ロンドンの混みあった喫茶店で、鮮烈な瞬間を体験した。彼はそれを、とてもシンプルで洗練された、祝福が全身をつらぬいて流れるような瞬間だったと書いている。

店の中や通りを見つめていたとき、
私のからだが突然燃え上がった。
それは二十分ほど続いたろうか
私は深い幸福感に満たされ、
すべてのものに祝福され、
すべてのものを祝福できる思いがした。

愛は私たちをインスパイアし(聖なる息吹を与え)、自らの存在の清らかな流れに身をゆだねさせる。だからこそ、愛はかけがえのないものなのだ。私たちが愛する人との間でいちばん大切にしているのは、ただ一緒にいるということだ。もっとも深く相手と結びつく瞬間とは、ふたりがただ、あるがままでいるとき——自分自身に還り、その豊かさを愛する人と分かち合えるときである。それは「一緒に」いるというよりも、一緒に「いる」ということなのだ。

私たちは、何かを「手に入れる」ことや、「する」ことについては多くを教えられるが、「いる」ということについてはほとんど習うことはない。相手との関係を手に入れるものと考えるなら、それは執着の対象になり、広がりと自由さを失って、出口のない箱のようなものになってしまうだろう。またそれを、何かをするものとして考えたら、新鮮さと自発性は失われ、私たちは余裕を失い無理ばかりをするようになる。

手に入れたり何かをするという作為から離れたとき、お互いのあるがままの状態で体験することは、ふたりに深いつながりをもたらすだろう。

この変わることのない、あるがままの姿に出会えてはじめて、私たちは自らのいのちを深く知ることができる。大きな喜びである、性の交わり、自然の美しさ、創造的なチャレンジ、スポーツや活発な運動などは私たちを生き生きとさせ、自分がここにいることを確かに感じさせてくれる。そして、ここに確かにいる瞬間、私たちは自分の本質に触れている――自分の故郷であり、あらゆる喜びと充足の源である、開かれた姿に。

そうした状態は、呼吸する空気と同じように、生きていく上で欠かせないものだ。しかし、まったく目に見えず触れることもできないので、私たちがそれに注意を払ったり大切にしたりすることはめったにない。

たとえば著述家としての私は、作品のでき具合や報酬などの結果にこだわったりすることもある。そうすると、その仕事によって私が内面の知を深く探り、自分のあるがままの姿により忠実になっていくという、もうひとつの価値を忘れてしまう。もしこうした存在の流れに意識を向けなければ、実際には仕事の成果はほとんど上がらず、その過程を楽しむこともできなくなるだろう。

スポーツ選手が成功への望みや失敗の不安にとらわれるとき、心の平静を失い、勝負にも破れることが多い。同じように、恋人どうしがお互いの存在の気高さを感じられず、日常のささいなことにとらわれはじめると、相手と関わり合う喜びはあっという間に消えていく。

私が心理療法家として見た場合、既婚のカップルはハートの宝物を手に入れるための鍵――ただあるがままでいること――をまったく見失ってしまうことが多い。確かに彼らは深く愛し合っているかもしれないが、診察室の長椅子に並んで座ったふたりは、本当にそこに一緒にはいない。

外側にある障害物(せわしない生活やのしかかるプレッシャー)、または内面の障害(自分や相手への長い間の固定観念、感情的な反応、恐れ、否定や忌避のパターンなど)によって彼らは、はじめにお互いを惹《ひ》きつけていた、生き生きしたいのちとのつながりを失ってしまったのだ。

金を精練する

恋をしたとき私たちは、自分のいちばん奥にひそむ本当の金《きん》をかいま見る。恋愛がはじまると、心が開いていく感じ、安らぎ、広がり、喜びといった私たちに備わったパワフルな性質が、相手との高められた感覚から、そのまま自然に現れてくる。これが私たちをインスパイアし、さまざまな恵みと成長をもたらし続ける関係性へと、大きく進ませるのである。

しかし、ふたりの関係が深まっていくにつれ、その金を見い出すことはますます難しくなっていく。金に混じりこむ鉄鉱石のような古い人格のパターンが、邪魔をしはじめるのだ。それでもなお純粋な金を手に入れたいのなら、私たちの目をくもらせようとするものに向かい合い、取り組んでいく、「精練」の段階を経なければならない。障害から自由になるためには、私たちの中にある愛の働きをさえぎるものを明らかにし、それと取り組んでいく必要がある。

恋におちたとき、本来の自分の姿をかいま見ることができるが、長い恋愛関係に入っていくと、ありのままでいることや、真実のうちにとどまることや、自分自身であることを難しくさせる、あらゆる障害が姿を現してくる。恋愛の途中でカップルはみな、最初に惹かれ合ったときの輝きの瞬間を失い、恩寵《おんちょう》からの墜落に苦しむ。それでもその苦しみを、ふたりがより大きな全体性と、豊かで味わいのある愛へと向かうための欠かせない要素だと考えるなら、悪い結果にはならない。

イスラムの神秘主義であるスーフィーの伝統では、いくつかの〝状態〟(states)――安らぎ、喜び、信頼、内なる力、自信など、恋におちたとき短期間に自然に起ってくる存在のあり方――と、〝場〟(station)――同じ「状態」ではあるが、それらが自分の存在と一体化したもの――とを、厳密に区別している。〝状態〟は去ってしまえば、容易にとり戻すことはできない。しかしそれが〝場〟になると、必要になった時にはいつでもそこに身を置くことができる。

日々の生活や男女関係において、愛や自分自身を、過ぎ去っていく〝状態〟ではなく〝場〟としていくためには、自分のどんな行動が障害をつくりだしているのか、どうしたらその障害をとり除くことができるかを知らなければならない。これが、意識的な関係への道をつくっていくのだ。

深く結ばれたカップルが、ふたりの間で起る障害の数々と取り組んでいこうと決めたなら、自分自身や相手とのつながりは深まり、生涯一緒に歩んでいける道と方向とを手にするだろう。しかしこうした取り組みを拒むなら、愛の炎で自らを精錬し、内なる金を鍛えるための貴重なチャンスを逃すことになる。

スーフィーの導師、ハズラット・イナヤット・カーンは、愛に対する大きな罪のひとつは、「愛の途上で起ってくる悲しみや、痛みや、問題や、さまざまな困難におじ気づくこと」であると言っている。もちろん、その途上で出会う試練に立ち向かうには、大変な勇気と大胆さが必要だ。そのとき欠かせないのが、自分を導いてくれるヴィジョンである。ヴィジョンはふたりが迷ったときや行きづまったときに勇気づけ、エネルギーを与えてくれる。いちばん困難なときにカップルを支えるものは、心を開いていく途上の障害と取り組みながら、お互いの本質が持つ金を精錬するという助け合いを通じて、ふたりが大きな目的に向かっているのだという自覚を持つことである。

こうしたヴィジョンを持てば、私たちがふだんとらわれている苦しみの質を変えていけるだろう——自らの内なる障害との出会いがもたらす苦痛を、それを乗り越えるためのきっかけとして積極的に生かしていく方向へと。ロシアの神秘家グルジェフはその苦痛を、「意識的な苦しみ」と呼んだ。

男女を結びつける昔からの絆の多くが切れてしまった今、自分たちの存在の本質を見つめ深めていく以外に、この困難な時代の中でふたりがお互いの関係を育てていける方法はない。私たちのハートはまさに、こうしたつながり合いを望んでいるのだ。

あなたは自分の個性や考えや信念——自分がそう考えている自分——を反映し、おし進めていけるようなパートナーシップを望んでいるかもしれない。しかしそれは、心の中の自己イメージとは一致しないもうひとつの自分を無視し、否定するような、無意識的な関係のあり方だ。

意識的な男女関係は、これとは違って本当の自分自身を探求していく。それはありもしないイメージを追いかけずに、真実を求めていくことである。

男女の関係を、自己の真の姿に備わったパワーへといざなう道のりだと考えるなら、きっと私たちが今本当に必要とする新しいヴィジョンが得られるだろう。

第2章 愛と目覚め

私たちのほとんどは、どんな事態に巻きこまれるかもわからないままに、無意識的に異性との関わりをはじめてしまう。しかしパートナーとの間に真の関係をつくっていこうとすれば、自分の生き方に対して意識的になり、自分自身への観察が深まり、意志や勇気や目覚めの力が高められていくだろう。

ヘルマン・ヘッセの美しい物語「アヤメ」のなかには、ある女性に心を惹かれた男が自分自身と人生の真の目的への探求に駆り立てられ、それまでの自分がすっかり変わってしまうという話がある。この物語は、母親のつくった庭園に咲くアヤメの花に魅入られたアンゼルムという少年が、大人になってイリス(アヤメ)という名の女性に、人生を変えるような恋をする話からはじまる。花にしても女性にしても、それらに惹かれる心は自分自身の魂へと至る道になる。しかし私たちの多くと同じくアンゼルムは、自分のロマンティックな恋心の中にひそむ、自分の中のもっとも真実なるものとつながりたいという、より深い衝動に気づかなかった。

子供のころアンゼルムは、庭園の中で蝶々や小石とたわむれ、カブト虫やとかげたちと友達になり、とりわけアヤメの花を眺める喜びを通じて、生《せい》のいきいきとした不思議さを味わっていた。

彼がアヤメの杯《さかずき》状の花の中に目をこらし、内部に向かうほのかに明るい光の道に思いをめぐらせているうちに、魂は、すべてが謎めき予感を起こさせるような、あの門の内を透かし見ていた。そして彼とともに世界全体が、その愛らしい花の深みの奥へ奥へと、魔法の力に引かれてゆっくりと滑りこんでいった。あらゆる望みがかない、予感が実現するその中心へと。

アヤメの秘めやかなその内奥に心をもぐりこませながら、アンゼルムは思いがけなく自分自身の魂の深みとつながっていった。*1 それは、インドの賢者オーロビンドと親しく交わっていたミラ・オルファッサが言うところの内的な動きである。

魂と出会うためには、表面的な意識から退いて、自分の内側へ、奥へ奥へと降りていかなければならない。(……)そこで出会うのは、温かく、静かで、豊かで、動くことなく満たされている、心地よさのようなもの——それは魂そのものだ。

こうして意識の表面から深みへと降りていくことによって、いのちの完全さの源——私たちの本性の中心にある根源的ないのちの輝きと存在そのものがあらわになってくる。そのたとえようもない美しさと豊かさは、霊的な伝統の中において「望みをかなえる宝石」(如意宝珠《にょいほうじゅ》)とか「何よりも尊い宝石」と呼ばれているものだ。

アンゼルムのように私たちも、自分の内なる核が放つ輝きを持ってこの世に生まれてくる。私たちは、パワーと可能性に満ちた広大な宮殿の中に生み落とされる。人間にはもともと、限りない潜在能力が備わっている。誰もが自分の奥深くから、あらゆる種類の能力――力、知慧、慈愛、やさしさ、喜び、ユーモア、寛大さなどを取り出すことができるのだ。これは人として、神から授かった権利である。子供のころには、私たちのほとんどが、何らかの一体感――短いながらも輝きのある一瞬――を持っていた。「まばゆいばかりの雲を追いかけるために」自分はこの世界にやってきたのだ、というような。

私という存在が失われるとき、心の宮殿は閉じてしまう

しかし私たちが生まれてくる現実という場は、感情がからみ合った家庭や社会という世界だ。そこでの私たちの心は、とても傷つきやすい。

子供は大人を、肉体や感情の基本的な欲求を満たしてもらうためだけではなく、自分をはっきりと見つめ、自分の感覚に正しく反応し、自分の姿を映し返すことで、自分の中にある美点や可能性を見い出すための「鏡」としても必要としている。こうしたミラーリング(鏡に映すこと)は、自分を知り認識していくためのきっかけを与え、自己を開花させるようにうながしてくれる。

私たちは、子供のころにこうして自分の本質を感じることはできるが、その本当の意味を充分に認めたり理解したりすること、自分とは完全さ、栄光、美そのものなのだということを知る力は持っていない。このころの私たちにはまだ、自らを真に知っていくための、自分を内省する目覚めた意識は

育っていないのである。*2

残念ながらほとんどの親は、子供たちが自分の奥深くにある可能性を認め育むように、導いてあげてはいない。大人は子供のことを、いわばガラスごしにぼんやりとしか見ないのだ。大人自身が、自分をそんなふうに見ているのだから。

愛情たっぷりの両親でさえ、子供を理想化したり可愛いがり過ぎることによって、歪んだ鏡となってしまうことが多い。どんなにわが子を愛しているといっても、ほとんどの親は自分自身の望みや、恐れや、期待や、かなえられなかった欲求などをくもった鏡に映し、いわば子供の上につくり上げた自画像を見ているだけなのだ。

しかし、親たちだけに責任があるわけではない。彼ら自身もたぶん、心の奥深くにある本当の自分を知り、尊重するための機会が得られなかったのだから。自分が自分を認識できなかったので、子供にもそれを認めてあげられなかったのである。また、自分の感情や欲求や感受性さえも思いのままにならなかったので、子供にもそれらを持たせてあげられなかったのだ。

こうした状況はじつに困難なものだが、どんな子供もそれに取り組んでいくことから逃れられない。子供は、あらゆる体験を受け入れ、身につけていくための、大人からのミラーリングを必要とするが、それに対して与えられるのはいつでも、不完全で歪んだ映像や、あるいは何ひとつ映し返してもらえないということだ。そしてそこから、人生におけるもっとも初期の恐れの形——自分のいつもの生き方はどこかおかしいのではないか、自分は欠陥だらけで価値がなく、愛されない人間なのではないかとか、本当に生きている実感がない、などという思いが生まれてくるのだ。

大人の社会が、誤解や無視やあからさまな虐待などのさまざまな形で、子供を理解せず尊重もしてくれないとき、子供は深く傷つく。魂はショックを受け、彼らがもともと持っている開かれた心は閉ざされてしまう。

詩人エミリー・ディッキンソンは、それをこのように表現している。

とても大きな心の痛み
それは私の存在を飲みつくす

この痛みはあまりにも激しく心に傷を刻みこむので、ある子供たちはそれに打ち負かされ、心の安定を失い、繊細な神経系のヒューズを吹き飛ばされてしまいそうな状態に追いこまれる。だから彼らは電気回路のブレーカーのように心のスイッチを切ったり、萎縮して死んだようになったりする。また、長年にわたってかえり見られず相手にもされなかった結果、ゆっくりと心を閉ざしていく子供たちもいる。

開かれた心はもともと私たちに備わっており(これはふつう、存在の中心にある柔らかな部分として感じられる)、そこから愛をはじめとして、人間にとって欠かせない多くの性質が生まれ出てくる。しかし同時に同じところから、かつて誰からも相手にされず尊重もされなかったという、子供のころの激しい心理的な痛みもやってくる。そして心の平静を脅かすようなこの痛みを少しでも感じないようにするために、私たちはからだも心も閉ざしてしまう。こんなふうに私たちは、自分をコントロールする感覚を身につけ、変わっていく家庭環境に適応し、それを生き抜いていくようになる。まるで開いていた手のひらを少しずつ閉じていき、やがて固く握りしめてしまうように。

こうしてこぶしを握るという反応は、急な精神的危機に対処するにはふさわしいかもしれないが、その先もずっとそうして生きていくのは明らかに不自然なことだ。しかしこれこそまさに、私たちの魂に起っている現実なのだ！

精神的な苦痛を感じるとまず私たちは萎縮するが、それ自体は問題にならない。しかし次に私たちは、この縮こまった状態のなかに逃げこむことによって、それと一体化してしまう。傷つけられやすい手のひらをさらしているより、こぶしを握っていた方が安心なのだ。自分を守るこうしたかたくなさは、自分の感覚を切り捨て、自由で開かれた心でいのちに応えていく力を閉ざしてしまうような、堅固な自己防御の姿勢として心とからだに組みこまれる。こうして私たちは、痛みを否定しようとするあまりに、結局自分自身を否定することになる。

このようにして、私たちは存在の中心に一生消えない傷をつけてしまう。そして本来の自分自身から切り離されていくのである。

こうして自分に閉じこもることで、私たちは人生の困難に取り組んでいくために必要な心の可能性への道をもふさいでしまう。たとえば、心の傷つきやすさを感じることをいつも避けていると、私たちはこの傷つきやすさと取り組めるようにしてくれる力——純粋な勇気——をつちかうことができなくなる。また、痛みに顔をそむけていると、苦しみに対してもっともよく効く薬である、慈愛の心が鈍ってしまう。

こうした内面的な力を手に入れる道をなくしていくにつれて、魂の中にはいくつもの穴、つまり「死んだ場所」が増えていく。それは感覚が鈍り、気づきのエネルギーが自由にめぐることができなくなってしまった場所である。

こんなふうに、私たちは自分の存在の宮殿にある部屋をひとつひとつ締め切っていく。そしてこの宮殿は、とうとう一間だけのアパートになってしまう日まで小さくなり続けるのだ。かつては人生の庭が不思議な喜びに満たされていたヘッセの小説の主人公アンゼルムも、こうして他の人とは違った季節を迎えることになる。

子供時代の後にたどった道ほど長いものはなかった。少年はいろいろなことに気をとられ、母親と年中いさかいを起していた。彼には本当の問題は何なのか、なぜそれほど苦しむのか、なぜいつも同じ問題に引っかかってしまうのかがわからなかった。その中で気づいたのは、世界がすっかり変わってしまったということだけだった。庭の周りを囲った色とりどりの石はもはや退屈なものでしかなく、花々は沈黙していた。そして彼はカブト虫をピンで刺し、標本箱のなかにしまいこんだ。過去の喜びは干からびてしわだらけになり、彼の魂は長く厳しい回り道をたどりはじめた。

偽りの自己、それは魂の檻《おり》である

子供時代が終わって、自己の存在の持つ限りない可能性を締め切り、せまい一間のアパートに住むようになったとき、魂の長く厳しい回り道がはじまる。この締め切られた部屋とは、自我《エゴ》とか条件づけされた性格のことである。[*3] それは、本当の自分自身には力を貸してくれそうもない世界に適応していくための方法としてつくられていく。私たちの性格はさまざまなアイデンティティー——自分自身についての固定観念――からできており、自分を脅かすような感情から、それによって自分を守っているのだ。
　自分には何の価値もないという恐れから身を守るために、私たちは、大きくて強い自己像をつくり上げようとすることがある。自分自身に「何も恐れない、なんでもうまくやってのけられる、それが自分だ」と言い聞かせるのだ。また、悲しみや嘆きに対してお手上げになったとき私たちは、自分はそんな感情はとっくに乗り越えた「明るく、楽観的な人間だ」というようなアイデンティティーを築き上げる。あるいは、愛情に対する渇望が満たされないと、愛なんて必要ないという偽りの仮面をかぶることもある。そのあげく、自分は本当に愛情など必要としていない、と思いこみはじめるのだ。
　こんな思いこみから、現実についての歪んだ像が生まれる――それはまるで、白日夢や忘我《トランス》の状態の中で生きているかのようだ。[*4]
　エミリー・ディッキンソンはこうした心のなりゆきを、先の二行ではじまる八行の詩によって説明している。

とても大きな心の痛み
それは私の存在を飲みつくし
そこに開いた深淵を忘我《トランス》によって覆い隠す
思い出はそこを避け、
横切り、またぎ越す
まるで気を失った人が、そのままで生きているようなもの

気づいてみれば
私は骨の一本一本までばらばらになっている

ここで彼女が書いている「深淵」とは、自己の存在から離れてしまったために生じた内なる虚空のことである。子供はこの喪失の痛みから逃れるために、こうした深淵を思いこみや、想像や、自分についてつくり上げた物語《ストーリー》などで埋め立てねばならなくなる――心が「そこを避け、横切り、またぎ越して」いけるように。

自分とはこういう人間である、と思い描く「自己像」とは、うわべだけの安全とコントロール感をもたらすだけの、偽りの自分である（「まるで気を失っている人が、そのままで生きているようなもの」）。やがて、自己の存在とのつながりが断たれていることに直面するという悲惨な結果が待っているのだが（「気づいてみれば、私は骨の一本一本までばらばらになっている」）。

少なくともある期間は、偽りの自己は安心できる居心地のよい繭《まゆ》として働いてくれる。しかしこの偽りの自己は、私たち自身の凝り固まって歪んだイメージからつくられているので、本当の自分を知ることや、自由に生き自己を拡げていくことを妨げる、魂の檻《おり》となる。条件づけされた私たちの人格は、つねに自分に対する欠落感から逃れられず、自己の完全さや奥深さ、人生の意味や不思議さとのつながりの喪失感につきまとわれるのだ。

刃《エッジ》の上で

ヘッセの「アヤメ」の主人公アンゼルムにも、自己の存在の喪失感からくる痛みから自分を守るために、偽りの自己を築きはじめる時がくる。大胆さと世間知を身につけて、彼はかつて魂の平和と喜びを深く味わった、幼いころの神秘の庭園に背を向ける。彼は自分の心に閉じこもって生きるようになり、後に学者となり教授となって名声を得る。しかし高い地位を手にしたとき、彼は自分の人生が平凡で、陳腐で、喜びのないものであることに気づく。

魂とのつながりを失ったとき、私たちはこんな状態におちいる。そして存在の喪失を埋め合わせるために、何かをやったり、手に入れたりして自分を価値あるものにしようとする。「これを持っているから、これをしているから、私は私なのだ」というように。そうしたところで、大きな虚しさや不満は消えはしない。どんなに何かを所有しようが何をしようが、何かが足りないという気持ちは残るのである。そのあげく私たちは、誰か恋愛の相手を見つければこの虚しさは埋め合わされ、すべてはうまくいくはずだと想像するようになる。

そうしてアンゼルムは、いつのまにかイリスという名の繊細な美しい女性に魅せられていく。彼女の何かを不思議に親しいものに感じ、彼の中の名づけようのない感情が呼びさまされていく。しかし彼女に惹きつけられつつも、彼には不確かな気持ちが消えなかった。彼女は、アンゼルムの職業や世間的なもくろみにはそぐわない女性なのである。しかし彼女との関わりは、恐れと好奇心との両方を含めて、自分に大きな変化をもたらすだろうとも彼は感じていた。

恋をはじめたころ、こうした錯綜《さくそう》した感情がわいてくるのはめずらしいことではない。今までにない可能性、新しいはじまり、新しい世界が開けていくという思いは、私たちの魂を広げてくれる。一間だけのアパートのドアは開き、再び自分の存在の広大な宮殿に住めるかもしれないという思いで気持ちは浮き立つ。

しかしその入り口で、何かが私たちの足を止める。その宮殿の忘れ去られた部屋や廊下には、まったく明かりがともされていないのだ。部屋の隅にはクモの巣が張っているようなありさまで、他の場所はいうまでもない。恋をして心が広がるにつれて私たちは、今までなじみのなかった自分の中の締め切っていた場所に出会い、危険や恐怖を感じる。

私たちが愛への欲求を避けたり否定したりしてきたとすれば、相手に対してそんな気持ちが起ってきたときに、それをどう感じ、どう伝え、どう扱ったらいいかわからなくなってしまう。それがかえって自分の行く手をはばみ、生きたまま自分を飲みこむブラックホールのようにさえ思えたりする。愛への欲求に気づいたとき、自分はどうなってしまうのだろうか？　すべての力を奪われてしまうのか？　前とはちがう自分になってしまうのではないか？　こんなときこそ、私たちの存在自体が問われるのだ。

自分が長いあいだ目を向けなかった場所の入口に立ったとき、私たちは傷つきやすくよるべない気持ちになる。そこでは、私たちはまったくの未経験者だ。自己満足の壁で囲っていた意識的なアイデンティティーはくずれ、無意識の深みにあったアイデンティティーがむりやり明るみに出される。そのとき、自分は甘えん坊でなんでも手に入れたがるような子供、他人の意志にふり回され思いのままになる子供のようになってしまうのではないかという恐れが持ち上がる。悪魔が現れ、その入口から入ることをあきらめさせようとする。

そいつは言う、「帰れ！　部屋を締め切ったのは、どうしてもその必要があったからだろう？　その中にあるものをなんとかできると、本気で思っているのか？　そこは危険だ！　中に入ったら、今度こそすべてを失うぞ」。

すべてを「失う」というのは本当だ。しかしだからこそ、私たちは強く愛に引きつけられる。失うこと――古くからの狭いアイデンティティーを手放すこと――は、心踊ると同時に恐ろしい経験だ。「失うこと」は、とても興味ある状況をもたらす。私たちは正反対の二方向に引っぱられ、拡大と縮小、先へ進みたい欲求と自分を守り続けたい気持ちとをともにかかえるようになる。

だからこそ親密な恋愛関係は、知慧と目覚めのためのパワフルな手段になりうるのだ。愛によって私たちは、自分の本性が持つ二つの面――大きな自己存在からの呼びかけと、偽りの自己が持つ恐れや不安――のそれぞれを間近に、同時に体験できる。そうした世界の入口で、ある部分で自己を広げていこうとし、他の部分では尻ごみしそうになりながら、私たちは刃《エッジ》の先に立つのである。[*5] そこは未知への、そしてまったく新しい自己のあり方へ至る境界なのだ。

大きな跳躍

アンゼルムは大きな跳躍に踏みきる決心をする。彼はイリスに結婚を申しこむのだ。しかし彼女は即座にこう答える。

「あなたは私に花をくださろうとおっしゃいます。けれど私は、花や音楽などがなくても生きていけるのです。ただひとつだけ、今もこれから先も欠かせないものがあります。私は自分の心の中に高らかな調べが響いていなければ、一日とて生きてはいられません。私と一緒になろうという方は、その心の調べが私のそれと美しく響き合い、ただひたすら自らの調べを澄《す》み渡らせようという願いを持った人でなくてはなりません」

この彼女の答えにアンゼルムは返す言葉もなく、いら立ちまぎれに手の中の花をにぎりつぶした。さらにイリスは、人を大胆な行動に駆り立てるロマンティックな愛の通例にならって、もうひとつ条件をつけ加えた。それは、もしアンゼルムが彼女と結婚したいなら、イリスという名前から彼が思い起すものを探さなければならないということだった。

「あなたは大切な聖なるものを失くし、忘れてしまっておられます。ご自分が幸せを手に入れ、定められた使命を達成するためには、どうしてもそれを思い出さねばなりません。それを再び見つけたなら、私はあなたの妻として、どこへなりともまいりましょう」

ここでイリスは、愛のいちばん根本にある強烈な要求を、言葉で示しているのだ——あなた自身の人生を変えなさい、あなたの内なる魂の調べと調和して生きなさい、本当の自分を見つけ出してそのもっとも深い望みを知り、夢うつつから目覚めてあなたの本来の場所、本当の自分自身に帰る道を探しなさい、と。

今までの人生で、これほどアンゼルムをひるませた課題はなかった。彼はイリスの要求をいぶかったが、その内なる声は、彼女の言葉の正しさを認めていた。しかもその声は、彼女と同じ要求を彼に突きつけていたのだ。彼はイリスと結婚することで今まで得られなかった幸せが手に入ったらと期待していたが、ふたりの結びつきは彼に、もっと深いもの——自らの魂の再生を求めていたのである。

彼は彼女の与えた試練に応じた。そして子供のころにかいま見た、忘れていた神秘を自分の内に探るうちに、自分の人生の苦痛に満ちた真実とむりやり対面させられることになる。彼はそのとき、干からびた虚ろな抜け殻のようになってしまう。

そうした自分を認めることは、魂ともう一度結びつくための最初の重要なステップである。虚ろな殻に閉じこめられて苦痛を感じているのは、ほかならぬ自分の魂なのだから。こうした悲しみから、自分自身を見い出したいという新たな熱望が生まれてくる。

〝自分自身を見い出す〞というのは、条件づけされた人格から自由になり、本来そうなるべき、真のひとりの人間になっていくことだ。(ひとりの人間 individual の文字通りの意味は、生きる上で自分自身と切り離されることがなく、分かれていない undivided ということ——自己のパワーと可能性のすべてに関わっていけるということである。)

アンゼルムは魂の探求の旅に発つと同時に、自分のいのちに立ち返り、周りの世界にもより深く応えていくようになった。他の人たちも彼に、今までにない温かさと生命力を感ずるようになった。そしてついに彼は、これはもう二度と引き返せない旅なのだということに気づいたのだった。

愛を通して成熟すること

私たちのほとんどが、アンゼルムのような道筋をたどる。愛はまず、美しい装いをもって現れる。しかし愛が私たちの心を満たし広げていくにつれて、それをはばむ障害にも突き当たる。それは魂の檻の鉄柵である——私たちはそこで、本当の自分に背を向け、自分の中にうずくまってしまう。

たとえばあなたが、自分は嫌な感じの人間だと思いこんでいたとしよう。そんなとき本当のあなた自身を愛してくれる人が現れたとしたら、どう応えていいかわからなくなる。まぎれもなくその瞬間を待っていたのに、恐れのどん底に突き落とされる。それが自分のアイデンティティーをまるごと脅かすからだ。愛をそのまま迎え入れるには、自分で考えている自分というものを捨てなければならない。

愛はいつでも、このような試練を与えてくる。私たちに、自分を守るための古いアイデンティティーを手放すよう仕向けるために。愛し、愛されるためには、偽りの自己は死ななければならない。そんな死について、スーフィーの詩人イブン・アル・ファラドはこう表現している。

愛を通りぬけて死は生になる
恋人よありがとう
私に生を授けてくれて
自らの愛のために死ぬことなしには
それによって生きることもかなわない

太陽の光が土の中の種を目覚めさせ、その中身をつつむ固い皮を破らせるように、愛が放つエネルギーは偽りの自己という壁を突き抜け、私たちの奥深くに隠れた宝を呼びさます。その暖かさは内なるいのちを目覚めさせ、心を開き、生まれ出て、光に向かって伸びていきたいという願いを私たちに起させる。愛は人を包んでいる殻、つまり私たちが持つあらゆる可能性の種を閉じこめている人格の皮を破るよううながすのである。

種の皮というものは、生まれ出る時期と条件が熟すまで、その中のか弱いいのちを守るためにある。人格というしくみにも似たような役割がある。それは大いなる自己の喪失を補う表面上の穴埋めにはなってくれる。しかし、いったん愛の暖かな光が私たちの目覚めを誘うと、自我の殻は、私たちが広がっていくための障害になる。内なるいのちの胚種がふくらんでいくにつれて、私たちは自分が閉じこめられていることを痛切に感じるようになる。

この暗い殻を破ろうとする力は、同時に心の中の魔物たち、つまりさまざまな恐れの声をも目覚めさせてしまう。それは昔からの守りの壁のうしろに、安全に身を隠したままでいたいという衝動である。だが愛は、私たちが自らつくり出した牢獄からの出口を示し、その牢獄の番人である魔物たちと戦うように私たちを仕向ける。

私たちは自分の内なる暗闇や魔物と出会うと、簡単に心がぐらついてしまう。だからそこに働いている全体的な論理を知っておくことが重要だ――愛の輝きが強くなればなるほど、出会う闇も深くなる。いのちの衝動を感じれば感じるほど、死んでいた心の部分が明らかになる。意識的になればなるほど、無意識の中にとどまっている部分がはっきり見える。

しかし、こうしたいのちの衝動にもとづく欲求が失望に終わることは決してない。自分の中の暗闇に出会うことで、忘れ去っていた部分に光を当てることができるからだ。いままで意識していなかった部分をはっきりと知ることで、私たちはより意識的になることができる。これまで死んだようになっていた生き方を見きわめ実感すれば、生き返って、もっといのちを広げていきたいという思いをかき立てることができるのだ。

真実の愛はいつでも、強い勇気を求めてくる。愛はいのちへと導いてくれる光となるだろうが、この光が際立たせる闇に進んで向い合わなければ、魂の成熟も発展もありえない。

ヘッセが言うように、「闇と光の領域がつねにやりとりし、お互いに生まれ変わるときはじめて、魂は豊かに、健康になり、幸福に満たされる」のである。光と闇、拡大と収縮といった、私たちの存在の核にある両極間の緊張から逃げようとすれば、魂は貧しくなっていく。

愛から生まれる気づきは、癒しと再生をもたらしてくれる唯一の力である。他者への愛によって、私たちは進んで自分の古いアイデンティティーを捨て去り、魂の闇に踏みこんでいけるようになる。そうなれば再び、自己の存在の中心にある偉大な神秘のただ中に裸で立てるようになるだろう。

愛はこうして、私たちを成熟させていく——内側から私たちを温め、自分の殻を破るようインスパイアし、新しい誕生への暗い道のりをその光で照らし出しながら。

対話2A――エッジに身を置くこと

本書中の対話は、これ以降のものも含めて、著者による男女関係のワークショップの内容がもとになっている。それぞれの対話は、直前の章でおもに扱った問題をさらにくっきりときわ立たせるような具体例になっている。

ワークショップの参加者はそれまでに、瞑想の実践によって自分への気づきを深めると同時に、ここで掲げたような課題に長期間にわたって集中的に取り組んできており、その理解や洞察、経験の変化は、一般のカップルを対象としたセラピーに比べて、すみやかに起ることが多かった。

対話が収録された場の多くには、私の妻のジェニファーも助手として同席しているが、混乱や煩雑さを避けるため、彼女の発言と私の発言とはとくに区別していない。

*

私たちは、相手との関係を通して自発的に自分を刃《エッジ》の先に置くことではじめて、愛からの成長と広がりへの招きに応え、そのうながしを受け入れることができる。エッジという境界においては、古いアイデンティティーはもはや役に立たず、そのかわりにまったく新しい何かが現れはじめる。これこそ、パートナーとのつきあいの中でもっとも創造的な瞬間なのだ。もしも私たちが、お互いの結びつきの中で生き生きと成長し続けたいのなら、こんなエッジに立ったときに、自分自身とつねにつながっている方法を身につけなければならない。

しかし現実にこれを探求しようとすれば、今のパートナーとの関係や以前の関係、またはどんな人間関係の中でも、大きな困難が生じることを覚悟しなければならないだろう。そんなときは自分のからだに意識を向け、そうした困難をどう感じるかを確かめてみる。そしてその感覚に注意を向けながら、頭ではなく、感覚自体から答えを受けとるようにする——「この問題でいちばんつらいことは何だろう？　それは私をどんなふうに脅かしているのだろう？　それについて、私が悩んでいるいちばんの原因は何だろう？」と自問してみるのだ。

そして、この困難がもたらすからだの感覚にさらに注意を向けつつ、「この呼びかけは、私の中のどんな力を引き出そうとしているのだろう？」「この困難から逃げずに取り組んでいくには、何を育てていく必要があるのだろう？」と問い続けるのである。

こうした問いに頭で答えてはならない。からだに感じたことを、自分の心に聞いてみるのだ。困難な出来事は、自分の中の大切な力を育てるためのチャンスであると考えてみるといい。

ケートの場合

ケート　私の内側で、いろいろな事が起っていて、からだ全体が震えているみたいな感じがします。彼との関係で、自分が本当に大切にされ愛されていないのではないかという不安が、私の問題になっていました。しかしこれは、自分の内なる力を育てなさいと言われているんだと気づいたのです。それを認められたら気持ちが高揚してきて、この問題からくる苦しみでうずいていた部分に、エネルギーがどっと流れこんできました。

——彼に愛されていないかもしれないという不安が、ある種の内なる力を育てよという促しなのだと気づいたとき、エネルギーのほとばしりを感じたのですね？（——はウェルウッド、以下同）

ケート そのエネルギーは、私の中のこわばった部分のすみずみまで入りこみ、ほぐしてくれるように感じました。すると突然そこに、これまでになく広い空間ができたのです。私はそのとき、自分自身になれたと思いました。そして新しい可能性を感じました。「そうよ、私にはやれるんだわ」というパワーを感じたのです。

——ほぐれていく、広がっていく、パワーを感じる、それから——

ケート まさに「ああ、そうだったんだ」っていう感じです。

——これはまさに、「刃の切っ先《エッジ》」でこそ起きうることなのです。あなたの心の中にある宮殿の、まだ足を踏み入れたことのない場所への入口に立ったとき、最初はからだが震えるかもしれません。けれど、そこから奥へ入ってみれば、広がりが感じられます。その宮殿はとても広いのですから。それが心の高揚をもたらすのです。

ケート　問題に苦しんでいたときには、胸が締めつけられるような感じでした。でも、それが私の成長をうながしていると気づくと、今度は逆に開放されていくような感覚を味わいました。

――問題の渦中にあるときは、胸が締めつけられる感じがした。しかし、どこかへ向かうようにと自分が呼びかけられているのだと気づいたとき、何かが開きはじめた。あなたは、締めつけられる感じと広がっていく感じをともに味わいました。それが、「刃の切っ先《エッジ》」に身を置くという状態なのです。

それに対しては、ある程度の抵抗が起ります。今までの居心地のよい場所を離れて、未知の領域に入っていこうとしているのですから。しかし、「そうだ、今まで知らなかった、本当に行きたかった場所に行けるかもしれない」という、わくわくする思いも生まれます。それは、目の前に開ける道を発見していくような体験です。

このように、恐いけれど胸が高鳴る未知の領域への入り口、エッジに立つことで、私たちは道を――新しい方向、前進していく方法を見い出しはじめるのです。

ケート　こんな体験を相手と分かち合ったら、すごく打ちとけ合えるだろうと本当に思うのです。お互いの結びつきが深くなるのではないでしょうか？

――まさに、それが重要なところですね。

ロイの場合

ロイ　今の結婚生活での私のいちばんの問題は、自分が本当に感じていることを彼女に話すことへの恐れでした。それがしばしば、お互いが近づき、打ちとけ合うための邪魔になっていました。

この問題は、私にとって禅の公案のようなものなんです。このことで私は、自分の人生への取り組みを直視せざるを得なくなっています。ふだんは何事もうまくこなしていけるという自信があったのですが、それが罠にもなることが、今はわかります。自分の能力にたよってばかりいると、自分の内面の動きを感じ、妻の前でありのままの自分でいることができなくなってしまいます。私は、自分の気持ちにまったく触れず、その正体も知らず、自分がそれを知らないということさえ気づかずに、何週間でも平気でいられるような人間なのです。

もしも自分の気持ちに注意を向けたなら、そこで何が起き、どこへ連れていかれるのか、自分の手に負えなくなるのではないかと不安です。私は人生で進むべき次のステップは、正しさや価値、成功、人徳、力などを手にすることであり、それらは当然手に入るものだと思っていました。しかし、有能さを発揮して物事をうまくこなしながら、私は自分自身と自分の気持ちとの間に頑丈な壁を築き、その向こうを覗《のぞ》いてみる必要などないと決めこんでいたのです。

――では今、そんな状態をどう感じていますか？

ロイ　とても悲しい気持ちです。

――今、自分のからだの中に、その悲しみを感じとることができますか？　その中でもいちばん悲しいのはどんなことでしょう？

ロイ　自分が「有能さ」という壁の中から出られず、自分の気持ちから切り離されてしまっていることです。

――その悲しみを認めたら、どんな気持ちがしますか？

ロイ　希望が見えなくなり、どうしていいかわからなくなります。有能でいたいという欲求と、悲しみを感じようとする気持ちとが衝突するのでしょう。いつもこうなのです。そして決まって、有能でいたい気持ちの方が勝利をおさめるのです。

――それではあなたは、自分の気持ちから切り離されていることがわかっていても、いつも決まって、有能で責任感のある人でいようという心の戦略に導かれて行動してしまうのですね。あなたが、「もしこの悲しみを正直に感じてしまったら、自分が押さえられなくなる」と思っているかぎり、解決の道は見えないでしょう。これまでいつも自分の気持ちより有能さの方を選んできたので、その結果、自我《エゴ》が一〇〇パーセント、魂《ソウル》が〇パーセントということになっていたのです。

しかし、この悲しみはあなたの魂から来ているのです。あなたの悲しみは、「ちょっと待ってくれ。私はあなたの一部なのに、まるごと無視され、ほったらかしにされているんだ」と言っています。

そうした悲しみを、うまく処理すべきものとしてでなく、あなたに何かを呼びかけているのだと考えてみたらどうでしょうか？　あなたの中のどこかが「私は無視され続けてきたんだ」と叫んでいるのです。その声を受けとめてあげれば、自我と魂の釣り合いをとるチャンスが与えられるでしょう。

ロイ　私は、えんえんと続く壁に沿ってはてしなく歩き続けているような気がします。しかも、その向こうに何があるかは見えません。

――あなたは、刃の切っ先《エッジ》におられるのですね。

ロイ　その壁には穴がいくつかあるのですが、しょっちゅう覗いて見たりしないように自分を押しとどめています。それがすごく悲しく感じられるのです。

――今あなたには、二つのことが起っています。まず、あなたの心は萎縮している――壁の穴から覗かないようにと、自分にかせをはめている。しかし一方であなたは、柔らかさと広がりを感じている。つまり自分が置かれた状況の痛々しさを意識し、それに触れようとしているのです。

ロイ　ですがそうすると、また悲しい気持ちになってきます。

――そうですか。その悲しみを、この場であるがままに受けとめられますか？

ロイ　はい、やってみます。――とてもほっとした気持ちです。何か……乗り越えられたという感じがしてます。けれどすぐに「大変なことになった、やらなくてはならないことが山のようにあるじゃないか」とか、「結局ぼくには、何の能力もないんだ」と考えて気が重くなってきます。

――そう、またしても心の拡大と萎縮がやってきましたね。新しい未知の領域に踏みこんだとたん、昔からの心の中のストーリーが姿を現し、おなじみのパターンへとあなたを押し戻します。そのストーリーはあなたの古いアイデンティティーから生まれ、あなたをそこに捕らえておこうとするのです――「有能なロイ」というイメージに。古いアイデンティティーはこう言って脅しにかかります、「おい、有能なおれを手放すなよ。もし逆らったりしたら、どうなるかわかってるだろうな?」と。

ロイ　死への恐怖と似ている気がします。私の古いアイデンティティーが、死にたくないと言っているのです。

――もっともです。あなたはそのアイデンティティーに、たくさんの精神的エネルギーを注ぎこんできたのですから。その結果それはあなたにしがみつき、放棄されることを拒んでいるのです。

ロイ　それを手放したら、耐え難い苦しみに襲われるのではないかと思うと、不安になります。

――そうですか。自分の感情がコントロールできなくなるのが恐いのですね。けれど実際にはわからないでしょう? それはあなたの想像でしかありませんよね。

ロイ　教えこまれた想像力です。

――あなたが子供であれば、自分でどうにもならないのはもっともでしょう。しかし今は大人なのですから、感情に支配されてしまうことはありません。あなたはそれほど恐れている自分の感情に対して、心を開くことを学んでこなかっただけなのです。むしろ、自分がそれをコントロールできるかどうかはわからない、というのが本当でしょう。しかし、エッジに立ったとき、「この壁の向こうは覗かない方がいい。怪物が潜んでいるかもしれないから」というような恐ろしいストーリーが心に現れてきます。そんなストーリーを温め続けていると、やがて壁のこちら側で永久に立往生してしまうのです。

ひとつ質問させてください。その感情に対する恐れはあなたに、自分の中の何を発見し、育てるよう求めているのでしょうか?

ロイ　今の質問を聞いて、息が止まるような感じがしました。今まで生きてきて、自分にそんなふうに問いかけたことは一度もありませんでした。なにか心の奥深くに降りていくような気持ちです。今の問いをよく考えてみると……私は、自分をごまかさずに、自分自身を愛し、受け入れるように求められているのではないでしょうか。失うことを恐れずに慈しみの心を持つこと、心の底からそう思っています。

――素晴らしい。パワフルな体験ですね。

ロイ　私はすごく大変なことを求められているんですね。

――そうですね。目の前に自分の人生への取り組みのすべてを広げて見せられているようなものですから。

ロイ　両親が私を精神的に受け入れてくれず、援助もしてくれなかったのはつらいです。こんな取り組みは、まるで高山登攀《とうはん》への準備をするみたいで気が遠くなることがあります。

――自分の気持ちを感じることは、時にはつらいものです。ただ、それを自分に強制して、なにかやりとげるべき仕事や義務のようなものにしないよう気をつけてください。前のように有能さを基準にした状態にまた戻ってしまい、そこから逃れられなくなりますから。

それよりも、この機会を新たなる地への探険、旅ととらえた方がいいでしょう。だから私がお勧めするのは、ただエッジの上にとどまり、そこから自然に生まれてくる感覚を観察し、それが自分に何を求めているのかを確かめるという方法なのです。エッジの向こうへと無理に自分を押しやる必要はありません。壁の向こう側にあるものへの好奇心が、自然に大きくなっていくに任せておいた方がいいでしょう。

ロイ　そのためには、ある程度のリラックスや自分へのやさしさが必要かもしれませんね。

――だから、自分に取り組んでいく過程で、やさしさを育てていくことも欠かせないのです。やさしさや温かさ、慈しみの心などをいくらかでも持たなければ、あるところまでで成長が止まってしまいますから。

人はエッジに立つと、新しい領域に向かって広がっていきたい気持ちと、未知への恐れをともに感じるものです。やさしさを持つということは、むりやり歩みを進めたり恐れて後ずさりするのでなく、そんな自分の気持ちを両方とも、認めてあげるということです。そうすることによって、あなたはリラックスでき、つねにありのままでいられ、次に何が起ろうとしているかも見えてくるようになるでしょう。

ロイ　ありがとうございます。今どうすればいいのか、はっきりわかってきました。

エリザベスの場合

エリザベス　彼との関係で私の側の大きな問題は、彼に対する私の依存心が強すぎることだと思うのですが。

——そのことで、あなたにとっていちばんつらいのは？

エリザベス　彼に見捨てられるのではないかと、心配になってきたことです。そんな考えにとらわれると、すごく恐くなって、一歩も先へ進めない気持ちになるのです。その恐怖感がやってくると、とたんに気持ちがなえ、頭の中が真っ白になります。

——そうした恐怖感から逃げないでそれとともにとどまり続けるためには、自分の中のどんな力を引き出す必要があると思いますか？

エリザベス　わかりません。それを乗り越えることができないのです。

——「それ」とは何でしょうか？　あなたは何を乗り越えようとしているのですか？

エリザベス　彼から見捨てられることへの恐れです。

——あなたはそれを乗り越えようとしている。そのこと自体が問題なのです。本当は、見捨てられることへの恐怖に対して、あなたはどうしたらいいかわからないのでしょう？　わからないから、「刃の切っ先《エッジ》」に立つことになる。どうすればいいかわからないというその心の状態がまさに、このエッジにいるという感覚なのです。

ですから、恐怖感に対して打つ手がなくても問題はありません。それを乗り越える必要もないのです。そこが、あなたにとっての入口になります。その入口にとどまり、そこで自分が体験することを受けとめることができれば、何かが開けてくるかもしれません。今、どんな気持ちですか？

エリザベス　また頭の中が真っ白になってきています。

――あなたをそうさせるのは何でしょう？　あなたは自分に起きていることを体験したくないから、何も考えられなくなるのでしょうか？　こうした問題に取り組むことの大切さがおわかりになりますか、それとも――。

エリザベス　ええ、もちろんです。ただ私にはどうも……つまり……

――頭の中が真っ白になる原因を見ていきましょうか。

エリザベス　強い怒りのせいです。

――強い怒り、ですか。その怒りの中には、なにかあなたに気づいてほしいものがあるのではありませんか？

エリザベス　悲しみです。

――では、怒りの陰に悲しみがあるのですね。その悲しみの中には、なにかあなたに気づきや気づかいを求めているものがあるのではないでしょうか?

エリザベス　また意識がくもってきてしまいました。

――いいですよ。無理に考えることはありません。あなたはエッジに近づこうとしながらも、恐怖を感じはじめて後ずさりしているのです。それでもいいのです。大切なのは、エッジに立っているとき、自分の上に何が起ってもそれをすべてそのまま受けとめることです。あなたにとってそこは、実り豊かな場所なのです。それを感じることができますか?

エリザベス　ええ、はっきりと。

――では、そこにやさしく近づいていってください。自分の気持ちにやさしくしてあげることからはじめましょう。そうすれば感情のまわりに空間ができ、それと一緒にいられるようになりますから。どこか他のところへ行こうとして、その真ん中を突っ切る必要はありません。ただ、その悲しみを受け入れ、触れていく、それが大切です。

エリザベス　ええ、今度はできます。気持ちが楽になってきました。いつもは、こんな感じのときはパニックを起して、頭の中が真っ白になるのがふつうだったのですが……。

——頭の中が真っ白になるというのは、自分を脅かし、何も打つ手がなくなるというエッジまであなたを連れていくような感情から、自らを切り離すための手段だったのです。

しかし今、あなたは正しい道筋を歩いています。自分の中にある見捨てられることへの恐怖に気づけただけでなく、それに直面したとき、逃げたり、頭の中が真っ白になってしまうといった、自分の傾向ももうわかっています。

そしてあなたは、恐れの下に強い怒りを発見しました。それを認め、さらに、悲しみの存在にも気づきました。このようにして、あなたはエッジの上にとどまり続けることを学んでいるのです。今はどんな感じですか?

エリザベス　こうして体験してきたので、ずっと楽な気持ちになりました。

——見捨てられることへの恐怖に気づき、そこから生まれる感情とつながったとき、あなたは見捨てられることに対する心の傷を、実際に癒しはじめています。そのときあなたはすでに、新しいあなた自身になり、もう、本当の自分を見捨ててはいないのです。

第3章
壁にぶつかったときに

あなたはいつでも自由だったのだ！
自己と他者という区別に惑わされてはいけない。

——サラハ

お互いの関係を、人格や心の成長のきっかけにしようというヴィジョンをともにしているカップルでさえ、いざ実践となると困難を感じることが多い。また、そうした困難を手ごわい障害としてでなく、創造的な試練であると考えることもなかなか難しい。

しっかりと結ばれたパートナーどうしが、お互いに強い意志を持っていても、その関係がときには身動きのとれないものになり、絶望をもたらしたり、壊れかけたり、手の打ちようがなくなったりするのはなぜだろうか？

カップルの行き詰まりはふつう、無意味ないさかいのくりかえしから生まれ、つねにコミュニケーションと理解の欠如という結果に終わる。こうしたあいも変わらぬ行き詰まり状態は何回も何回もやってきて、実りのない行動や反発、言い争い、攻撃や撤退をくりかえさせる。

東洋には、私たちを罠に陥《おとしい》れ、つねに同じ苦しみへと引き戻すこのような力のことを表す、「サムサーラ」という言葉がある。西洋で「結婚は地獄だ」などと言うときに無意識的に使われる、「地獄」がこれにあたるだろう。

ほとんどのカップルがこんな苦闘のくりかえしは無意味だと思いながら、同じ失敗を何度もしてしまう。出会いの当初お互いを引きつけた、あの輝かしく力強い存在感をお互いに持ち続けられなくなり、大きな苦しみをもたらすような行動や反応を起してしまうのは、どうしてだろうか?

こうした疑問がパートナーとのいさかいの最中に起ってきたとき、私たちはサルトルの戯曲の中の人物が語った、こんな言葉で答えたくなるかもしれない。「地獄とは、他者のことである」と。いやむしろ、「地獄とは、他者との関わりの中で見る自分である」と言う方がずっと的を射ているかもしれない。

いさかいが、心の奥深くの痛みと結びついた抑圧された過去のアイデンティティーを呼び起し、それとからみ合ったとき、ひどい衝突や行き詰まりに発展する。そうしたいさかいの原因(自分の存在や価値や意味への根本的な認識を誤らせる、自分に対する否定的な見方が表面化したもの)を明らかにせず、同じことを相手とくりかえし続けるならば、決して良い結果にはならないだろう。

無意識のアイデンティティー

ダグラスは知性と創造性に恵まれた男性である。しかし彼は、女性の怒りに対してうまく対応できたためしがない。パートナーが怒りをぶつけてくるたびに、彼は自分の側の正しさを楯にしてやり返し、「こんなことは人生の無駄だ」と自分に言い聞かせていた。こんな反応をしたのは、彼が自分は精神性の高い人間であり、彼女のがさつな感情になどつきあってやる必要はないと思っていたからだ。

ダグラスのこうしたそっけない感情は、子供のころ、両親の間でくりかえされた醜く激しいぶつかり合いから自分の身を守るために芽生えたものである。しかしそれは、自分は人の怒りによって簡単に押しつぶされてしまうという、ひそかな思いを隠すための虚飾にすぎなかった。

ダグラスがパートナーの怒りを恐れたのは、自分がかつて小さく無力な犠牲者だったという苦しみを思い出すからだった。彼は自分をそんなふうに認めたくなかったし、人にもそう見られまいと思った。だから他者とのぶつかり合いを避けるために、「崇高な」精神的立場から、人を見下す気高い態度で自分を守るという作戦をとったのだ。

私たちのエゴや条件づけされた性格は、さまざまなアイデンティティーや自己イメージからできており、子供時代に自己防衛という形で成長していく。それはまず、自分に不足している性質をつくり上げることで、自己の喪失感の埋め合わせをしようとすることからはじまる。

たとえば、自分の内面的な力を育てるような手助けが誰からも得られないとき、私たちは意志の力で強くなろうと努める。「ぼくは強い人間になろう。こんなことで悩んだりしないぞ。自分で乗り越えてやるんだ……」こうした自分を強い人間に仕立てようという試みは、意識的なアイデンティティーをつくっていく。それは内面の欠如感を覆い隠すために、自分自身が守り育てていく自己イメージだ。

しかしその意識的なアイデンティティーの下には、内面の欠如感とつながった無意識的なアイデンティティーが隠れている。ダグラスの場合それは、自分は強いどころか本当は弱い人間であるというひそかな思いだった。私たちは痛みに満ちた、恐ろしい無意識[*1]から目をそらし身を守るために、意識的なアイデンティティー（虚飾や、人に見せるためのストーリー）をこしらえているのである。

こうして私たちのエゴという構造は、子供のころにはうまく働き、自分に欠けているものを補うことによって、喪失の痛みから私たちを守ってくれるのだ。

たとえば、筋肉を引き締めたり歯を食いしばることによって意識的につくり上げた強さは、困難な状況に耐え、乗り越える力を与えてくれるかもしれない。しかしそれによって私たちは、自分が本当の内なる強さを欠いているということがわからなくなる。

大人になり、とりわけ親密な恋愛関係を持ったとき、こうした虚飾は障害に変わってくる。それは偽りの自己であり、パートナーに対する誠実さをはばむばかりか、自分の存在にもともと備わった意識的にはつくれない性質である、内なる真の強さを見つけ出すこともできなくなる。

恋愛関係で最初にエゴが打つ手は、自分の意識的なアイデンティティーの方をパートナーに信じこませることだ。たとえば、相手が自分を強い人間だと認めてくれれば、「私は強い」という自己イメージは保証され、自分はじつは弱いのだというひそかな恐れを避けることができる。

つまり、私たちが望むのは、意識的なアイデンティティーが保証されることであり、恐れるのは、無意識的なアイデンティティーがあばかれ、人の目にさらされることなのだ。この望みと恐れとの力関係が、男女の関係のサムサーラの輪、つまり混乱を際限なく回転させ続ける。

ダグラスは、パートナーが怒りをぶつけてくるたび、自分は精神的に高い成長をとげた人間なのだという虚飾に隠れた、幼くて無防備な子供という無意識のアイデンティティーをさらけ出すよう迫られた。彼は自分を守るため、彼女に自分の正しさを押しつけ、見下した態度をとった。しかしその冷たく高慢な態度は、彼女にとってもっとも苦痛である無意識のアイデンティティー——自分は愛されるに値しないのだ——を刺激したばかりか、その怒りに油を注いだのである。

ダグラスは、自分が人の怒りのえじきになっていることを感じて、文字通りの地獄を味わった。一方彼女の方は、自分が愛されるに値しないことがわかり、それを感じなければならないということが地獄になった。ふたりは自分の内面につくり出したそうした地獄に反応しながら、相手の地獄を刺激し合った。その結果さらに、解決の困難ないさかいの中に巻きこまれていったのである。

しかしこうした状態におちいることが避けられれば——必死になって目をそむけようとしてきた無意識のアイデンティティーをさらけ出せれば——いさかいになってもそれは自ずから解決され、過ぎ去っていく。たとえば、お互いに怒ってばかりいるカップルどうしでも、その怒りの感情をすみやかに通過することができれば、それほど問題にはならない。そのとき怒りは、やって来ては去る嵐のようなエネルギーとなり、私たちの情熱を高め、ユーモアを生み、注目すべき問題に目を向けさせ、パートナーとのコミュニケーションを活発にさせてくれる。

しかし相手の怒りによって、自分の中の無意識のアイデンティティーが刺激されると、すぐさま問題が起ってくる。そうなると、まわりの状況に柔軟に対処していくことなどもうできない。現実に起っていることに目を向け、それに対応していくことができなくなり、私たちは心に映る古い記憶の映像を眺めながら、忘我の状態におちいったようになる。パートナーの怒りは私たちを無力な子供のような気持ちにさせ、そうした状態の中で、私たちは自分を母親に叱られている悪い子供のように感じるだろう。

こうした自己イメージは大きな痛みと脅威をもたらすので、私たちはなんとかしてそれから逃げたいと思う。こうして、自己防衛のための虚飾がはじまるのだ。相手を攻撃してその気持ちをくじき、自分が本当に強い人間だと示すというような方法で。

しかしそうした自己防衛による行動からは、何の解決も生まれない。自分の内面に現実に起っていることを否定すれば、私たちは本当の自分から切り離されてしまう。相手とのつながりも失われ、苦しみは増すばかりだ。

パートナーへの、まるで自分の母親に対するような反応、怒りと自己防衛、自分自身や相手との真のつながりの喪失——こうしたことはすべて、昔からの無意識のアイデンティティーが表面化するときに私たちがおちいる、忘我の状態から生まれてくる。現実に起っていることにほとんど気づかずにいると、私たちは自動的にこうした状態にとらわれてしまうのだ。

檻に閉じこめられる

愛が広がっていくとき私たちは、古いアイデンティティーが閉じこめられている、人格構造という檻にはばまれる。そこから自由になりたいのなら、逃亡を企てる囚人が牢獄の構造をよく調べるように、私たちもこの魂の檻がどんな要素でできあがっているかをもっと正確に知ることが必要だ。相手とのより意識的な関係を築いていくためには、こうした自己探求が欠かせない。

現代心理学のある一派によれば、人間の自我のアイデンティティー——自分のことをどう見ているか——は、もともと他者との関わり合いの中からつくられるという。人間のハートは、生まれたときから大きく開かれており、他者からの視線、扱い、反応などから受ける印象によって、たやすく影響を受け枠づけされてしまう。私たちの感性の基盤が柔らかな蠟のようなものだとすると、子供のころに受けとる印象はその蠟の押し型のようなものだ。この印象に心が固定したとき[*2]、蠟が表面から固くなっていくように、その形が魂に刻みつけられる。

両親は、自分たちの目に映った子供のイメージをわが子に投影し返す[*3]。子供は自分をかえりみる意識をまだ持っていないので[*4]、親からの投影をそのまま内面化し、彼らの目に映った自己像通りに、自分のことを見はじめる。それは、あるがままの自分が感じる現実の生き生きした直接的体験ではなく、むしろ鏡に自分の姿を映してその映像を受けとるのに似ている。

鏡の中の像は、他者から見た自分をそのまま示している。鏡は私たちに、あたかも客観的な観察者として自分自身を見るよう迫るので、私たちはいのちある存在としての自分を、直接感じとることから切り離されてしまう。イメージを通して自分を見るとき、私たちは自らを対象物として扱っている。私たちは、経験する主体ではなく、自分の思考の対象になってしまう。こうして自分自身をより直接に、はっきりと知ることができなくなるのだ。

アイデンティティーの形成[*5]とは、「人から自分がどう扱われているかをみれば、本当の自分のことがわかる」という考えにもとづいて、「自分は〜であるとみなすこと」を意味する。

たとえば、父親からいつも小言を言われている子供は、自分をダメな子だと感じるようになるだろう。「ぼくはお父さんを喜ばせてあげられない」という思いから、「きっと自分がダメな子だからだ」という思いを抱くようになるまでには、そう長くはかからない。「ぼくが苦しむのは、両親がぼくを認めてくれないからだ」という思いが「ぼくは悪い子なんだ」になるのも、逆に「どう思われたってかまわないや、ぼくはだれよりもすごい子なんだから」にすりかわるのも簡単なことだ。

ここで問題なのは、他者の目に映った自分の姿をそのまま、気に入ろうと気に入るまいと、ありのままの自分だと思いこんでしまうことである。それが気に入れば、私たちは意識的なアイデンティティーに組みこんで育て、守ろうとするし、気に入らなければ、無意識のアイデンティティーに組みこむことで目をそらす。どちらにしろ他者から与えられたイメージを固定させ、自分についての直接的な体験よりもイメージの方を重要視し、信じるようになるわけだ。

こうして、イメージは「魂の檻」になる。自己と他者とのこうした駆け引きを自我のアイデンティティーの中心にすえることで、私たちは自分のことを、自分の本質や、パワーと可能性から切り離された視点でとらえながら成長していく。

自己／他者という枠組み

こうして内面化される自己と他者(自分と相手)との駆け引きを、「二つの人格の押し型」とか、「自己／他者の枠組み」と言ってもよい。(ここで言う「他者」とは現実の他人でなく、自分の心に内面化された他者一般のことをさす)

この自己／他者の枠組みは、三つの要素からできている。(一)他者に対する見方、(二)他者との関係での自分に対する見方、そして、(三)この関係から生じてくる感情である。

両親が、自分のことを気にかけ、助けてくれると思えれば、私たちは自分は愛されるに値するという見方を育てていけるし、[*6]自信や自己尊重という感情が持てるようになる。それに対して両親に虐待されて育てば、他者は恐ろしい存在であり自分はその犠牲になっていると思いこみ、人生は恐れと不信感と偏執的な妄想でいっぱいになる。このように、他者に対する見方には自分に対する見方が含まれており、自分に対する見方には他者への見方が含まれているのだ。

こうして内面化された「自己と他者という二つの押し型」は、男女関係においては、パートナーとの関係のあり方を決める無意識の鋳型のような働きをする。その影響はときには絶大だ。

たとえば父親から叱られてばかりいた女性は、やはり批判的な性格の男性を相手に選ぶようになる。彼女が自分の価値を認められず、自分をけなすような相手を求めてしまうのは、それが身にしみついていて、無意識のうちに彼女の現実感となっているからだ。

こうした枠組みは、もっと微妙で目に見えにくい形でふたりの上に影響していることもある。さらにいくつかの異なった、互いに矛盾し合うようなパターンが同時に働いている場合には、それを見破ることはもっと難しくなるだろう。

とくに出会ったばかりのころには、カップルはあらゆる面で、自分のアイデンティティーの中で相手と一致し合う部分を表現しようとするものだ。自分がどんな役割を演じていても、私たちは無意識のうちに、相手の中に自分が演じているのと同じ役割を探し出し、つくり出す。たとえ相手が自分の心の鋳型にぴったりとあてはまらない場合でも、それと一致する部分を見つけて引き出してくるのである。

こんな例がある。ある女性の父親は、彼女が小さいころ家族を置いて逃げてしまったのだが、それ以来彼女は、男は決して自分のそばにはいてくれないものだと思いこんできた。彼女は、パートナーが四六時中そばにいて愛情を注いでくれないと、不安がつのって当たりはじめる。彼女はそんなとき忘我の状態におちいり、自分を見捨てた父親と彼とを心の中で重ね合わせ、彼の態度のひとつひとつから「おまえのことなど知ったことか。おまえなんてどうでもいい存在なんだ」という言葉を読みとるのだった。これによって、「愛は私を〝自分などとるに足らない〟という思いから救ってくれるはずなのに」という、無意識のアイデンティティーが浮かび上がってきた。

実際の彼は、彼女と一緒にいてくれていたのだ。しかし我を忘れてしまっていた彼女には、そばにいないという彼の二〇パーセントの部分だけが見えて、一緒にいる八〇パーセントの部分は見えていなかった。彼女は相手を責めて遠ざけることで、彼が一緒にいてくれない部分ばかりを強調していたのだ。こうして内面の枠組みを行動を通して表面化させるたびに、彼女の思いこみは現実化していき、ふたりを実りのないいさかいの中に何度も巻きこんでいったのである。

このようなアイデンティティーは、現実に対する間違った認識——忘我の状態——を生み出し、愛するパートナーを歪んだ眼鏡で見て、対応していくという結果をもたらす。そうしたアイデンティティーが気づきの光で照らし出されるまでは、こんなくりかえしから抜け出すことはできないだろう。

男女の関係は、私たちがどこでどのように行き詰まっているのかをはっきりと示し、深い気づきをもたらしてくれる。私たちはパートナーを牢獄の番人のように考えることをやめ、檻をつくり、長年その中に閉じこもり、自らを監禁し続けていたのは、ほかならぬ自分自身なのだということに気づかなくてはならない。

お互いを解放していく道

そもそも私たちは、他者との関係の中で自分自身とのつながりを失ったので、その関係の中で本当の自分を再発見しようとすることが多い。事実、人とよい関係が持てれば、私たちはもっとフルに自分自身を生きることができるようになる。しかしその方法は、一般に考えられているような神秘的なものではない。愛は、私たちが切り離されてしまった本来の自分の本質を引き出し、そのような本質とのつながりをふだんから邪魔している抑圧的なアイデンティティーに、私たちを立ち向かわせる。

そんなとき、特別なチャンスが訪れる――私たちは、自らを閉じこめている牢獄の壁を壊し本来の自分を見つけ出す前に、(昔からの自己イメージによってつくられた)その壁と向かい合うことになる。そのとき私たちは、パートナーと意識的に関わることの必要性と、それを避けては通れないことをはっきりと知るようになる。

ジルは典型的な「愛しすぎる女性」である。彼女はもう三年間、自分の愛を拒み続けているテリーという男性との関係を、なんとかしようと努力し続けていた。テリーは彼女に対して感情のこもった接し方をせず、積極的な態度も見せてはくれなかったが、ジルは彼がいつかは自分に近づき、受け入れ、心を開いてくれるだろうと望み続けてきた。

こうして、彼が与えてくれたもの、与えてくれなかったものをめぐって、彼女の心はずっとテリーばかりに注がれていた。彼女は、もしテリーが愛しさえしてくれたら、愛の不思議な力で癒されるのにと思っていたのだ。そうすれば自分の気持ちは満たされ、安心できるはずだと。

ジルは子供のころ、兄とは非常に仲がよかった。両親との間にはなかった愛情に満ちた関係を、彼との間には築けたのだ。しかし兄が大学に行ってから何年かたち、彼が家に帰ってきたおり、その愛情を少しでも受けたいと求め続けたにもかかわらず、彼の方はほとんど彼女を無視した。

こうした喜びと苦しみが錯綜する兄との関係によって、彼女は父親との間にも早いうちから、「自分はつまらぬ存在で愛されるに値せず、他者はあらゆる力を握っており、しかも遠い存在なのだ」という関係の枠づけをこしらえた。ジルはこの内面の枠づけのせいで、男性の心をとらえ自分の美しさを認めさせたいと望みながら、自分を拒否するような相手を選んでしまうのだった。

しかし、ジルがテリーへの望みを失わなかったのは、その強い願いからくる心の痛みが極限まで達し、彼女のハートが破れ、一時的に恐れや不安が残らず流れ出してしまうような瞬間が何度もあったからだ。そんなときジルは輝き、彼女自身になり、やさしくなった。だからテリーも彼女に逆らえず、そのときだけは心を開いたのだ。ほんのわずかな間のことだったが、この突破口が彼女を力づけ、逃げ出さずに彼と取り組んでいこうという決意を固めさせたのだった。

やがてジルが、自分は自分の内面のドラマをテリーに押しつけていただけだったのだということに気づいたとき、はじめて状況が変わりはじめた。父親と兄の拒否的な態度を内面化していた彼女は、大人になって、自分のやさしく女性らしい性質を欠点だと考えるようになっていた。そして、ときおり訪れる兄との親密なひとときを通してだけ、一時的な愛情を受け、自分を完全に受け入れることができていた。

だからテリーに対してハートが破れて開き、やさしさがあふれ出してきたとき、彼女は再びありのままの自分、まぎれもない自分自身を体験することになった。ジルは少しずつ気づきはじめていた――自分が本当に求めていたのは、自分自身をまるごと受けとめることによってしか得られない自分の全体性であり、夢中になってテリーを追いかけること(これは古いアイデンティティーに彼女を閉じこめるだけだった)ではないのだ、ということを。こうして求めていた深い理解が確かなものになるにつれて、彼の心をどうしても手に入れなければという強迫観念も薄れていった。

ここにたどりつくまでは、ジルの無意識のアイデンティティー(「私なんて何の値打ちもない人間なんだ」)によって、テリーも自分の意識的なアイデンティティー(「自分はひとかどの者なのだから、人の願いにいちいち応えることなんかない」)に隠れ続けることができた。彼は、自分にとって何よりも恐ろしい無意識の自己イメージ——自分が人の期待の奴隷になる——から自らを守るために、こうした態度をとり続けていたのだ。

五人兄弟の長男だった彼は、母親の言いつけによく従うことで自分が家族の絆にならなければ、母親と家族全員がばらばらになってしまうと思っていた。こうして責任感に縛りつけられたテリーが、自由とパワーを感じるために見つけた方法は、女性に対して自分を明けわたさないということだった。ジルがまるで「愛の奴隷」のようにふるまっているうちは、テリーは自分の中のこの締めつけてくるような感覚を感じないですんでいた。

しかしジルが、自分はだめな人間だという自己イメージの夢から覚め、テリーへのこだわりが解けたので、テリーもそれまでのパワーを守るというあり方を続けられなくなった。そして、自分が避け続けジルに押しつけてきた、心の中の喪失感を感じないわけにはいかなくなった。

そんな結果に憤りを感じながらも、彼はやがて、彼女のことを尊重しはじめるようになる。テリーは心の奥深くで、こうした変化は自分の内なる魔物に向き合い、魂を縛っていたかせをはずすためのチャンスなのだと理解したのだった。

こうして、ジルの自分を解放していくための取り組みは、パートナーのテリーをも解放していくきっかけとなった。これから先の道のりはまだまだ長いが、ようやくふたりはお互いを本当の人間どうしとして見はじめたのである。

パートナーどうしの関係が非常にうまくいっていても、お互いの無意識の枠組みによって苦しめ合うような状態にもつれこむことを避けるのは難しい。それでもこの苦しみによって私たちは、自分たちがとらわれている誤ったアイデンティティーから目覚めていくことができる。この呼びかけに気づかなかったりそれを否定することで、罠にかかってしまうカップルや、そのまま別れてしまうカップルもいる。彼らは、自分が生きている実感や自由さを感じられないのは心の中の条件づけされたパターンのせいだと気づかずに、パートナーを牢獄の番人と考え、相手のせいにするのである。

お互いの心の眠りの中から目覚めよ、というこの呼びかけに応えることができれば、カップルの結びつきはパワフルなものになり、ひとりが踏み出す一歩が相手の一歩をもうながすようになっていく。自分は犠牲者だとか満たされていないというような、古いアイデンティティーを一方があえて引っぱり出さなくなれば、相手もそれに対応する(自分は抑圧者だとか心が冷たいという)アイデンティティーを手放すことができるようになる。

こうした内面の枠組みをはっきりと意識化することで、ふたりはお互いに誤った自己イメージへの執着を捨て、今、ここで、本来の自分自身となり、人としてよりトータルに相手と関わり合えるようになっていくのだ。

対話3A――無意識の枠組みに気づく

男女の関係に働く無意識の枠組みを明らかにするためにはまず、自分の現在のパートナーや以前のパートナーとの間にくりかえし起ったいさかいや問題点について、よく調べてみることだ。

相手に対してあなたはどんなイメージを抱いているか、今起っている問題に相手はどんなふうに関係しているか？　あなたが相手に対して持っているイメージにともなう、自分自身へのイメージはどうなっているか？　相手とのいさかいの中であなた自身はどんなふうに見えるか？　こうした問いによってあなたは、そこで働いている枠組みの中に、「相手への視点」と「自分への視点」という両面があることに気づくだろう。

それに続いて、この二つの面がどのように組み合わされているかがわかってくるかもしれない。そこから、過去のどんなことが思い出されてくるだろうか？

この枠組みに意識を向けたとき、どんな感じが起ってくるだろうか？　その感じをあなたはどう受けとめ、どう反応するだろうか？　それを受け入れるか、それとも一方的な決めつけや否定で応えるのか？　自分の心にその感覚を迎え入れるスペースをつくり、充分に味わうことができるか？　それは、あなたにとってどんな経験になるだろうか？

古いアイデンティティーが意識上に現れてきたとき、起ってくる感覚をそのままに受けとめられれば、もともとそうした感覚に対する反応として生まれてきた、アイデンティティーの枠づけをゆるめることができるようになる。

バリーの場合

バリー　私は、彼女に自分の価値を認めてもらおうと、いつも必死になっています。しかし彼女の反応に決して満足できず、結局は拒否されたような気持ちになるのです。

――そのときあなたには、相手のことがどう見えているのでしょう？

バリー　私の批判ばかりしているみたいに見えます。

――彼女に対して必死になっているあなた自身はどう見えますか？

バリー　自分なんか、彼女に理解されなくて当然だろうという感じです。

――そう思うことで、過去の何かを思い出しますか？

バリー　両親が私を守ってくれなかったことでしょうか……

――そんな自分を見たときに、どう感じますか？

バリー　淋しく、虚しい気持ちです。

――ここに現れている自己／他者の枠組みの中であなたは、彼女は批判的な人間だと見ています。そして、自分自身の価値を実感したいがために、あなたの価値を彼女に認めてもらおうと苦しんでいるのですね。しかしそんな自分の姿を知ったあなたは、淋しさや虚しさを感じてしまう。その気持ちは、自分には価値がないという自己イメージと関係しているのです。

そうした自分の気持ちがわかってどうですか？

バリー　とても苦しいです。

――どうしたらいいと思われますか？

バリー　私を安心させてくれるよう彼女に働きかけます。それでも彼女が応えてくれなければ、自分の殻に閉じこもるでしょう。そうすれば苦しみを感じなくてすむし、安全ですから。

――苦しみから目をそらすわけですね。

あなたは両親が守ってくれなかったと言われましたが、きっと彼らはあなたの感情を切り捨ててきたのでしょうね。両親から拒否されたと感じたあなたは、自分は何の値打ちもない人間だと決めつけてしまったのでしょう。

今のあなたは、両親から拒否されたときの気持ちを内面化しています。だから彼女に自分の価値を認めさせ、その埋め合わせをしようとするのですが、それがうまくいかないと、淋しさと虚しさの中に置き去りにされるのです。そんな気持ちになるのがいやでそれを否定しても結局、そうすることでいつも通りの拒否されたという感じに逆戻りしてしまうのですね。

こうして自分が避けようとしていた「拒否される」という状態を無意識につくり出し続ける、これこそ内なる枠組みが働くしくみなのです。

バリー　自分の殻に引きこもることがどんなふうに拒否されるという状態をつくり出していくのか、私にはよくわかりません。実際に私は、それで安心できているのですから。

――自分の中の淋しさや虚しさから目をそらすのは、今その瞬間の自分の体験を切り捨てているということです。それは、「私は現実の体験などしたくない」と言っているのと同じです。あなたは自分の感情を拒み切り捨てることで、もともと両親に受け入れてもらえなかったのと同じ気持ちを、自分に対して再現していく。そうしてくりかえし、自分は無価値で拒否されているという古いアイデンティティーにとりこまれていくのです。

こうしたパターンを壊すためには、あなたがこれまで避けようとし続けてきた淋しさや虚しさをあえて体験してみることです。自分の体験をありのままに受けとめられれば、心の緊張は解けていくでしょう。これが、自分に対する嫌悪感をつくり出している古い枠組みから解放されるための第一歩になります。

バリー　いつも淋しさや虚しさが受け入れられないのは、自分の感情に飲みこまれたりとらえられたりするのが恐いからなのです。

——おそらくそれは、あなたの子供のころの体験からきています——自分の感情をどう扱ったらいいかわからなかったあなたは、それに巻きこまれてしまった。そのときあなたは、心のバランスを保つために、自分の体験の中のある部分を締め出した。しかしそのせいで心に穴が開いてしまい、パートナーにそれを埋めてもらおうとするようになったのですね。

しかし現在、大人になったあなたは、子供のときよりはるかに多くの力や方法を自分が持っていることがわかるはずです。昔から抱いていた虚しさについても、傷つかずに体験できることに気づけるでしょう。それをはっきり理解するためには、自分の心がつくり出す恐ろしい物語にふり回されず、虚しさそのものをじっくりと味わう以外にありません。

バリー　淋しさをあるがままに感じたりしたら、怒りがこみあげてきて、私を拒否した彼女を攻撃してしまうのではないかと心配です。

——それもまた、エッジの状態から生まれてくる恐れのストーリーのひとつです。あなたがそう思いこむとき、そこから自分の感情から逃避するもっともらしい口実ができあがります。そうするかわりに、その淋しさをあるがままに感じてみてはどうですか。

バリー　そんなことをしたら気が滅入りますよ。だから目をそらすんです。そんな痛みを感じずにすむから、手近な愛を求めてしまうのです。

――そうですね。けれど前と違って今のあなたは、そういう成りゆきすべてに気づいているでしょう？

バリー　自分が成長する過程で、こんなにも苦しいことをくりかえし自分にしていたなんて、悲しいです。

――その悲しみを、心を開いて受け入れられますか？

バリー　はい。

――どんな変化がありましたか？

バリー　自分を慈しむ気持ちがわいてきました。

――自分の体験を受け入れられれば、心が柔らかくなっていきます。それを感じますか？

バリー　ええ、前よりはっきりと。

――自分に今起っていることにしっかりと結びつければ、気づき、勇気、慈しみがわいてきます。自分には値打ちがなく、相手は自分への批判者だというような、二重の鍵がかかった昔からの心の枠組みを壊すには、そうした感情こそが必要なのです。それによって、今、ここにいるあなた自身に戻ることができます。

むりやり相手にあなたを受け入れさせようとしても、そうした二重に鍵のかかった枠組みを、より頑丈にしてしまうだけになるでしょう。

トニーの場合

トニー　私の妻はいつも私に、「もっとましにやれないの」と言います。そのとき感じる心の痛みが、目下の問題なのです。今の自分は、それこそ岩に縛りつけられ鷲に肝臓をついばまれるプロメテウスのような気持ちです。

――その場面では、あなたが犠牲者で奥さんが鷲というわけですか。この枠組みの中であなたが感じているのは、縛られ、助けもなく、追いつめられているということですね。

トニー　追いつめられて……その通りです。もう彼女に激しく当たる以外にない。

――あなた自身は、その追いつめられた気持ちに対してどうするのですか？

トニー　逃げ出すか、他の方法をとるかです。

――「自分にこんなことが起きるなんて」というストーリーが出てきましたね。しかし今は現実の問題として、その追いつめられた気持ちをどうしたらいいかです。

トニー　彼女に当たりますね。

――追いつめられたときあなたは、そんなふうに反応するのですね。その気持ち自体をよく味わってみたら、何が起るでしょう？

トニー　何も感じられません。

――それもまた違った形での反応です。攻撃という形で、押さえつけられた欲求を爆発させることもあれば、自分の気持ちを切り捨てて無感覚になってしまうこともある……そうではありませんか？

トニー　ええ、まったく感情がなくなってしまうのです。

――「感情をなくしてしまえば何も感じなくていい。こんな岩に縛りつけられて鷲に肝臓をついばまれている必要もない」ということでしょうか。

トニー　そうですね。

――しかし、そのどちらの反応も、あなたの助けにはなりません。そうした縛りつけられた感じがするとき、自分に何が起っているか、もっと注意深く見てみる必要がありますね。

トニー　気がすすみません。目を向けたくないんです。自分のことがつまらなく、弱々しく、無力な感じがしてきます。子供のとき、行き場をなくして、満たされない気持ちをもてあます以外にどうしようもなかった苦しさを思い出すんです。

――子供のころ、どうしていいかわからない気持ちを味わうのが苦しくて、あなたはそうした無力感を避けてきたのです。しかし自分の体験の中で否定した部分は必ず、無意識のアイデンティティーに組みこまれて、それを強化します。はじめは無力感といったたんなる感情だったのに、とくに彼女から責められたりすると、それは、自分は無力な人間だというような恐ろしい自己イメージに変わっていく。自分を無意識にそう見ているうちは、あなたはいつまでも無力な自分という感覚にとりつかれ続けるのです。

そうならないためには、このブラックホール——否定してきた恐れの感情——の縁《エッジ》まで行き、自分がそこにとどまれるかどうか見てみることです。

トニー　どうしたらそうできるのか、実際どうすればいいのか、想像もつかないんですが。

——とくに何かをする必要はありません。

トニー　はあ……何もしないなんてどうしたらいいのでしょう?

——つまり、どうしたら反応することをやめられるかということです。自分がこれまでずっと反応し続けてきた感情と向かい合うことは、最初は大変です。だからそれは、あなたの中の幼い子供が自分よりはるかに大きな何かと必死に取っ組み合っている、そんな子供の気持ちなんだと考えればいいかもしれませんね。

そんな気持ちをかかえた子供に出会ったら、あなたはどうしてあげますか?

トニー　かわりにその気持ちを引き受けてやりたいと思います。

——それは慈しみの感情ですね。それでいいのです。自分への慈しみがあれば、無力感とともにいることができます。

トニー　はい、今はもっとそれを感じ続けていられる気がします。

——あなたは今、無力感から逃げずに踏みとどまれるようになりましたね。大人となったあなたは、かつて自分が小さく無力な子供だと思いこんだときに固めてしまった、古いアイデンティティーに意識を向けはじめたのです。そうした自己イメージに執着し一体化することをやめたので、あなたは自分の内にある隠れていた力——ありのままでいること、慈しみ、勇気など——を解き放ちはじめました。これできっと、古いアイデンティティーから自由になっていけるでしょう。

第4章 魂のワーク――聖なる闘い

他者の本質を理解するのは、私たちの魂だ。
それは心でもハートでもない。

――ヘンリー・ミラー

愛の闘いと他の闘いを一緒にしてはならない。
愛の矢、愛の一撃は恵みであり祝福なのだから。

――フランシスコ・デ・オスナ

男女の関係を意識的なものにしていくためには、深いレベルでのふた通りの一致が必要だ。そのひとつは、愛し合うふたりがもっとも鮮やかに経験する、〝ハートの結びつき〟――存在どうしが純粋に開かれた状態――である。そうした結びつきのしるしになるのは、相手といるときの温かさや、心を満たしてくれる感覚だ。

このハートの結びつきは、たとえ行きずりにでも心を開いたなら感じられる、普遍的な愛の形である。しかしこれだけでは、なぜ私たちが深く言葉にできない響き合いを特定の相手に感じ、引きつけられるのか、説明することはできない。それこそもうひとつの一致点、つまり、〝魂の結びつき〟とも呼べるものだ。

魂の結びつき

魂の結びつきとは、お互いを隔てている心の壁の向こうに隠れた、相手の持つ本来の美しさに応え深いレベルでつながり合うような、ふたりの間の響き合いのことだ。こうしたお互いの受け入れ合いは、愛の錬金術のための触媒になる。そのような聖なる結びつきがめざすのは、自分たちのもっとも奥深くに隠れた可能性を発見し、実現するためのあと押しをすることだ。

ハートの結びつきの特徴は、愛する人のあるがままの状態を受け入れることだが、魂の結びつきはさらに高い次元へと私たちをいざなう——それは、相手が〝変わっていく可能性〟や、〝相手によって自分が変えられる可能性〟に目を向けながら愛し合うこと。つまり、自分らしさをより完全に発揮していくために助け合うという重要な役割を、お互いが持っているのだと自覚することである。

自分の魂の可能性については、自分自身よりもパートナーの方がはっきりとわかっていることがめずらしくない。そんな相手によって、愛の錬金術の触媒が働きはじめる。それは私たちの内に眠っている閉じていた部分に光を当て、私たちがそんな部分を引き出して表現するよううながし、刺激してくる。

私たちがもっとも心を惹かれる異性とは、フランスの作家スザンヌ・リラールの言う、「自分をもっとも激しいやり方で生かしたり殺したりする相手……お互いを受け入れ合う魂の姉妹」、そう感じる相手である。こうした魂の結びつきは、私たちをインスパイアして意識の拡大をうながすだけでなく、その途上のどんな障害にも立ち向かっていくよう求めてくる。

ここで私が用いている「魂《ソウル》」という言葉[*1]は、からだに神秘的な形で宿っている、何らかの抽象的な実体のことではない。それは大いなる自己が私たちの中に、私たちを通じて、私たち自身として現れている、唯一の、個性的な存在のあり方のことである。

「魂」とは、私たちの持っている人間としての要素を表す言葉だ――それは内面深く流れる生きた感受性であり、自分自身であるという流動しながらもはっきりとした感覚、内省的で、鋭く、深い感覚である。スーフィーの詩人ルーミーによれば、それは「やさしさが訪れたときの喜び、傷の痛みに流す涙、意識の深まり」のことである。

何らかの固定したアイデンティティーを通して自分を見るとき――私は幸せだ、哀れな人間だ、スピリチュアルなものを求める人間だ、かろうじて生きているだけだなど――私たちは思いこみによって、自分を間接的にしか体験していない。それは過去の経験がつくった心のしくみ、自己イメージ――偽りの自分である。

しかし魂に触れた瞬間、私たちは、ここにいる私が、この瞬間に生きているというように、自分自身を改めてじかに体験する。それこそ、この世でただひとりの相手とつながることができる真の個性的な自分であり、他の誰でもない自分自身そのものなのだ。

ハートが開いたとき私たちは、誰にも等しく愛を向けられる。しかし魂が働くときには、他の誰かではなく、まさに目の前のこの人を愛するようになる。ふたりがこのレベルで出会うとき、お互いの古いアイデンティティーはしりぞき、「我と汝《なんじ》」としてはるかにエネルギッシュな関わり合いができるようになる。

魂がこうしてユニークで個性的なレベルで展開し現れてくる一方で、その根は個人的な領域を超えて、はるかに深いところまで伸びていく。まるで水の一滴一滴が、その源である海へと還っていこうとするように、魂も自らの故郷とつながり、純粋でオープンな存在としての自分本来の姿を実現したいと願う。けれどその一方でそれは、大いなる自己をこの地上で現実化させ、この人間の姿をとった自分自身を知りたいという願いも持っているのだ。

このように魂とは、私たちの本質が持つ二つの面——個人的な領域と宇宙的な領域、個人の体験する現実の世界と、純粋な存在(純粋なスピリット)といった見えない領域——の生きた結びつきを可能にする仲立ちとなる原理であり、両者にかかる橋なのである。

私たちが魂を直接体験するとき、そこには自分という個人が生きていることの意味や美を感じたい、自分の中を流れる大いなる宇宙のいのちの流れとつながりたいという、二つの願いがつねにともなう。ルーミーは、このふた通りのあり方を、「水滴が大海になるだけではなく、大海もまた水滴になるのだ」と表現している。

もしも魂が自分について語るならば、やはりスーフィーの詩人であるユーヌス・エムールの、「私は大海を含んだ水滴である。無限なる水滴に大海がひそんでいるとは、なんと素晴らしいことだろう」という言葉を使うに違いない。

人間である私たちが、こうした二つの世界の間で自分をまるごと発揮しようとするのは、大きなチャレンジだ。私たちはたんなる身体と心の複合体ではない。外から見た姿形をはるかに超えた、目覚めたあるがままの存在である。しかし一方で私たちは、たんに形を持たない大いなる存在ではなく、自分という個人としても生まれ落ちてきている。

もしも、自分とはからだや心や性格といった形式以外のものではありえないと考えるなら、人生はわかり切った型の中に閉じこめられてしまう。しかしまた、ひたすら形のない純粋なスピリットとしてだけ生きようとするなら、地に足をつけて人生と取り組むことはできなくなるだろう。

魂はこの二つの領域にかかる橋として、方向を示す磁石の針や水脈を探り当てるダウジングの棒のように、内的な吸引力とうながしによって私たちを自己認識へと誘う。私たちがエゴに酔いしれているとき、魂はそこから目覚めさせ、足が日常から浮き上がりそうになれば、地上に引き戻してくれる。

インドのタントラの伝統では、スピリットと魂、つまり、目に見えない絶対的な存在と形を持った相対的な存在との関係を、恋人どうしのやりとりになぞらえる。詩聖タゴールは、それをこんなふうに詠《うた》いあげる。

無限は有限が寄り添ってきて
自分の中に溶けてしまえばいいと願う
誰が仕組んだのかわからないが
限界は自由のあとを追い求め
自由は限界の手の中にとらえられたがる運命《さだめ》なのだ

純粋でオープンな私たちの唯一の本質は、「それが生じたときと同じく、今も、そしてこれから後々も」というように、時を超えて不変であるが、一方で私たちの魂は、勇気、強さ、寛容さ、ユーモア、やさしさ、知慧など、その大いなる本質が持っている可能性の種を育て、現実化させることによって成長し、深まっていく。[*2]

男女のスピリチュアルな取り組みで肝心なのは、めいめいが自分という存在、自分の絶対的な本質を知り、たえずそれに対して意識を向け続けることである。そうしてはじめて、最終的な自由にたどりつける。しかし私たちは、そうしたスピリチュアルな取り組みにおける気づきを、日常から離れて閉じこもったり、自己から離れ魂を忘れた生き方を正当化するために用いる危険性がある。だからなおさら、気づきそのものを生き、それを現実の中で実践するために、スピリットを入れる「器」——具体的な人間らしさ——に取り組む必要があるのだ。

魂への取り組み《ワーク》とは、この器を固めていくものだ。それを通じてふたりは、可能性の種を閉じこめている条件づけされたアイデンティティーの殻を破り、奥深い人間性の土地を耕して、その種を発芽させ、実を結ばせることができるのである。

こうした取り組みには忍耐力と、献身、粘り強さが必要だ。それゆえリルケも、男女の魂の取り組みを「日々の骨折り仕事、これ以外の表現は見あたらない」と書いている。それによって私たちは、人間であることの矛盾に取り組み、その矛盾を包みこむ能力を養っていく。

自分が体験することをまったく無視したり、反対にそれにとらわれて本来の自分の一面だけしか認めないなら、真の個性は決して花開かないし、現実的にも、お互いに変化をもたらす深い関係を築いてはいけないだろう。

スピリチュアルな取り組みが自由をもたらすとすれば、魂への取り組みは自己の全体性をもたらすといえるかもしれない。私たちが生きていくためには、その両方が必要だ。

自己の奥深くの可能性を引き出しそれを実現させることによって、ふたりの魂はより豊かになり、自分や相手や人生についてもより敏感になっていく。そして自分自身を、スピリットの大いなる生命を表現するための水路として役立てていける。こうして成長していく魂は、あたかも不純物がとり除かれて、太陽をしのぐほどまばゆくなっていく宝石のようだ。

自分が人間として持つ能力をすみずみまで発揮できる可能性はすべての人にあるが、ひとりひとりの個人の性質についてはそれぞれの引き出し方があり、それらを結びつけたり表現するのにもその人なりのやり方がある。魂にはひとつひとつ、違った個性と尊い性質、それ特有の「らしさ」がある。それと同じく私たちひとりひとりには、成長し、自己の奥深くに眠っている可能性を実現するための、それぞれに向いた取り組み方があるのだ。男女が魂で結ばれたとき、お互いにこの道を進む歩みを助け合えるようになる。

子供のころには誰でも、この自分「らしさ」はそのままで自然な輝きを放っていた。私たちはただ自分そのものでいることができた。しかし偽りの自己にとりこまれた時点で、私たちは生まれながらにして持っているパワーと可能性の壮大な宮殿である、大いなる自己から切り離されてしまった。魂は歩みを止め、私たちはその喪失感からくる痛み——孤独、疎外感、脱力感、無意味さ、人を深く愛せなくなることへの絶望感など——を感じるようになる。この喪失に苦しむ魂は、失った本来の性質を探し求めるよう私たちを強くうながす。

魂はまた、こうした探求の旅を支えてくれる相手を見分ける働きを持っている。しかし実際には、「魂のパートナー」の可能性を秘めた人に出会ったとき、相手の何かが私たちの不安をかき立てる。

会ったとたんに心が惹かれて離れがたく思いながらも、一方では動揺して落ち着かない気持ちになるのだ。この人こそ、私の失った大切なものをとり戻す手助けをしてくれるかもしれないと直感しながら、同じ相手によって、自分が近づくことを恐れずっと避けてきた、あの「エッジ」に連れていかれるのではないかとも考えてしまうからである。

闘いがいのある相手

だから私たちは、「魂のパートナー」との出会いを、心地よさや希望の光ばかりを与えてくれるものだと考え、ロマンティックな空想をふくらませるべきではない。むしろいろいろな意味で、それは闘いがいのある相手といえる。そんな人こそ、自分をごまかしたり本来の自分をおとしめるようなことを許さない、好敵手なのである。

ハートどうしが結びついたとき私たちは、相手との間にやさしく包まれるような温かさを感じるが、魂の結びつきはもっと激しい、お互いを熔《と》かし変容させる錬金術のるつぼの炎をもたらす。それは、とくにふたりの出会いのはじめには、衝突という形で現れることが多い。相手に、「どうして自分のやり方にそんなにこだわるの？　もっと心を開いて、生き生きしたあなたになってほしいのよ……ありのままで、柔らかい、本当のあなたに……」と強く迫るようなやり方で。

しかしこんなふうに相手に当たって、自分の正しさを主張したり自分のやり方を通そうとするなら、結局それはふたりのエゴどうしの力のぶつかり合いになる。こんな意志と意志とのぶつかり合いを乗り越えるには、その闘いの真の源を知ることが必要だ――じつはふたりとも、お互いの魂の檻にぶつかっているだけなのだから。私たちがこうした摩擦に意識的に取り組んでいけば、自分の内や相手との間のいのちの流れをせき止めている、古いアイデンティティーの牢獄から脱出することができるだろう。

自分の中のある部分を切り捨ててしまえば、私たちは葛藤に苦しみ、それはパートナーとの争いという形で現れる。たとえば男性が自分の内なるやさしさを切り捨てたとしよう。すると自分は「タフな男」であるというアイデンティティーがパートナーを傷つけ、相手はそのアイデンティティーに対して挑んでくる。また内なる怒りを否定すれば、それは消極的な攻撃という態度になって現れ、相手の怒りをあおることだろう。

私たちがこうして自分の古いアイデンティティーから逃れられなくなるほど、ますます相手とのつながりは失われていく。自分の心の中で切り捨てた部分はそのまま、パートナーとの闘いを引き起すように働くのである。

魂のつながりを持ったとき、ふたりは完全で自由な広がりのあるやりとりをする一方で、できるかぎり深く交わり合おうとする。自分の中のある部分を締め出すことは、パートナーに対して「この部分は意識したくない。話題にものぼらせたくない。ここに踏みこまないでくれ」と言っているのと同じである。こんな態度を見せれば相手は、ふたりの間には無条件の結びつきなどないんだ、心の中では自分と一緒にいてくれていないんだ、と思ってしまう。相手はつねに、私が自分の心に立てた「立入禁止」の札に警戒しなければならず、私の身を守る有刺鉄線に傷つけられることになる。

それでもなお、パートナーが私との絆を強く感じているなら、お互いの間に勝手に何かを持ちこんだり仕掛けたりしようとする、私の中のエゴの暴君と闘わねばならなくなるだろう。

聖なる闘い

パートナーが正面からぶつかってこようとしているのに、エゴが守りたがっている自分の立場を失うことを恐れてそれを受けとめないなら、深刻な魂のぶつかり合いがはじまる。そんなとき私たちは、自分の行動を正当化したり、相手の言うことを無視して自分を守ろうとする。しかし、そうすれば相手はなんとかして聞いてもらおうと声を荒らげるだけだ。そのしっぺ返しに私たち自身も、闘いの泥沼にはまりこむことになる。こうした衝突は、ふたりがそれを「魂のワーク」を行なうよい機会だととらえないかぎり、ますますエスカレートしていき、関係そのものを壊しかねない。

相手が向き合ってくるのを私たちが拒むのは、相手が自分の仮面をむしりとり、自分自身でも受け入れられない心の中のある部分をあらわにしようとするからである。しかし本当は、仮面をとり去ることで、相手はこちらの手助けをしてくれているのだ。仮面を自分自身だと思いこみ、それと一体化しているかぎり、私たちは本当の自分から切り離されたままなのだから。

こんなスーフィーの物語がある。あるライオンの子が生まれ落ちてすぐに親と生き別れ、羊の群れの中で育てられた。彼は自分が羊だと思って育ち、まるで羊のようにふるまうようになった。つまり羊という幻影の中に生きていたのだ。

私たちはみなこんなふうに、偽りのアイデンティティーの中で苦しんでいる。魂を偽って薄っぺらなエゴの中に落ちこんでいるのだ。私たちは、羊の仮面をかぶり、自分が羊だと思いこんでいるライオンである。その思いこみをやめないかぎり、苦しみは終わらない。羊のまねをして生きるライオンがどうして幸せになれるだろうか？　本当の自分自身として生きられなければ、真の喜びや充実感を得ることはできない。

魂でつながり合ったパートナーには、私たちの羊の装いに隠れたライオンが見える。しかし相手が、せっかく自分の仮面の下を覗く機会を与えてくれても、私たちはたいていそれに攻撃で応えてしまう。自分の内なるライオンとのつながりを失えば、自分は羊だという思いこみにしがみつくことになる。その幻想なしには、行くべき方向や、自分そのものさえも失うかもしれないと恐れながら。

自分の根源にある善を感じられなくなった男性は、外目には「いい人」であることに落ち着いているように見える。しかしパートナーからその仮面の内側を見抜かれたら、彼は動揺するだろう。羊の仮面は相手には通用せず、彼は自分の真の姿がライオンであることにもまだ気づいていない。こんなときこそ、私たちは「刃の切っ先《エッジ》」に立たされる。それは古いアイデンティティーに亀裂が走りはじめてはいるが、まだ何かがはっきりとその姿を現すには至らない、そんな過渡期である。

この体験を避けようとして逃げ出せば、自分の内なるライオンを見い出すことは決してできない。エッジをそのまま受け入れて、自分が無になってしまう恐怖に向かい合ってこそ、はじめて真実を見ることができる——私たちは自分がこしらえたどんなアイデンティティーよりも、はるかにパワフルで真実な存在なのだ、ということを。

だから、パートナーから仮面をはぎとろうと迫られたとき、それを勝つか負けるかの挑戦だと思わずに、魂のワークのためのいいチャンスだととらえれば、その衝突から新たな道ができてくる。それは「聖なる闘い」の道になるのだ。

キースは、何よりメリッサの寛大なところに惹かれていた。その温かさ、ほほえみ、惜しみない愛情の与え方、豊かな感情表現、金銭への鷹揚《おうよう》さ——何もかもが彼女の気前のよさを表していた。しかし自分の中にそうした性質が欠けているのを感じると、彼はメリッサのそんな性格を愛しながらも恐れずにはいられなかった。メリッサが豊かな感情を表すところでは、キースは心が閉じてしまう——まるで動脈にうまく血が流れず、肺には空気が充分に入らない、というように。実際に彼のからだは、大きな感情のエネルギーをかかえたり、それを外に表したりすることができなくなっていた。それは子供のころ、感情を押しつけてくる母親につぶされないようにと、心の水路を閉じてしまったからだ。

ふたりの衝突のパターンは、キースの厳格さや偏屈さに対してメリッサがいろいろな形で不満を表す一方で、キースは自分を守ろうとし、怒りに満ちた押しつけがましい態度でやり返すというものだった。キースが彼女の気を鎮《しず》めてそのエネルギーに蓋《ふた》をしようとすれば、メリッサはキースの心を開かせようとして迫ることをやめない。こうしたふたりのやり方の違いがぶつかり合ってエスカレートすると、けんかはますます激しくなっていくのだった。

キースがこの衝突の深くにある原因を探っていくと、メリッサは彼の人生に入りこむことで、彼が自分の閉じた心に向き合わざるをえないよう強く働きかけていたのだと気がついた。メリッサはただ自分のありのままの姿をキースに示しただけで、彼の魂の牢獄の鉄格子を揺さぶり、その心を開いて彼のいのちのより大きな本質を開花させるよう導き、うながす教師の役割を果たしていたのである。

メリッサ自身にとっても、彼とのいさかいの中に大切な教えが隠されていた。彼女は小さいころ両親に抑圧されて育ったので、自分を抑制したり感情を押さえることは死ぬのと同じだと思うようになっていた。しかし気まぐれな彼女は、おうおうにして自己陶酔におちいってしまう。感情に巻きこまれて、自分の思いの重要性だけを強調するので、ふたりとも傷つき、お互いにどうしていいかわからなくなることがしばしばだった。

メリッサはこのことについて、キースから大切な学びをさせられた――自分の感情を時を選ばず相手にぶつけないこと、確信があるからといってこれが真実だと決めつけないことなどである。

メリッサの感情の横暴さを受けとめたキースは、彼女の足を地につけさせた。メリッサは相手に感情をぶつける前に自分のそれをよく観察する習慣をつけ、今までと違った方法で自分の心を鎮めていくことができるようになったのである。

ふたりがお互いを導き手であると認め合ったとき、これまでしてきた争いにも新たな光を当てて見ることができるようになった――それはふたりを引き裂くけんかではなく、創造的で実りのある「聖なる闘い」なのだと。パートナーどうしがお互いの心を開いていくために力を合わせ、それぞれの歩みをうながし、刺激し合い、励まし合っていく――これこそ魂の結びつきなのだ。

柔らかな心と勇気

パートナーとして、ひたすらやさしくて自分の思い通りになる人を選ぶなら、そんな人との生活は確かに気楽なものだろう。しかし魂は、私たちを閉じこめている古いアイデンティティーからの解放を望んでいる。だから私たちは、こちらの心のボタンを押し、魂の檻の鉄格子を揺さぶり、自分がはるか昔に葬り去ろうとした不快な感情に触れさせようとしてくる相手を選んだりするのだ。もしもパートナーとより意識的な関係を持ちたいのなら、たとえエゴが抵抗を示しても、私たちの内なる何かは、本当はそうして揺さぶられることを望んでいるのだということを知らなくてはならない。

私たちがパートナーとの関係をより広い視点から見られれば、相手が自分の魂の鉄格子を揺さぶりはじめたときに、それは自分のためなのだ――自分を成熟させ意識の拡大をもたらそうとしてくれているのだと考え、積極的にその試練に向かっていけるようになる。ふたりの間に生じる摩擦を魂のワークと考え、その争いをより純粋でリアルなものととらえたとき、衝突さえも、ふたりの関係を壊すどころか聖なるものに変わってしまう。

そうすれば、舞踏のように洗練された合気道の技のように、相手の攻撃を利用して押さえこんだり倒したりと、滞ることなく流れるように動けるようになる。相手とのぶつかり合いの意味は、「自分がしがみついているエゴがつくったアイデンティティーよりも、自分自身ははるかに深く豊かで流れるような存在なのだ」と気づき、心を柔らかくしていくことにあるのだ。

こう考えてみれば、パートナーは敵どころか、私たちの成長を助けてくれる存在である。合気道をはじめとする東洋の武芸では必ず、「私はあなたを闘いがいのある相手として重んじ、尊敬を払い、この試合を自分の学びと成長の尊い機会とする」という魂の欲求を表現するために、対戦相手に礼をする。

愛と戦いが「攻撃」と「降伏」という点で同じく引き合いに出されるというのは、不思議なことでもなんでもない。堅固な鎧《よろい》をも貫く矢を持った愛の神は、私たちの安住を守る壁を打ち壊し、存在の中心を射抜《いぬ》くのだ。

パートナーとぶつかり合ったときにこんな心がまえを持っていれば、いわゆる一般的な意味での戦士ではなく、自分を「聖なる闘いの戦士」として鍛え上げていくことができるだろう。

チョギャム・トゥルンパはその著書『シャンバラ――戦士の歩む聖なる道』(*Shambhala: The Sacred Path of the Warrior*)の中で、「戦士《ウォリアー》」という言葉を「勇気ある者」と定義している。勇気とは、自分が守り隠している部分を自ら進んでさらけ出すことであり、それができてはじめて私たちは、人生に心を開いていける。パートナーに対して戦士であるということは、苦しみや恐れに背を向けないで、こちらからそれらに向かい合おうとする態度を持つことなのだ。

もちろん、相手がありのままの私たちをまるごと愛し、受け入れてくれると感じられるようなハートの結びつきがなければ、闘いのさなかにもこうして自分を開き、心をやわらげることは難しい。よき信念と意志にもとづいた結びつきを持っていれば、相手に何を言われてもその中には耳を傾けるに値する真実が含まれているはずだ。

ただ私たちはそんな言葉にも、最初は「そんなことなど聞きたくもない」と防御的な反応をしてしまいがちだ。相手が言うことの中に真実を認め、そのメッセージを受け入れ、「彼女の言うことにも一理ある」と認められるようになるまでには、ある程度の時間が必要だろう。

だからはじめに必要なのは、パートナーに対する守りの姿勢をゆるめることだ。むりやりその自己防衛の壁をとりのけるのではなく、少しずつ心のドアを開けていくのだ。大事なのは、相手から何か言われて恐れの感情がわいてきても、自分に対してやさしい態度で接することである。不愉快な真実をあばかれたときに、自分を責めさいなんだりしたら、ますます心はちぢこまり、かたくなになってしまう。だが自分にやさしくしていれば、どうしても助けが必要なとき、それはやってくる。この内側からの支えが勇気をもたらし、それによって私たちは自己防衛の態度をゆるめ、パートナーの言うことに耳を傾けられるようになる。

こうして、心の柔らかさと勇敢さとは、ともに補い合っていく。トゥルンパは、「柔らかなハートを育てれば、心に恐れはなくなる」と言い、また「勇敢さだけでは磁器のカップのようにもろい。落とせばそれは割れてしまう」とも言っている。

この勇気とやさしさの組合せこそが、意識的な男女の関係には欠かせない。その両方があってはじめて私たちは、相手の厳しい言葉にも耳を傾けられるし、自分のありのままの姿である内なるライオンを解き放つための、魂のレッスンをも進めていけるのである。

第5章
自分の内なる敵を克服する

人を憎むとき、それは相手の内に見えている自分自身の何かを憎んでいるのだ。私たちは、自分の内にないものには心が動かないのだから。

——ヘルマン・ヘッセ

深い意味では、あらゆる恐ろしいものはそれ自体無力であり、私たちの愛を必要としている。

——ライナー・マリア・リルケ

D・H・ロレンスとフリーダの結婚生活について、ふたりの友人であったマーベル・ドッジ・ルーハンはこんなふうに書いている。「出会ったころの情熱的な愛のほとばしりが、敵どうしの攻撃と防御にとってかわった」と。

恋愛においては、こんな経験をすることがめずらしくない。あるときには相手のことを世界でいちばん好きだと思っても、次の瞬間には、同じ相手をまるで蛮族の王のように、自分をふみにじり粉々にしようとする横暴な存在だと感じたりする。パートナーとの絆がどんなに神聖なものだといっても、私たちは相手に対して、自分のいのちを脅かす敵として反応してしまうことがあるのだ。

自分の内なる敵

相手に対してこうした反応をしてしまうのは、つきあっていくうちに、強い情熱、恐れ、怒り、または傷つきやすさなど、それまで一度も自分が持ちこたえるすべを学んでこなかった感情が起ってきたときである。誰にでも、自分の手に負えそうもないような感情や経験というものはある。しかし、自分の経験をすべて受け入れ身につけていく方法を教えない家庭や社会のもとで育った人間は、いろいろな感情を拒否すべきタブーだと考え、さらに事態を悪い方向へと向けてしまう。

私たちは不快な感情が起ってきたとき、それは自分の何かが悪いからだと考える。そして、おまえはだめな奴だ(心の中にある他者の基準からみて)と責め続ける「内なる批評家」の声によって、特定の感情を嫌悪感や劣等感などと結びつけてしまうのである。私たちはそうした「嫌悪すべき自分」を受け入れるのが苦しいので[*1]、それに正面から向かい合うことはほとんどない。その結果それは、無意識のアイデンティティーに組みこまれていくのである。

異性との仲が深くなっていくと、自分のありのままの姿が相手の前にさらけ出される。今まで避けたり抑圧しようとしてきた感情にも、必然的に光が当てられることになる。そんな感情を持っている自分を責めつつ、そうした「嫌悪すべき自分」が白日のもとにさらされたとき、私たちは自己防衛に走るのである。

しかしパートナーを敵とみなして、それに向かって反発するというのは、もともと自分の心の中にあった闘いを外に引き出しているということなのだ。私たちは、自分の体験の中にある嫌で受け入れたくない部分を敵であると考え、そこから身を守ろうとするのである。

こうした「敵」につねに警戒の目を向けているために起る、内なる分裂と闘いに対する特効薬は、自己否定をくつがえすことにある。それは、自分の中の締め切った場所に対して心を開くこと――自分の体験をあるがままに〝認め〟、〝受け入れ〟て、それらと〝もっとじかにつながる〟ことである。

たとえば「恐れ」という感情を認め、居場所を与えてあげれば、その緊張はゆるんでほどけていく。逆にそれに対して心を閉じれば、内なる分裂、葛藤、抑圧は高まっていき、事態はさらにもつれて手に負えないものになる。苦痛や嫌悪感をもよおさせる感情に蓋をしようとすれば、それらは必ずいっそう強い力で私たちに逆らい、仕返しをしてくる。それが表面的には、自分を根本から掘りくずそうとしてきたり、攻撃してきたりする敵に見えるのだ。

感情を否定する態度は、その感情を恐ろしい「内なる他者」に変え、敵をつくり上げてしまう。自分の体験にやさしく接してあげることがまったくなかった人は、自分自身がつくった要塞に立てこもるしかない。そうして自分の内なる闘いを、パートナーとの関係の中でくりかえし続けるのである。

私のところに来ていたトムという男性は、パートナーとの関係に苦しんでいたが、それは、自分の「傷つきやすさ」をどうしても受け入れられないという根深い思いがあったからである。彼は一人っ子で非常に支配的な両親のもとで育てられたので、自分を敗北者だと思わせる無力感に対して、強い嫌悪を抱くようになっていった。

無力感を敵だと思っていた彼は、いつでも自分のことがコントロールでき、決して負けることなどないという意識的なアイデンティティーをつくり上げることで、そんな感情から身を守ろうとしていた。そして彼はこのアイデンティティーを本来の自分だと思い、この自己イメージを壊そうとするものをことごとく敵視した。

しかし無力感という感情もまた、人であることの一要素である。私たちは無力な状態で生まれ、おそらく無力なままで死んでいく。これは(相手のあり方やこちらへの態度を自分の思いのままにできない)男女の間においても、しばしば味わう感情である。こうした無力感から身を守ろうとすれば、四六時中神経をとがらせていなければならないが、そんなことをしていたら他者との間にオープンで信頼のある関係は築けない。

現実の中でパートナーと深く豊かな関係を続けていくことを望むなら、恐れも喜びもひっくるめて、自分の体験のすべてと親しくつきあっていかねばならない。

トムは、自分の傷つきやすさを寛大に受け入れ、もっと懐《ふところ》を広げていく必要があった。しかしそうした感情はもともと自分が至らないために起るのだと考えるなら、それもできなくなるだろう。

嫌悪すべき自分と、嫌悪すべき相手との関係

恋愛関係という鏡に映してみると、誰もが自分の生まれ持った美点や価値を相手にわかってほしいと願っていることがわかる。しかしほとんどの場合私たちは、自分では自分の本当の良さを認めたり評価したりすることがない。それどころか自らを偽りの自己イメージという色眼鏡で見て、自己満足を得るために、相手からそうした見せかけの自分を認め、ほめてもらおうとする。

しかしそれが成功したとしても、[*2] 本当の満足は得られない。そうした望みは、自分のいちばん深い

ところから湧いてきたものではないからだ。私たちが本当に求めているのは、人から条件つきで良いとか悪いとか評価されることではなく、あるがままの自分の素晴らしさを知ることである。

自分は勝者であるということを証明しようというトムの試みは、徒労に終わった。彼がこしらえ上げようとしていた「好ましい自分」とは、ときどき無力感に襲われるのは自分が悪いからだ、という考え(これも彼の幻想である)を押さえつけた結果生まれた、心の中のイメージにすぎなかったのだ。自分の敗北をひそかに恐れながら、自分が勝者であることをはっきり示すことなどできるだろうか?

勝者と敗者、好ましい自分と嫌悪すべき自分――どちらのアイデンティティーも、いわゆる忘我《トランス》の状態、心がつくり出した幻想であり、それらは彼にとって、より根本から無条件に自分の価値を受け入れるための障害になっていた。

スーザンにとっても、トムの「好ましい自分」という見せかけの仮面とつきあっているかぎり、彼は親切で安心できる人であり続けた。しかし、トムの中に無力感がわき、「敗者」というネガティブな自分があばかれそうになると、彼はスーザンに刃を向けるようになった。

スーザンにしてみれば、なぜトムが突然これといった理由もなく、冷たく批判的な態度になるのか理解できず、とまどうばかりだった。そんなとき彼は、その場で起っている体験から自分を切り離し、同時に彼女も切り捨てていたのだが、そんなからくりがスーザンにはわからなかった。トムがスーザンに当たったのは、自分の傷つきやすい感情を憎むべき敵に仕立て、その内なる攻撃性を外にぶつけたからだったのだ。

またトムは、無力感を感じたとき自分をも責めたが、その結果、人からされはしまいかともっとも恐れていたことを、自分に向けてすることになった。自分にぶつけたこの攻撃性は、自分はつねに人から責められやすい人間だという思いこみを支え、強めることになった。

私たちの多くも彼と同じように、「嫌悪すべき自分」というアイデンティティーから逃れられなくなっている。たとえば自分の欲求など決してかなえられないと考え、それを否定したとする。そうするとその欲求はさらにふくれ上がってつきまとうようになり、自分は満たされていないというひそかな自己イメージは強まり、内なる欠乏感が永続するだけだ。

こうした苦痛を自分自身でつくり出しているからくりを理解せずに、私たちは、誰かが自分を苦しめているのだと考える。トムもまた同じく、自分は自分以外の何か——パートナーや、仕事や、まわりのものすべて——の思いのままにされているのだと思い続けていた。こうした「投影」というしくみ——自分の心の中に起っていることから意識をそらすためにパートナーの振舞いに注意を向けるというように、嫌悪感の原因を外に求めること——は、男女間によく見られる自己防衛の方法である。こうしたやり方は、相手をくもりのない目で見、素直に耳を傾け、理解していくための大きな妨げとなる。

嫌悪すべき自分というアイデンティティーが心の中で頭をもたげるとき、私たちはパートナーに「悪意ある他者」のイメージを投影し、それに闘いをしかけるか逃げ出すか、攻撃するか引きこもるかといった行動に出ることが多い。ここでいう「悪意ある他者」とは、自分が他人に対して持っているもっとも強い恐れのイメージがまとまったものであり、過去の古い痛みがもとになっている。

トムが無力感を感じはじめたとき、彼にとってスーザンは、かつての両親のように自分を抑圧し、意のままにしようとして、自分への嫌悪感をもたらす存在に見えていた。

とうとうスーザンが別れようと言い出すまで、トムには自分のしていることがわからなかった。しかし私の助言を聞いて彼は、心の内に敵をつくり出しがちな自分の傾向と、それが嫌悪感から無力感へと変わっていく経過を少しずつ理解するようになっていった。そして、そうした感情を持ってしまう自分を憎むかわりに、そんな感情を抱くこと自体を受け入れていった彼は、それが考えていたほど恐ろしいものではないということに気づいた。

こうして彼は、無力感それ自体はたんなる感情にすぎないのだという、重要な気づきにたどりついた。彼の感情は、彼自身の人間性にかんする自己評価（たとえば「敗北者」など）とはまったく関わりのないものだった。自分の感情から何らかのアイデンティティーをつくり上げたり、その感情に対して「こんなことを思うなんて男らしくない」とか「自分の感情に押しつぶされそうだ」などといった物語をつけ加えたりしなければ、それはやり過ごせるものだということをトムは発見したのである。

彼は理解したのだ――私という人間と感情とは別だ、感情はそれ自体、悪いとか間違っているというものではない、現実にその体験を受け入れてみれば、ハートのまわりのこわばりは解け、自分自身の中で、彼女との関係で、人生の中で自分らしくしていられるようになり、現実に自分を好きにもなれるのだ、と。

こうしてトムは、「自分の居場所を見い出す」ことができた。自分の体験をありのままに受け入れ、心の落ち着きや自信を手に入れたのである。彼はその感じを、激しい嵐がやってきてもびくともしない山になったようだと表現した。

こうした実感をより完全に経験を通して根づかせていくほど、それまでの嫌悪すべき自分というアイデンティティーは薄れていき、彼はパートナーとの関係や人生のあらゆることに対して自由に心を開いていけるようになった。こうしてまったく新しい力強さを持ちはじめた彼は、自分の敵をつくらねばならないという、内なる欲求を克服していったのである。

自分の体験を引き受けること

恐れや耐え難い苦しみに出会ったとき、自分がどうしたらいいかという選択はつねに私たち自身にまかされている。それを乗り越え、関わりを持っていくための課題ととらえることもできるし、それに反発して責任を誰かに押しつけようとすることもできる。

私たちがパートナーを「どうして君はぼくに嫌な思いをさせるんだ?」と責めたりするのは、じつは、「ぼくは今、こんな体験はしたくない。こんなのはすべてなにかの間違いだ。君が悪いんだ」と言っているのと同じことだ。そしてそんな嫌な気分になりたくないために、私たちは相手の心や態度を変えようとするのである。

私のところにきたあるカップルの例を見てみよう。その女性はずっと自分の人生に不満を抱き続けてきた。しかしその不満を認めずに、パートナーが自分の相手をしてくれないことに怒って彼を責めたてていた。「彼があなたにもっと近づいてくれたらどんな気持ちになるでしょう?」と彼女に訊ねてみると、彼女からは「嬉しいと思います」という答えがかえってきた。

一方パートナーである彼の方も、彼を責めてばかりいる彼女に非難で応えていた。私は彼にも、「もし彼女がもっとあなたを受け入れてくれたとしたら、あなたはどんな気持ちになりますか?」と聞いてみた。彼は「安らぎと自信が得られます」と答えた。

実際には彼女は心の中で、「彼さえもっとそばにいてくれたら、うれしいのに」とつぶやき、彼も「彼女がぼくを受け入れてくれれば、安らかな気持ちになれるのに」と思っていた。しかしふたりは、悪循環から逃れられなくなっていた。彼女は、彼こそ自分の不幸の原因だと決めつけ、逃げる彼に刃を向ける。一方彼は、彼女が自分の悩みのもとだと思いこみ、彼女に攻められて逃げ出す。

ふたりがお互いに、自分自身の体験を――彼女は自分の消えない不満を、彼は自分の不安定な心を――引き受けようとしないかぎり、事態は変わりようがなかった。しかし、彼女が自らの内に喜びの源を求めるようになったとき、はじめて自分の不幸の原因を彼のせいにし、刃を向ける必要がなくなった。彼もまた、安らぎと自信の源を自分自身の中に求めるようになってはじめて、彼女がそれらを与えてくれないことを理由に、彼女に背を向ける必要がなくなったのだ。

自分の幸・不幸の原因をパートナーに押しつけるのは、自分の体験に対する責任を放棄することだ。ここでいう「責任」(responsible)とは、「応えることができる」(able to respond)という意味である。自分の体験に責任を持つとは、その体験にあるがままに応えることができるということだ。そのためにはまず、自分が体験していることについてあれこれ決めつけたり拒否したりせず、その奥にまで意識を向け、よく見ていくことだ。自分の経験にそうして応えていければ、自らに対する慈愛と気づきもまた深まっていくのである。

気づきと慈愛を育てる

仏教でよく使われる言葉に、慈愛(loving-kindness)がある。それは、無条件の親しみ、情深さ、善意などの感情である。また、ラテン語の愛(caritas)から発し、一般に使われている思いやり(caring)という言葉のもとにもなった、キリスト教の愛(charity)という言葉にも近い。よく知られた聖パウロの「コリント人への第一の手紙」第十三章の中の「愛」という言葉を、この「慈愛」と置きかえてみれば、これがいかに重要な感情であるかわかってくる。


たとえ、ひとびとの異言、天使たちの異言を語ろうとも、「慈愛」がなければ、私は騒がしいドラ、やかましいシンバル。

たとえ、予言の力という賜物《たまもの》を持ち、あらゆる神秘とあらゆる知識に通じていようとも、たとえ、山を動かすほどの完全な信仰を持っていようとも、「慈愛」がなければ、無に等しい。(……)「慈愛」は忍耐強く(……)ねたまず(……)不義を喜ばず、真実を喜ぶ。

(……)「慈愛」は決して滅びない。預言は廃《すた》れ、異言はやみ、知識は廃れよう。わたしたちの知識は一部分、預言も一部分だから。

完全なものが来たときには、部分的なものは廃れよう。


(新共同訳聖書にもとづく)


パウロが言っているように、慈愛はその内に完全性を宿している。なぜならそれは、私たちの真実の姿が現れたものだからだ。慈愛を欠いていては、真の幸福は実現できない。

慈愛は、困難に直面したとき、まず自分を思いやることで自分の内から芽生えてくる。自らに対してこうした慈しみの気持ちを持てれば、相手に対しても同じ気持ちで接することは難しくない。これは、他者を潜在的な敵とみなす心の傾向への歯止めになる。

そういうわけで、敵をつくろうとする自らの心の欲求を克服するには、まず自分の体験に対して無条件の親しみを育てていくことが必要なのだ。幼いころから私たちは、人はどうあるべきかという世間の基準にかなうように生きようとしてきた。私たちは自分を直観的にとらえる能力を捨て、他人からの評価を想像することによって自分を判断するようになったために、本来の自分に根をおろし、あるがままの自分でいいのだという確信から切り離されてしまった。こうした自己疎外感を癒すには、無条件に自分自身を受け入れる力を育てていくことである。

しかしそれは、ほしいままに感情に溺れたり、不適切な振舞いをすることではない。また自己肯定にひたり続け、自分のことならなんでも好きになるということでもない。実際、自分のやっていることが好きだからとか、ある基準を満たしているからなどという理由にもとづいて自分を愛するのは、やはり条件つきの自己受容である。無条件の自己受容は、それとはまったく違ったものだ。それは、どんな出来事が起ってもその体験をしっかりと受けとめるということなのである。

慈愛と深い気づきは、真の魂の成長や癒しとともに、無条件の自己受容にとって欠かせない要素だ。では、どうしたらそれらを育てていけるのだろうか？　それには、自分の体験に対して進んで〝しっかりと目を向け〟、〝それを認め〟、〝あるがままにまかせ〟、〝心を大きく開くこと〟である。

まず第一に、自分の体験が暗示していることなどわかっているというつもりになり、それに盲目的反応をするのではなく、自分の内で起っていることに〝しっかりと目を向ける〟ことだ。

私たちは多くの場合、本当に起っていることを理解していないのに、「ぼくはただ怒っているだけだ」とか「こんなことは子供のころからしょっちゅうさ」などというふうに、自分の体験の意味がわかっていると〝思いこんで〟いる。しかし、さらに注意深く見つめるなら、どんな体験の中にも一見しただけでは知ることのできない意味が隠されていることがわかるだろう。だから、自分にはとうにわかっているなどと開き直らず、「いったい今、何が起っているのだろう?」と自らに問いかけ、開かれた心で見つめてみる必要がある。

二番目には、その場に起っていることをそのまま〝認める〟ことだ。「そうだ、私は今、この出来事を体験している。私は恐れている……傷ついている……怒りを感じる……心が閉じている」というふうに。

認めることによって私たちは、気づきを導き入れると同時に、事実を認識し、はっきりとそれを見分けることができるようになる。出来事をただ認めるということは非常にパワフルな体験であり、決して軽視することはできない。盲目的に反応するのでなく、起っている出来事をあるがままに認めることから、私たちは受け身であることをやめ、積極性な姿勢をとっていく。それだけでもすでに私たちは、大きな自由を手にしているのである。

三番目は、自分の体験を〝あるがままにまかせる〟こと。自分が体験するままにまかせるというのは、感情に流されたり、それに反応してすぐ行動に移すという意味ではない。それは、自分の中にスペースをつくり、そこで体験していることをしっかりと受けとめるということだ。そのスペースの中で私たちは、自分の体験に対してかたくなにならず、判断を押しつけず、そこから生まれる感情を気づきでやさしく包み、締めつけを解いてあげればいいのだ。

しかしこれはなかなか容易なことではない。私たちは無意識のうちに、自分の感情と自分自身とを同一視したり(「この怒りは私そのものだ」)、逆に自分とは無縁なものとして扱っている(「この怒りは私とは関係ない」)。したがって、このような方法で自分の体験と結びつくためには、ある程度の時間と心の集中が必要になる。

もしも激しい感情に襲われたら、呼吸を深くして心の中にたっぷりしたスペースをつくり、そうした感情が望むかぎり広がっていけるようにしてあげれば、乗り切っていけるものだ。それによって、自分の感情に抵抗したりかたくなになることで生じる、さまざまな圧迫感からも解放される。

自分の体験に対してあまりに恐れが強く、スペースをつくる余裕がないとすれば、それはおそらく何らかの物語《ストーリー》――背後にある決めつけや思いこみ――が働いている証拠だ。[*3] 心によく割りこんでくるストーリーとは、「こんな感情は、なにかよくないことが起きる引き金になる」「この感情は、私や私の人生、相手についての不吉なきざしだ」というようなものが多い。こういったストーリーを認識し、はっきりと見分けられれば、それらをとり除き、自分のからだで感じる直接的な体験に意識を戻すことができるだろう。

最後に、その一瞬一瞬の体験に自分をもっと「大きく開いて」いけば、私たちは自分の本来の姿に大きく近づいていく。自分の感情についてあれこれ決めつけたり、言い訳をしようとしたり、操作しようとしたりすることをやめれば、私たちはどんな感情に対しても素直に心を開き続けられる。ここで重要なのは、あなたが感じているのがどんな感情かということではなく、感情に対して〝心を開く〟そのプロセスである。

感情そのものは、必ずしも大いなる知慧をもたらすわけではない。しかし感情に心を開いていくプロセスは、その可能性を与えてくれる。意識の焦点が喜びとか苦しみといった感情自体から、そんな感情を抱いているときの自分自身のあり方へと移ったとき、私たちは個人的な領域を離れ、より大きな存在の世界へと入っていく。この大いなる世界に身を置いてはじめて、自分の状況に対処するための必要な手段が見い出せる。そこで自分の感情にプラスあるいはマイナスの反応をしたりせず、ただ、それとともにいることだ。そうすれば、心の中の私と相手(他者)、「私」と「私の体験」とが起す闘いはなりをひそめる。私たちの気づきもよりなめらかに流れ、その一瞬一瞬に体験していることをよりしっかりと受けとめられるようになり、どう行動すべきかがはっきりとわかってくるだろう。

こうして自分の体験をしっかりと受けとめるというごく単純なことが、目の前の問題への関わり方に直接つながりうるということは、多くの人にとって驚きだろう。

例をあげてみよう。私の義理の息子が大学の夏休みで家に帰ってきたばかりのとき、私は緊張をおぼえて心をなかなか開けなかった。それまで妻とふたりきりの暮らしを心ゆくまで楽しんでいたので、それが奪われることに抵抗を感じたのだ。はじめ私は、自分を利己的だと責めたが、それはかえって緊張を強めるだけだった。このとき、私が注意を向けるべき何かが、明らかに起きていたのだ。

私は自分の心の反応をつぶさに観察し、そこにある種の恐れを認めた。閉ざした心は、それを避けるための手段だった。自分の恐れを認め受け入れたとき、過去から引きずってきた古い誇張されたストーリーが、私の感覚を歪めていたことが見えるようになった。

それまで私は、自分の望みがかなえられないこと、ひとりだけのけ者にされることを恐れていた。その恐れに蓋をしようとしているかぎり、緊張感はとれなかった。私は自分自身の体験を切り捨てようとしていたのだから。しかし恐れと闘うことをやめ、その実態を見ることができるようになったとき、緊張はゆるみ、自分の居場所をとり戻すことができた。

自分自身にやさしくするというのは、これまで述べた「しっかり目を向ける」「認める」「あるがままにまかせる」「心を大きく開く」ということ、理解するということ、そしてその結果自分の居場所が見つかり、本来の自分に戻り、自分自身とひとつになるということすべてを含む。こうした気づきと慈愛の結びつきから生まれる無条件のやさしさこそ、私たちが両親に何よりも求めていたものだし、学校の先生、セラピスト、友だちや恋人の中にも見つけようとしていたものだ。そして本当は、自分自身からもらいたかったものなのである。

こうして自分の体験に結びつきはじめると、相手もあなたに応えやすくなり、あなたとの結びつきを深く感じるようになることがわかるだろう。

「敵」という思いを超えて

自分の内にある「敵」をこしらえたいという欲求を克服すれば、自分自身のいのちの奥深くにあるエネルギーやパワーの源に触れる方法を手にすることができる。チベットではこうした大いなるエネルギーを「ドゥラーラ」と呼ぶが、それはまさに「敵を乗り越える」という意味だ。チョギャム・トゥルンパはこのドゥラーラを、「本来の自分に備わった知慧と、まわりの事物のありのままの本質的なパワーとを結びつける」ことから生まれる、「不可思議な存在のあり方」と述べた。

私たちが、自分自身や自分の体験との闘いをやめたときはじめて、このパワーがまわりのあらゆるものの本質に備わっているのを認めることができる――炎の輝き、どっしりとした大地、あふれる喜び、おだやかな悲しみの中に。

しかしいったん意識が「相手の自分に対する行為」に向いたとき、私たちは愛のドゥラーラ、その不可思議さを失う。そのときエネルギーは、相手との間に闘いの境界線を引き、敵であるその相手から身を守ることに注がれる。しかし自分の体験を引き受けるなら、私たちは自分自身と結びつき、より本来の自分に近づいていく。それだけが、相手に近づくための唯一の道なのだ。

　このことはあらゆる人間関係にあてはまるだろう。自分に起きている問題の原因や解決の手がかりを相手の側に求めたとき、私たちの心は閉じ、緊張は強まる。しかしそれらを自分の内に認め、その本質とつながるなら、私たちの心は開き、広がりはじめ、居場所を見い出すだろう。

　男女の関係に限らず、この世のあらゆる場所において心の安らぎを見い出すことはまれである。それは、心の中で起っている自分と「内なる他者」との闘いを、私たちがつねに外に投影し続けているからだ。

　ミサイルによる攻撃システムを作り、おびただしい数の武器を消費し続ける人々の心がこの世界を不毛にしてきたように、男女関係において自分のエネルギーのほとんどを自己防衛のために使うとき、私たちの魂も不毛になっていく。

　相手との関係を意識的なものにしていけば、それは心の安らぎと、内なる和解をもたらす道となる。同じ人間である他者と平和に生きていくためには、自分の体験を拒否することをやめ、心の中につくり上げたあらゆる「内なる他者」のイメージと和解すべきなのである。

対話5A——自分の体験を受け入れていくには

ふたりの間に恐れや嫌悪感が起ってきたとき、私たちはその原因を相手にばかり求めがちである。しかし、たとえそうした感情を引き起すボタンをパートナーが押したのだとしても、それはとりもなおさず私たち自身のボタンなのだ。相手とよりよいコミュニケーションをはかるだけでなく、自分に対する理解を深めるためには、こうした事実を認めることが重要な鍵となる。

私たちが経験をもっと積極的に受け入れていくためには、まず、私たち自身の心の反応や不満を「鏡」として見ることだ。そうすれば、自分の心に起っていることをはっきりと見、それと関わっていけるようになる。

そのためには、パートナーについていつもやっかいだと思っていること——あなたや他のことに対する相手の態度で、とくに文句をつけたくなること——をよく吟味してみることだ(現在あなたにそんな相手がいなければ、過去の体験を振り返ってみる)。あなたの目にはパートナーの行動がどう映り、あなたはそれをどう解釈しているか? どうしてそれにそんなに悩まされるのか? これらを鏡として使うのである。

「自分にも相手と同じようなところがないだろうか?」とか「相手と同じように行動したり、自分自身に対してそんな態度をとったりする場合がないだろうか?」と自問してみよう。自分についてそれを認めたら、どんな感情がわいてくるだろうか? 自分の中のこうした部分に、あなたはいつもどう関わっているだろうか? それらの部分は、これから先、あなたにどう関わってほしいと求めているのだろうか?

ジャネットの場合

ジャネット 私のいちばんの悩みは、夫の自己中心的な性格です。彼はふだんから、すごく無感情で冷静でとりすまして見えるので、いったい私のことを大切に思ってくれているのかどうかわからないんです。私がどんなに努力しても、こんな彼の性格が変わるとは思えません。

——まず質問させてください。しかし答えをあせらないように。

あなた自身には、とりすましていたり利己的だと思えるようなところはないでしょうか?

ジャネット 「私のどこが利己的なんだろう?」と思うと、すぐに胸がむかついてきます。

——その原因は何でしょう?

ジャネット さあ、いつも相手のせいにしてきましたから。「あの人が悪いんだ」って。

――原因は自分にもあると認めたら、どんな感じがしますか？

ジャネット　強い抵抗を感じます。

――もっと詳しくお話ししていただけませんか？

ジャネット　そうですね、自分をすっかり明けわたせない、なにか引っかかりのようなものがあるんです。表面的にはかなり心が開けても、たぶん深いレベルではそれほどではないのだと思います。見えない何かが隠れていて、出てこようとしない感じがします。

――無理にそれを引っぱり出す必要はないと思いますよ。彼の心をむりやりこじ開けようとするのと同じことになりますから。あなたが人に対して心を明けわたせない何かがあるなら、そこにはおそらく、それなりのちゃんとした理由が隠されているのです。それを深く見ていけば――そこで起っていることに目を向け、やさしく接していけば――先へと進む道が見つかるはずです。

たとえば、恥ずかしがって隠れようとする子供と接するときのように、自分の中のそうした部分の隣に座り、どう感じるか確かめてみてはいかがでしょう？　そこにやさしい態度で触れていき、「何かあったの？　どうしてなかなか心が開けないのかしら？」と訊ねてみてください。

ジャネット　私の中のその部分とは、不安感ではないかと思います。それは私に、関心と思いやりを求め、決して見捨てたりしないでほしいと言っています。

――関心と思いやりですね。今ここで私と話しながら、あなたの中のそんな部分に、その気持ちを向けてあげることができますか?

ジャネット　はい、やってみます。

――どうですか?

ジャネット　楽になれたようです。

――そうした気持ちを自分に向けてみて、ご主人の自己中心的な性格に対しての感情はどう変ったでしょうか?

ジャネット　どちらかといえばそう大した問題ではなくなったようです。

――彼を変えなくてはという強迫的な思いも弱まりましたね?

ジャネット　はい、先ほどからそのことには気づいていました。自分にこうして気持ちを向けてみると、私が彼に要求していたものは、じつは自分の中にあったのだとわかります。

――そう、そこが肝心なところなのです。

ジャネット　これが男女関係の法則というものでしょうか?

――誰にとっても、たいていそうなりますね。

ジャネット　自分自身に心が開いてくると、彼に対しても心が開いてきました。今は、彼が私に与えてくれるものを受けとれるような気がします。

――心が以前よりオープンになってきたからですね。

ジャネット　彼から受けとれるはずなのにそうできなかった関心や思いやりを自分自身に向けられれば、彼との関係が変わっていき、その上、彼に望んでいたものも得られるのですね。とても不思議ですが、ほんとに素晴らしいことですね。

――そうです。私たちが自分の中の何かと切れてしまったとき、それをパートナーに求めなくてはという焦りが強まります。この焦りは、それこそ生きるか死ぬかという切迫した感情となります。そんな感情をぶつけても、相手は逃げ出すだけでしょう。

しかし自分が求めていたものを自分自身に与えてあげれば、相手の負担は楽になり、彼の方からあなたに近づいてきます。ここではミラーリング（鏡の法則）が、心の中から外側へと働いているのです。つまりあなたが自分自身に近づけば、相手もあなたに近づいてくるかもしれないということです。私たち自身の自分への接し方によって、相手の私たちへの接し方も決まってくるのですから。

ダンの場合

ダン　目の前の出来事に対して、彼女が否定的で理屈っぽい態度をとることが多くて、悩んでいます。

それに彼女は、自分がどうしてそうするのか、本当のわけをぼくにはほとんど話そうとしてくれません。

——彼女には正直さや率直さがなく、あなたに真意を打ち明けてもくれないというわけですね。その中でも、いちばん気にさわるのはどんなことでしょう?

ダン　彼女が私を尊重してくれているようには思えないのです。私を本当に信じて大切に思ってくれているなら、自分の心を隠さなくてもいいじゃないですか。私にとって相手を尊重する気持ちは、ふたりを結びつける接着剤のようなものなのです。

——あなたは、彼女に大事に思われていないと感じている。ではあなた自身の中に、自分を尊重する気持ちが感じられない部分がありますか?

ダン　自尊心、というようなものですか?

——そうです。言葉をかえれば、どうしてあなたにとって尊重されるということがそんなに大事なのでしょうか? 誰もが〝心のボタン〟を持っており、それを相手が押すのです。あなたの場合、尊重の欠如がそのボタンのひとつになっているように思えますね。

あなたは、パートナーが本当の心の内を見せてくれない、だから尊重されている気がしないと言われます。しかし、違った考え方をする人もいるかもしれません。たとえば、「おそらく彼女は自分自身の心に触れることがなかなかできなくて、今まで何が自分の本心なのかがわからなかったのだろう」

と。しかしあなたは、彼女は自分を大切にしてくれないと考えた。そのへんに、あなたに何かを教えようとしている鍵がありますね。それはいったい何でしょうか？

ダン 私はただ、尊重されたいのです。

――なぜそれがそんなに問題なのですか？

ダン 私には十一歳年上の兄がいました。だからいつも、家族の中で自分はすごく幼いんだと感じていました。私は、誰からも守られている実感がなく、確固とした自信を持つこともできませんでした。だからたぶん、今でもまわりに対して求めるのでしょう、「ねえ、ぼくを大事にしてよ」と。

――まさにそうですね。それをご自分の口で言われたということは素晴らしい。こういうことは勇気がいりますからね。

　自分は尊重されるに値しないというあなたの思いは、条件づけされた思いこみです。それはあなたを閉じこめる、魂の檻なのです。パートナーになんとかして自分のことを尊重させようとがんばるよりも、まさにこの魂の檻から自由になることが、あなたがこの人生で歩むべき道になります。その中にとどまっているかぎり、あなたは女性との関係をつねに、「尊重してもらえるかどうか」だけで考え続けることでしょう。すべてをそうした色眼鏡で見ていたら、奥さんもあなたが本当の彼女自身を見てくれないと感じるでしょうね。「いつも自分の都合で私のことを決めつける」と奥さんに思われていたら、彼女だってあなたになかなか近づけなくなるのではないでしょうか？

ダン　妻の本心を知りたくて聞いてみたことがあります。そうしたら「私を責めているように聞こえる」と言われました。たぶん私が彼女の落ち度を責めていると思われたのでしょう。

――なるほど。それではここで改めて、あなたの中の、大切にされたいと求めていた部分を認め、それを味わってみてください。どんな気持ちがしますか？

ダン　そうしてみると、いいものですね。ちょっと不安もありますが、悪くありません。

――それはあなたが解決を外側に求めることをやめ、内側に意識を向けて自分自身とつながりはじめたからです。今回の問題を「鏡」とすることであなたは、自分の中で何を明確にし、何を癒さなくてはならないかがわかりはじめましたね。こうして、新しい方向、つまり道が開かれていくのです。

クリスティーンの場合

クリスティーン　私はパートナーのピーターから、もっと情熱や力を注いでほしいと思い続けています。彼には、きっぱりとした態度で熱心に関わってきてほしいし、自分の怒りを正直に感じてほしい、そして私に対するけじめもしっかりとつけてほしい。つまり私に対して積極的な態度をとってもらいたいのです。私はまるで飢えた狼のような気持ちです――どうしても彼の心が知りたい、「あなたは今、本当に私と一緒にいるの？」と。

――あなたは彼に、もっと情熱をもって関わってほしいと思っている、そうですね。

クリスティーン　その通りです。

――それではあなた自身を振り返ったときに、自分に対する情熱や積極性が欠けた部分がないでしょうか？

クリスティーン　いいえ（笑いながら）……ええ、たぶんあるかもしれませんね。

――それについて話していただけませんか？

クリスティーン　何かに対して強い感情がわいてきたときに、そうなる自分がよくわかります。自分の感情に確信が持てなくなってこんなふうに思うのです、「ちょっと待って、ここでは何も言わないでおこう。ここは私の出る幕じゃないわ」と。「私はこう信じているんだ」ということを口に出したり、その信念に素直になれる資格など、自分にはないと思ってしまうんです。そんなふうに私は、自分の素直な心の反応を押さえこんでしまいます。

――ピーターのすることががまんならないのも、彼のそうした一面が見えてしまうからではないでしょうか？

クリスティーン　ええ、いつも彼は尻ごみして顔を向けてくれません。何か聞いてもうんざりするほど時間がかかるし、私の目を見て話さないし、こちらから話しかけるときは指をせわしく動かしているし……。そんな逃げ腰な態度だから、すぐかっとなってしまうのです。

――あなた自身も彼と同じ態度を通して、自分を傷つけていることがおわかりになりますね。

クリスティーン　ええ。

――これは自分自身の問題だ、そう認めてみましょう。そうしたらどう感じますか。

（長い間）

クリスティーン　悲しみとか喪失感……自分の不完全さ、どこか心の奥で自分に裏切られたような気持ち……まるで自分の魂と断絶したような感覚があります。

――私には今、あなたがとても豊かな生き生きしたものに触れているのが感じられます。それには、はっきりとした存在感があります。自分の魂との断絶を感じると言ったその瞬間に、あなたは道を見い出しはじめました。体験を引き受けたとき、自分の心がもっとも強く願っていたこと――パートナーに求めても決して得られなかった、自らの魂と再びつながること――を、あなたはこの場ではじめたのです。

クリスティーン　はい、でもそれは苦しい闘いですね。

――しかしこうして自分の中の生々しい部分に触れた今、あなたの緊張は解けてきました。それがおわかりになりますか？

クリスティーン　はい、ちょっと不思議な感覚ですが。ひとりきりのときはいつも、この生々しい感じを体験しています。そんなとき、私は自分とひとつになれるのですが、そんな感覚はとても壊れやすくて。このやさしくて、自分の魂にとても近い部分、私が自分に対して認めようともがいてきたパワフルな部分は、すぐに失われてしまうのです。

自分を積極的にぶつけてきてくれないピーターに対して、私の方からいくら働きかけても、彼からは支えてもらえないような感じがします。

――自分自身との深い一体感を手に入れるために、あなたがどんなに苦労しているか、彼に伝えたことがありますか?

クリスティーン ええ、あると思いますけど……でも、はっきりとは憶《おぼ》えていません。

――今ここで、それを伝えてみてはどうでしょう? あなたが感じていることを彼に言ってみてください。

クリスティーン (ピーターに) 私は今までの人生で、自分の魂をずっとほったらかしにしてきたのかもしれない。これは私にとって、生死に関わる問題なの。いつも自分とつながっていることが何より大切だと感じながら、一方で、そんなことはどうでもいいと思ってる自分もいる。私はこんな心のやりとりにいつも苦しんでるわ。そうでないときは、たんに感覚を麻痺させる眠りの中に逃げこんでるだけ。そんな、無感覚にしてしまいたい部分を認めることは、私にはとてもできそうにないの。

――彼に話してみて、どうでした?

クリスティーン　心が広がって、彼から受け入れられている気持ちになりました。(ピーターに)今度こそ、あなたの目が私に向きはじめているのを感じる。あなたがここにいてくれるだけで、とてもうれしい。今、本当に、私といてくれるんだって思えるわ。

――彼の存在がどうしてそんなに近づいたのか、おわかりになりますか? 今なら、ほとんどの人が、あなたに対して一緒にいるという実感を持つことができるでしょう。これは、あなた自身があなたとつながったからなのです。

大切なのは、つねに自分の魂との結びつきのために力を注ぎ続けることです。しかしあなたは、彼に対していつも、自分は自分とつながっていて、情熱もたっぷりあるというふりをしてきた。そして彼に、「結びつきを強めましょう、一緒に成長しましょう、もっと生き生きしましょうよ」と言い続けてきたのです。あなたは、ピーターには「情熱が欠けて」いて、自分にはそれがたっぷりあると思っていました。しかしじつは彼の方こそ、あなたの内なる魂との断絶を映し出してくれていたのです。あなたは彼によってそれに気づかされながらも、その事実を否定して闘っていたわけです。

ピーター　彼女がそのことを受け入れてくれて、私もずっと楽になりました。私はいつも、あなたは自分の魂と切り離されていると、彼女から責められている感じがしていました。だから彼女と本当のつながりを持つことができなかったんです。

――(ピーターに)彼女が自分の現実を認めた今、彼女との結びつきがより強く感じられるのですね。もう非難されているとか、拒否されているとは思いませんか?

ピーター　ええ、安心できました。前のように彼女が賢くて私は無知だというのではなく、同じ立場から一緒に同じ問題に取り組めるのですから。

――（クリスティーンに）あなたが自分の経験を引き受け、心の中の苦しみをピーターに打ち明けたとき、ふたりの間の壁はくずれ、近づき合うことができました。彼はあなたの苦しみを理解できるようになり、その問題に一緒に取り組んでいけるようになったのです。

「これは私たちの問題なんだ。ふたりとも自分とつながることや、いきいきと生きることができずに苦しんでいたのだから」ということですね。

クリスティーン　そうなれることを願っていました。けれど自分と断絶していると、本当の自分自身には触れたくない、忘れていたいという気持ちを味わうのが、信じられないくらい苦痛になります。それを自分の一部として受け入れることはとても難しく、ピーターにも他の人にも見せられませんでした。それを思うと、恥ずかしさで胸がしめつけられます。

――こうして打ち明けたあとでも、同じ気持ちですか？

クリスティーン　いえそれほどでも。ゼロというわけではありませんが、心がそれでいっぱいになってしまうというほどでもありません。

――恥ずかしさを超えて、あなたの中から勇気がわき上がってくるのが感じられます。

自分の中の何かから目をそむけるとき、私たちはよく、それを相手に投影します。そして相手を、自分が否定したものをつきつけてくる敵に仕立てます。こうしてふたりの間のエネルギーの流れは断ち切られるのです。反対に自分の中に起っていることに向き合えば、エネルギーが流れ出します。そのためには、相手を非難する気持ちを「鏡」として、自分は自分の中の何から切り離されてしまったのかを見ることです。

*

クリスティーンに対して私は率直に、「あなたがピーターに対して拒絶したのと同じような部分が、あなた自身にもありませんか?」と聞いてみた。すると彼女は自分の内に目を向け、「はい、私の中には、自分の魂から切り離してしまっている部分が確かにあります」と答えた。それを認めたときから、彼女は自分の魂をとり戻しはじめたのである。それは日常の中に「ドゥラーラ」、つまり魔法が生まれた瞬間だった。そのとき人は、自分自身とのつながりを感じずにいることはできなくなる。

ピーターも、自分自身との結びつきを保つことがなかなかできなかったようだ。その上、クリスティーンが彼女自身の断絶感を投影してきたので、彼はふたり分の重荷に苦しむことになった。だから彼女と結びつくことが、よけいに困難になってしまったのである。

しかしクリスティーンが自分の中に大きな断絶を認めた瞬間、ピーターは彼女の投影による重荷から解放されたのを感じ、すぐにクリスティーンに向きなおり、積極的に関わっていくようになった。彼女もまた、それこそを望んでいたのである。

しかし、パートナーに変ってほしいと願うことに意味がないということではない。相手を変えようとつとめることで、自分に与えられた課題を軽んじさえしなければ、それも不要なことではない。

ロジャーの場合

ロジャー　妻とひどいいさかいを起すときは決まって、時間に関する言い争いが発端になります。私は時間のことが気になる人間で、何事も時間通りか早めでなければ落ちつきません。けれど彼女にとっては、それは大した問題ではないのです。

たとえばふたりで休暇をとって旅行に出かけるときも、私はそのまぎわに妻がすべきことがいちいち気になり、一週間前からイライラしはじめます。そして、もうとっくに出発できてるはずなのにと考えるのです。パーティーに遅めに出かけたときには、やはり時間のことで本格的な言い争いになり、途中で引き返すはめになってしまいました。彼女と時間の話題になるだけでも、私には癇《かん》にさわるのです。

私自身については、彼女のような部分があるとはまったく思いませんね。時間にだらしなくて人をやきもきさせるなんて、想像もつきません。

——奥さんの行動の理由を、あなたはどう考えていますか?

ロジャー　彼女は私のすべきことに無関心なんじゃないでしょうか。

——あなた自身のことも、あなたの欲求にも気を払わないというわけですね。

ロジャー　その通りです。

――ではあなた自身には、自分の欲求をおろそかにしているといった部分はありませんか?

ロジャー　リラックスしたいとか、予定にふり回されたくないとか……、そんな自分の気持ちに耳を貸そうとしていないとは思いますが。

――そうですか。そんな自分の欲求を認めてみたらどうでしょう?

ロジャー　それは難しいですね。それは責任を放棄することになりますから。

――あなたは自分の欲求に対する決めつけをしておられますね。自分の気持ちを無責任だと決めつければ、リラックスしたいという欲求を認めることは当然難しくなるでしょう。奥さんが予定に従ってくれないとき、あなたは自分に対するのと同じこうした決めつけを、彼女にしているのです。

ロジャー　ええ、自分にリラックスが必要なのはわかっているんです。問題は、現実にそうできるかなんですが。

――リラックスしたい気持ちを受け入れたら、どうなりますか?

ロジャー　楽になります。

――「楽」ってどんな感じでしょうか?

ロジャー　より穏やかで、落ち着いた気分です。

――自分の欲求を認めただけでも、心が落ち着きリラックスしはじめるのですね。

彼女との関係が切迫していたとき、あなたは自分の感情や欲求をおろそかにして、心を張りつめさせていました。私たちはふつう、自分がどんなからくりでその緊張をつくり出しているのか気づきません。あなたの場合、妻は問題に関心を払ってくれないと、それだけで頭が一杯だった。だからかえって、いら立ちがつのるようになったのです。

これは二重の不幸ですね――あなたは自分の内にも外にも、まったく関心がなかったようですから。時間の話題に触れるだけで癇にさわるのも当然ではないでしょうか。

自分の経験を引き受けるということは、たとえばあなたの奥さんに決定権をゆずり渡し、時間をきちんと守りたいという自分の気持ちはあきらめるという意味ではありません。あなたが自分のリラックスしたいという欲求に耳を傾けていけば、この問題全体からくる重圧は軽くなっていきます。その上でなお、時間を守れないという彼女の性格を問題にしたければ、奥さんもあなたの言うことをもっと聞いてくれるでしょう。あなたが自分の心の緊張をそっくり彼女に押しつけることはもうなくなるでしょうから。

ロジャー　はい、よくわかります。ありがとうございました。

バーバラの場合

バーバラ　夫と話すたびに、決まって理屈づくめの考え方を押しつけてこられて、私はモヤモヤしてばかりいます。自分でもどうしてそんなに嫌なのかよくわからないのですが、時々もうがまんできないくらいになります。こんな状況をどうしたら自分の「鏡」になどできるのでしょう？　私自身には、理屈でガチガチの部分など思い当たらないのですが。

——理屈っぽい彼が、あなたに何かを押しつけたり、あるいは何かをしてくれないことについて、どう思っていますか？

バーバラ　私を認めてくれていないのでしょう。

——どんな点についてでしょう？

バーバラ　私は、問題に対して彼とは違ったアプローチもするし、彼と同じように役に立つ解決の方法を持っているのです。

——彼はあなたの知性を認めてくれないと思うのですね。それでは、あなた自身が自分に知性を認めていないと思い当たるところがありませんか？

バーバラ　はい、かなりあります。

——あなた自身、ご自分の知性を評価していない。しかし、ご主人が何につけても理屈っぽい考え方をするので、彼があなたの知性を評価しないという部分にばかり意識が向くのです。ですからあなたは、二重の重荷を背負っていることになります——つまり、(先の例でロジャーが精神的に行き詰まったのと同じく）自分の内と外の両方で窒息させられそうになっている。耐えられなくなるのも当然でしょう。

バーバラ　確かに、その通りです。

――自分自身の知性を評価できないこと、しかし評価されたいと思っていること、その両方を認めてみたらどうでしょうか？

バーバラ　崖っぷち《エッジ》に追いつめられていくようで、恐いです。

――その恐れをそのまま受け入れられますか？　それに充分な居場所を、心の中で与えてあげてみてください。

バーバラ　私は子供のころ、いつも両親に賢い子だと認められたいと思い続けていました。「まあ、なんて素晴らしい子なの！」と。私は四人兄弟のいちばん上なので、みんなの面倒をみていましたが、私のことは誰も世話してくれなかったのです。

――あなたには、受け入れられ、価値を認めてもらいたいという思いがあるのですね。そうした強い願いを、自分自身に認めてあげてはどうでしょうか？

バーバラ　気持ちがずっと楽になってきました。窮屈なところから抜け出て、空に浮かんでいるみたいな感じがします。緊張もゆるんだようです。

――では、自分の知性を認めてあげられますか?

バーバラ　はい、自分自身にしっくりきた気がします。

――では、今のあなたにとって、ご主人の理屈っぽい性格はどう感じられるでしょう?

バーバラ　前ほどやっかいではなくなったようです。それはそれで彼の性格ですから。そういう人なんですね、彼は。

――そうですね。彼のことが気にならなくなったのは、あなたが自分自身を認めたからなのです。自分の知性を認めてそれを評価できれば、人の知性にふり回されることもありません。そうでしょう?

バーバラ　まったく、そうです。その通りです。

――自分自身の知性を尊重できないとき、相手の知性がやっかいな存在になってきます。それが、ここであなたが直面しているあらゆる問題の本質なのです。

パートナーが認めてくれないことがとりわけ苦しくなるのは、それが、自分自身を認められないという事実を映し出しているからです。相手の態度が、自分自身が自分につらく当たっていることを思い出させるとき、それはいっそう耐えがたいものになるのです。

私たちはたいてい、自分自身に対する自分の姿勢より、私たちに対するパートナーの態度の方にはるかに敏感です。ミラーリング(すべてのものを「鏡」として自分を映す)によって私たちは、自分の視点を一八〇度変え、自分がどんなふうに「目の前の現実」に対する心の反応をつくり出しているのかを見ることができるようになります。

あなたのご主人の理屈っぽさは、他の人にとっては役に立っていることもあるでしょう。しかしあなたにとっては、侮辱的に感じられるのですね。あなたの彼への反応のしかたには、あなた自身の心の痛みが反映していると思います。それがわからないので、あなたはそれを彼の問題にすりかえてしまうのです。「ほら、また理屈ばっかり。でも私には思いやりがあるから、彼がもっと違った自分のあり方に気づけるように祈ろう」というふうに。そうして問題を自分から完全に切り離してしまえば、あなたの心はそれほど乱されないわけですから。

ここであなたたちの関係のあり方を「鏡」とみなせば、気を動転させるような出来事も、自分を生かす教えに変わりうるのです。それはあなたの中の癒されるべき、関わるべき、触れるべき、愛されるべき部分を教える合図になります。それがわかれば、彼があなたのボタンを押しにきても、あなたは「彼がおかしいのだ」と決めつけず、「私のボタンが押された。それが何を意味するのかよく見てみよう」と考えられるようになります。これが、「自分の体験を引き受ける」ということなのです。

ローレンスの場合

ローレンス　私は、彼女にとがめられると、すごく敏感に反応してしまいます。なにか批判めいたことを言われると、怒りを感じるのですが、自分がいやにもなるんです。そんなことが年中あるので、自分でもどうしていいのかわかりません。

――それについて、あなた自身の中には何が見えてきますか？

ローレンス　自分自身をいじめるのが私のくせになっているようです。いやなことをされたとき、自分に対して思いやりを持とうと努力するのですが、うまくいきません。私には罰が必要なんだとさえ、思ってしまうのです。

――あなたは自分が完全でない、と思っているのですか？

ローレンス　はい。

――自分は理想通りではない――それがあなたの本当の姿だという事実を認めてみたら？

ローレンス　悲しみに打ちのめされた気分になります。

――その悲しみを、自分に充分に味わわせてあげてください。

ローレンス　はい。

――自分にもっと愛と尊敬をもって接したいと思えるようになってきました。

――本当にそう思いますか？

ローレンス　ええ、本当に。でも、そうしてはもらえない自分を思うと不安になります。

――あなたは、自分を愛し大切にしたいと言いましたね。その気持ちを感じられますか？

ローレンス　とてもいい心地です。こんな気持ちを本当に求めていました。

——今ここで、その欲求を充分に感じてみることができますか？——どんな気持ちでしょう？

ローレンス　そうですね、これは……力強さです。否定的な思いから離れて、自分の欲求に波長を合わせてみたら、そこから力強い感情が生まれてきました。今、とてもポジティブな気持ちです。

——そうですね。自分の根本的な素晴らしさを認めたい、という強い願いは、あなたの魂から出てきています。だからその欲求を感じているときあなたは、自らの魂と触れているのです。

ローレンス　そう考えるだけで、楽な気持ちになれます。

——考えるだけではいけませんよ。

ローレンス　はい、感じることですね。

——からだ全体であなたの欲求を感じることです。これはとても大事な点です。強い願いはそれ特有のエネルギーを持っていますから。

ローレンス　欲求こそまぎれもなく力ですね。私は詩人なので、この体験を詩にしてみたくなりました。今まで私はこんな「欲求」を否定的にしかとらえず、何かを「強く望む」権利などないのだと思っていたのです。

——自分の欲求が自分自身を表していたり、自分の一面の現れだったりする場合にはとくに、強い願いを感じることからもっともパワフルな力が生まれます。これを〝聖なる渇望〟と呼んでもいいでしょう。欲求を軽視してはいけません。

ローレンス　ええ、本当にそうです。

——その渇望のエネルギーを感じてみることが大切です。あなたの渇望の中に、身を投げ入れることができますか？

ローレンス　はい、できます。でも自分にとってまったくなじみのない感覚なので、まだ慣れることができません。

——そうですか。あなたの中の批評家——「自分をそんなに裁いてはいけない」とか「自分をもっと愛せたらよかった」という考え——と闘うのではなく、本当の自分の価値に目覚めたいという強い願いを、そのまま認めればいいのです。自分の欲求を認め、尊重することが、内なる批評家に対する特効薬になるのですから。

ローレンス　今は、その感じがつかめています。

——どんな感じですか？

ローレンス　自分自身との距離が縮まってきて、前よりもっとひとつになった感じ。自分を責める声も静まってきました。

――そうですか。聖なる渇望を受け入れただけですでに、あなたは自分の欲求にじかに触れているのです。インドの詩人カビールは、「魂の激しい渇望がすべてを成就させる」と言っています。次にあなたのパートナーから責められたとき、反論したければそうできますか?

ローレンス　はい。

――今、どんな気持ちでしょう?

ローレンス　最高です。非常に強いパワーを感じています。

――けっこうです。これからも彼女があなたを責め続けるようなら、こう自問してみてください。どうして私はそういう事態を許しておくのか? と。そうされるのはいやだとなぜはっきり言わないのか? あなたが彼女にそうした態度を許すのは、彼女の内なる批評家とあなたの内なる批評家が相通じ、共謀しているからです。先ほどあなたが自分の中の批評家の存在を認めたとき、悲しみがわいてきましたね。その悲しみの中から、パワフルな渇望が生まれたのです。

ローレンス　私の渇望に、パワーが加わってほしいと思っています……それには確かにパワーがありますね。けれど渇望そのものを認めることは私には……。

――それを認め、感じてください。この聖なる渇望は炎のようなものです。私たちが真実の自分を求めてやまなければ、その炎の中で、私たちの偽りのアイデンティティーは燃えつきてしまいます。「私はだめな人間だ、どうしたら変れるだろう?」――そうした偽りのアイデンティティーと闘うのをやめ、それを燃やしつくす火を起すこと、それが秘訣です。

ローレンス あなたも詩人ですね。

――ええ、こんなふうに考えれば、私たちはみんな詩人なのですよ。

シャロンの場合

シャロン ふだんから夫が私への愛情を言葉にしてくれなくて、悩んでいます。なんとかして無理にでも、愛情を表現してくれるように働きかけてはいるのですが、彼は愛情をオープンに表すことが恐いみたいなんです。自分で「鏡」を覗いて気がついたのですが、彼に求めている絆を、私は自分自身に対しては持っていないんです。

――つまりあなたには、自分に対して愛情やつながりを感じられないという部分があるんですね。

シャロン ええ、そうです。そんな部分では、なにか問題が起きたり、すみやかにそれを解決できなかったりすると、自分に対してすごく冷たい態度をとってしまうのです。

――思ったように素早く反応してくれないそうした心の部分についてですが、それはあなたにどう関わってもらいたいと望んでいるのでしょう？　何を必要としているんでしょうね？

シャロン　休息です。

――何からの休息ですか？

シャロン　自分の要求に対してです。

――要求から逃れて休息したい、ということですね。今ここで自分にそれが与えてあげられるか、試してごらんなさい。どうこうしようと思わずに、その経験をただ味わってみてください。

シャロン　これ以上先には行けません。（泣き出しながら）私にはまだ力がなくて……。

――どんなことが起ったのでしょう？

シャロン　ハートが何かにふさがれたように感じたのです。

――その障害物をただ感じ、認め、許して、深く呼吸をしてその中に入りこみ、涙が流れるままにしてごらんなさい。

シャロン　恐くて、くずれ落ちてしまいそうです。自分が愛されていないと感じる部分に向き合わされるみたいで……こんなことは、ふだんやってみたことがありません。いつもは近づくことさえできないのに、今私はそうしているんですね。

——そうですね。起ってきた恐れを、そこにあるがままにしてあげてみてください。何か見えてきますか?

シャロン　幼い女の子がテーブルの下に隠れ、すごく恐がって出てこようとしない、私に見えるのは、ただそんな光景です。それは私の子供のころそっくりです——本当にひとりぼっちでびくびくしていて、自分の心の大切さなんて思いもつかなかった。だから今でも自分の感情を受けとめようとすると、子供のころと同じ震えをからだに感じるのです。

——それはあなたの中にいる子供の恐れですね。子供のころあなたは、誰にも理解されなかったので、自分がいろんな感情を自由に持ってもかまわないのだ、ということがわからなかったのです。子供のときのそんなあなたの感じ方を、そのまま認めてあげることが大切です。

シャロン　今あなたがおっしゃったような……子供のころのことは大勢の人に話してきたのに、私はそうした感情を本当の意味で認めることを避けていました。すべてが現実の問題になるのが恐かったんです。もしそれが本当に現実のことになったら、気が変になってしまうんじゃないかと。だからそれを考えただけでも、感覚を麻痺させ、心を閉じてしまいたくなるのです。

——あなたは「今あなたが……」と言われましたね。その、「今この瞬間」に立ち戻ってください。古いストーリーの中で立ち往生している必要はありません。げんに今この瞬間、あなたは自分の恐れと、感覚を麻痺させてしまう傾向とをともに認識しながら、自分に起っている出来事をそっくりそのまま受けとめています。そうした傷つきやすく不安定な感情を持ちながらも、それらに進んで向かい合おうとする、もうひとりのあなたがいるのです。

シャロン 「もうひとりの私」というのは？

――言葉をかえれば、あなたの中のどこかが、どんなときでも自分に起っていることをありのままに見ようとしている、という意味です。あなたの中には、おびえている子供だけではなく、今現れつつあるもうひとつの存在――内なる戦士がいます。その戦士とは、たえず自分に力強さや一体感を感じているというよりも、自分がもっとも不安定で、ばらばらだと感じている部分へも進んで入りこんでいけるという存在です。今この瞬間、その戦士があなたの中に、おびえている子供と並んで姿を見せてきているのです。

シャロン 私はその戦士を、はるか昔に失った気がします。

――今も失ったままなのですか？

シャロン よくわかりません。

――今、何が感じられますか？

シャロン 自分の経験をありありと感じています。これまでずっとこんなこと――自分の感情をリアルに感じること――はありませんでした。

――どうですか、この瞬間、自分の感情をありありと感じてみて？

シャロン　両耳が燃えるように熱いです。すごく敏感になっているようです。やさしく、心地いい感じ……。

――心の欲求通りに自分に休息を与えたとき、あなたは恐れを感じた。でも今あなたは、自分の経験を受け入れて、より感情をリアルに受けとめられるようになり、やさしさや心地よさのようなものも感じてきていますね。

大切なのは、自分の内側に意識を向けはじめたとき起ってくる、こうした変化に気づくことです。

シャロン　はい。明るい気持ちになってきました。喜びのようなものが流れこんできています。自分自身のことも、よりリアルに感じます。

――自分自身を感じる、そうです、それこそが特効薬なのです。自分自身とのそうしたじかのつながりを深く経験することが、あらゆる問題に対する特効薬になるのです。解毒剤は、じつは毒の中に含まれています。自分自身とつながるには、今のありのままの自分からはじめること、あなたの場合にはまず、自分の恐れや自己愛の欠如を認めることでした。それらに心を開いたとき、あなたの感覚はよりリアルになり、自分と深くつながれるようになったのです。

リルケの言葉が思い出されます、「私たちの中の怪物とは、じつのところ、私が自分の美と勇気とをもって、ただ一度の行動を起すのをひたすら待ち続けている王女さまなのかもしれない」――その行動とは、私たちが自分の体験に向かい合い認めることです。

こうしたやさしさやあり方こそが、私たちを昔から苦しめてきた毒に効く薬です。それは、今あなたが経験しているように、私たちの中の美を引き出してくるのです。

シャロン　自分の苦しみを安心して受け入れ、それを慈しむことができる、今そんな場に身を置くことができてほっとしています。

――そうした安心が得られたのは、自分の経験をあるがままに受けとめられるような場を、私たちがともにつくり出しているからです。子供のころも、これが必要だったのです。しかし私たちは、自分がありのままでいられる方法を学んでこなかったので、なんとか自分をとりつくろうために、さまざまな自己防御の手段を身につけてきました。こうした安心の場は、私たちから愛する人にあげられる、大きな贈り物です。そこで相手も自分の経験を認め、それに触れることができるのですから。これこそ、慈愛のもっとも素晴らしい表し方でしょう。

ご主人には愛情を言葉で表してほしいと迫るかわりに、自分の心の中で起っていることを打ち明け、「私から愛情表現を迫られたらどう感じるか話してほしい」と伝えることで、充分なスペースをあげてください。そうすれば彼も、自分が認められずに苦しみ続けている問題に触れ、それを解き放っていくことができるようになるかもしれません。そうすれば、かなり大変に思えたこの問題も、かえってより深い結びつきをふたりにもたらすチャンスになるでしょう。

第6章

「コ・エマージェンス」の原理
――対立する要素は同時に生まれてくる

妙薬は毒の中に隠されている。

――ルーミー

男女の関わりが深くなってくるにつれ、お互いの中のもっとも善いものと悪いものとが等しく現れ、ふたりを大きく変えていく可能性が生まれてくる。愛によって私たちは、人生を広げていくための障害になる、かたくなな心の砦《とりで》を開放したいと思うようになるが、心の中の条件づけされたパーソナリティーは、それによって自らの存在が脅かされるので、いっそう守りを堅くする。私たちが相手の魂とじかに深く結びつくことを願っても、エゴは反対に自己イメージを補強し、それを守っていこうとするのである。恋をするとなにか二方向に引き裂かれるような気持ちになるのは、このためだ。

このように私たちは、無条件の愛と条件づけされた恐れ、小さな自己と大いなる自己といった、自分の中の相反する二つの要素を同時に意識することになるが、これらはお互いに、背を向け合っているように見える。しかし、自分を広げていきたいという欲求と、閉じこもってしまいたいという欲求がはっきり対立するときこそ、真に自分を変えていくための可能性が見い出せるのである。

大地はひとつ、道は二つ

大いなる自己と、それから逃げようとする傾向とが衝突して生まれる緊張状態は、この宇宙に存在する、善と悪、神と悪魔、霊と肉といった相容れない力として、西洋の哲学や宗教の世界でしばしば説かれてきた。しかしこうした二元論の視点からすると、人間の存在の中心にあるこの二極間の緊張は、歪んだ対立として見えてしまう。

恋愛がもたらす「エッジ」という試練に創造的に取り組もうとするなら、こうした心の中の矛盾を理解し、対処していくための新しい方法が必要になる。

愛と恐れ、拡大と収縮、イエスとノー――これらを心の中で葛藤を起す力としてでなく、どちらも同じ源(私たちにもともと備わった開かれた性質)から出てくるものとして、見直してみるといい。こうした自分の開かれた本質を、愛や創造性や善意の源として認め、信頼するなら、私たちは一歩前に踏み出し、あえて危険をも冒そうという気持ちになれる(「いま自分は、世界をまるごと抱きしめられるくらい心が開いているのを感じる」)。

しかし、そんな自分の本質を信頼できないときもある。そんなとき私たちは、同じ自分の本質が、自分のいのちを脅かすものとしか考えられなくなり、恐れを抱いて、心を閉じかたくなになっていく(「心が開いてしまって壊されそうだ」)。

それでも、愛によって心を広げていきたいという衝動と、恐れに身を縮めてしまいたいという衝動は、どちらもひとつの真実から生まれたものだ。私たちの本質はもともと大きく開かれており、板で囲って閉じた箱とは違う。

こうした自分の本質を見つめるか、それを無視するか。目覚めようとする魂の欲求に従うか、守りの壁の中に安住していたいエゴに従うか。あらゆる瞬間、選択は私たちにまかされている。仏教の教えに「大地はひとつ、道は二つ」とあるように。

「コ・エマージェンス」(coemergence)の原理

生きていくということは、ひとつの道を選びもうひとつは捨てればいいというほど、簡単なものではない。ふつう私たちは、どちらの側にも少しずつ身を置いている。ある部分では心を閉じ、ある部分では開いている、恐れていながらも他の部分では勇気を持っている、混乱している反面、明晰《めいせき》さも持っているといったふうに。私たちが生まれつき持っている目覚めの力には、開いて水のように透き通った性質があるが、それは多くの場合、水中の塵《ちり》のような条件づけされた思いこみによって濁ってしまっている。

チベット仏教では、人間の生来の明晰さと条件づけされた傾向とは、同時に生まれてくる(コ・エマージェンス)と説明されている。それらは二つ一緒に、対になって姿を現してくる。私たちの経験とは、明晰さと混乱、無意識に受けている影響と意志との混合物だ。私たちはいつも、半分目覚めながら半分眠っているのである。

どんなに自分をフルに発揮し自分らしくありたいと望んでも、私たちは、自分の経験を歪め力を弱めるような、昔からの執着、アイデンティティー、恐れや投影などの、無意識的な要因の影響から逃れることはできない。

しかしそんな迷いと断絶の中でも、混乱した思いこみの雲の上には、気づきという名の太陽がつねに輝いている。もっとも絶望的な状況の中でさえ、その明晰さと目覚めの光は、私たちのすぐ近くまで届いているのだ。

私たちが自分が今置かれた状況を認めれば――「私は混乱している、私は迷っている」――その混乱から目覚めがはじまり、自分をとり戻していく。自分が迷っていること、混乱していること、行き詰まっていることに気づきさえすれば、それはもう迷い、混乱、行き詰まりではなくなる。自分がどんなに現実に鈍感だったかを認識したとき私たちは、すでに充分に敏感になれているのだ。

パートナーに対して「自分は彼女を傷つけている」と認めたとき、それを認める気づき自体には害はない。狭い意識や無意識に従って行動しているときでも、自分の行為に気づき、それを認めることによって、いつでも軌道修正ができる。

たとえてみれば、気づきとは映画のスクリーンのようなものであり、その表面でエゴがさまざまなドラマを演じていると言ってもいい。私たちは映画の内容に夢中になっているのでこの大きな幕の存在に気づかないが、じつはそれがあってはじめて、映画を見ることができているのだ。スクリーンは、映画の中で何が起ろうと破れもしないし傷つきもしない。それは火事が映し出されても燃えず、殺人の場面でも血に染まることはない。

私たちが自分の人生のドラマにどんなに夢中になっていても、気づきはつねに、どんなドラマより、どんな感情より、どんな心の状態よりも大きな働きをする。

インドのタントラ仏教の偉大なる行者ティローパによれば、「心の本質は宇宙と似ている。心で包みこめないものは存在しない」。このような大いなる気づきの、すべてを包みこむ性質は、瞑想によって見い出したり深く体験することができる。忘我の状態から目覚め、現実の自分をとり戻すために、私たちはいつでも気づきを使うことができる。それには、ただそれに意識を向けるだけでいい。

心の中の問題に対する解毒剤は、いつでも身近にある。しかし、どんな種類の毒にもそれに適した解毒剤が必要なことはいうまでもない。そしてそれは、どんなに不快でも自分のあるがままの状態を認め、自分に何が起っているのかを確かめ、そうした気づきに意識を向けることによってしか得られない。

たとえば嫉妬心にとりつかれているときには、自分の心に何が起っているかを見つめてみることだ。そんなとき私たちは我を忘れ、自分は嫉妬している相手よりも劣っており、その人の方が自分より素敵で、重要で、愛を受けるに値する人間だと考え、不安にとらわれる。しかしその不安とそこから生まれる苦痛を見つめれば、それらに対する解決法も同時に与えられるのだ。そして自分の中に、否定的な自己イメージから自由になりたい、自分の価値を認め信頼したい――そんな欲求が息づきはじめるだろう。

こうして嫉妬心は、自信への道標《みちしるべ》になる。自信だけが、真の意味での嫉妬の解毒剤である。どんな心の状態に対しても、それを大きな気づきの中に置くことによって、治療法が自ずからはっきりとしてくるのだ。

自分の中の純粋な衝動を明らかにする

私たちの経験の中で明晰さと混乱とがからみ合っているように、あらゆる物事には二つの側面がある。このコ・エマージェンスの原理は、男女の関係においても重要な意味合いを持っている。人が一見してかなり混乱して歪んだ行動をとっているようでも、じつはその影には純粋な衝動が隠されているのだ。

たとえば、いつも他人から認められることばかりに夢中になっていると、おかしな方向へそれていってしまう可能性もあるが、それは自分の生まれ持った素晴らしさを確認したいという、心の奥底の欲求をも示している。同じように、自分をきびしく近寄りがたい一目置かれるような人物のように見せることで、他人から身を守ろうとするのは、その人が自分自身の強さや実力を感じたいと切望しているからかもしれない。

つねにまわりを自分の思い通りにしようとする人は、自分の願いを歪んだ形で反映させている。また人と感情的に距離を置いてつきあおうとする人は、自分の高潔さを根づかせ保っていこうとする意志を歪んだ形で表している場合が多い。

こうした混乱した振舞いを見てみると、そこには、自分の価値や力、意志や高潔さなど、切り離されてしまっている自分の力の源や能力とつながりたいという、切実な願いが隠されていることがわかる。

しかしこのコ・エマージェンスには危険な側面もある。現れてきた偽りのパーソナリティーの方が、私たちの純粋な性質を吸収し歪めてしまうことがあるからだ。それでも、極度に歪んだ振舞いの中にも、ある種の「知性」は浸透していく。それが救いになる。

だから、とりつくろったり、かたくなになってしまったりする自分を責めずに、その下に隠れた自分の純粋な願いを探す方がいい。混乱した感情や振舞いに対して親しみをもって問いかければ、それらは私たちに、もともとそこにあった私たち自身の本質を明かしてくれるだろう。混乱とは、そうした本質のネガのようなものにすぎないのだから。

自分の内にある「聖なる願い」に気づく

マークは中年の男性。退屈さを増すばかりの人生にやりきれなさを感じていた。知らず知らずのうちに彼は、妻に対して理不尽な怒りをぶつけ、他の女性との恋の夢想にふけるようになっていった。彼は、こんな自分の無気力さを、もう十五年になる結婚生活のせいにしようとしていたが、じつのところ妻との関係に問題があったわけではない。

マークのいら立ちや不安をコ・エマージェンスの視点から見てみると、それらはたんなる神経症ではなく、心の底からわき上がってきた真実の欲求の現れなのだということがわかる。彼は人生との、豊かな生き生きとしたつながりをとり戻したいのだ。そうした欲求の源にあるのは、自分という存在を回復したいという「聖なる願い」である。その願いは、「私は本当の私になりたい」と叫んでいる。

しかしマークはもともと、自分の魂の願いに耳を傾けることがなかったので、「離婚しよう」と思うという形でしか、自分の逃避願望を意識化できなかった。自分をとり戻すためには妻と別れるしかないのだという思いこみ――彼の混乱や歪みとはこういったものだった。

自分の誤った振舞いの下に隠れた本当の願いを見つけ出す前に、まずマークに必要だったのは、自分の不安は心の中の何かが注目してほしいと求めてきているしるしだと認め、自分の経験を引き受けていくという作業だった。それが認められたあとで彼は、怒りを非難という形で妻にぶつけることをやめ、それを深く見ていくことができるようになった。こうして自分の怒りと取り組めるようになってから、その怒りの中にある鮮烈なエネルギーが混乱した感情を突き抜け、彼により広い明晰な意識をもたらすようになったのである。

明晰な意識が持てたマークには、怒りを妻に向けたのは、自分の無力さを感じる苦痛から気をそらすための方法だったのだということがわかった。さらに、問題の本当の原因になっているのは、はるか昔に自分の魂や情熱やヴィジョンと切り離されたことだったということも明らかになった。その結果彼は、強い目的意識や力をみな失い、妻に夫婦間のほとんどの権限をゆずってしまっていたのだ。自分の怒りや欲求不満に新たに注意を向けることで、マークは自分の中の問題に対する解毒剤をただちに手に入れた。自分の人生で何が本当に間違っていたのか、それを修正するには何をすべきか、彼は気づきを深めつつ探っていったのである。

マークが、自分の中の無力感と、もっとのびのびと生きたいという強い願望とを同時に認めたとき、さらに深く自分のことを知り、より本当の自分になりたいという、新しい願いが彼の中に生まれた。こうした聖なる願いを認め尊重することで、マークは自分の感情にからんだ問題から抜け出し、新しい方向性を手にした。

それだけではなく彼は、妻に対する久しく忘れていた願いをとり戻しはじめていた。彼女に対して自分が本当に求めていたことを確認し、表現したので、二度と昔からの怒りと非難と退却のパターンにのめりこむ必要はなくなったのだ。

両極から引っぱり合う力

コ・エマージェンスの原理が理解できると、なぜ私たちは、自分のボタンを押したり人生を困難にさせるような人とばかり恋愛するのかがはっきりしてくる。

エリーという男性を例に考えてみよう。彼は自分の傷つきやすさをあばき出すような、パワフルで押しの強い女性にばかり惹かれてきた。自分の傷つきやすさは、子供のころひどい恥ずかしさと屈辱に苦しんだことを思い出させるので、決して意識したくないものだった。しかし彼はなぜ、そうしたもっとも深い恐れを引き出す女性に魅力を感じてしまうのだろうか?

こうした彼の性格について、自虐《じぎやく》または自己破壊的な性向として解釈する見方もあるだろう。「彼は自分の古傷を刺激するような状況を選んで自らを傷つけ続けることで、無意識的に幼少期の体験をくりかえさざるをえないのだ」と。確かにこの見方にはある真実が含まれている。条件づけされたパーソナリティーは、たとえそれが苦痛を引き起すものであっても、幼少期の古い心の枠組みを再現する傾向があるからだ。

しかしこれは、あくまで真実の半面にすぎない。コ・エマージェンスの原理は、こんな状況をもっと深く探求させる。どう見ても自滅的な行為であっても、そこには純粋な衝動が隠されているのだから。

エリーのような人が、傷つきやすさといった自分の恐れをかき立てる感情から一生逃げ続けたとしても、心はその恐れに囚われ、重荷から逃れることはできない。彼は拘束衣にしばりつけられ、決してリラックスしてありのままに心を開き、自分らしく生きることはできないだろう。エリーの女性への恋心は、こんな自分の檻を壊したいという魂の欲求の現れだった。

エゴは安全を求めるが、魂は自由を願う。魂は、彼の無関心さの装いを突き破るような感情に触れさせ、〝エッジ〟に連れていくような女性を選ばせる。彼の心の奥にある知性にはわかっているのだ——このエッジに身を置き、恐れの数々に向かい合うことだけが、恐怖という重荷から本当に解放される道なのだと。

安心感と自由という、心の緊張の両極のどちらか一方をとるより、エリーに必要だったのは、強い女性とのつきあいから生じるエッジを味わうことだった。彼がエッジに踏みとどまったとき、その惹かれたり逃げ出したくなったり、わくわくしたりおびえたりといった状態から、やがて調和に導く大いなる気づきが、この両極の緊張感を超えてもたらされた。その気づきを通じて彼には、幸福感も恐怖感も同じ源から生まれているのだということがわかった。彼の心の中には、何か新しいもの——相手に心を開く恐れを受け入れたあとではじめて現れる本当の自信——が生まれようとしていた。

自分の中の恐れや抵抗感と取り組む

ふたりの関係が特別なものになったとき、あなたの中にあるパーソナリティーの縮んでいく傾向と魂の広がっていこうとする願望の間には、必ず緊張が起ってくる。

魂のレベルで見れば、人生におけるパートナーとの出会いは、自分がさらに大きく心を開いて生きていくために、能力を広げ、深めていくきっかけと考えることができる。しかし人格のレベルから見た場合、自分に大切な部分が欠けているという事実に目をつむるために、相手を穴埋めとして利用しようとすることもありうる。

気持ちが沈んだときは「たぶん彼女が励ましてくれるだろう」、心配がつのるときには「彼女が安心させてくれるかもしれない」そんなふうに考えることで、エゴは相手のエゴと結託し、ふたりだけの居心地のよい繭《まゆ》をこしらえようとする。自分の一部屋だけの住まいを建て増しするかわりに、相手をひっぱりこんで改装を手伝わせるのだ。「この部屋でも広さは充分だ。ちょっとした小部屋か天窓をつくり足せばいいだろう」と。

心が萎縮していこうとする傾向に対して気づきを向けていることができれば、問題は深刻にはならない。魂の目覚めは、それが広がっていくときに障害――エゴがドアを締め切り自分を守ろうとすること――にぶつかり、乗り越えていくことによってはじめて起るのだ。

私たちは二歩前進するたびに、以前からそこにあった前進への抵抗にぶつかり、一歩後退せざるをえない。カップルどうしの愛が深まり、かなり親密になっても、以前よりひどいけんかをするようになってしまうというように。そこでは、お互いの恐れや抵抗感が試されるようになるからだ。

開いた心と恐れ、成長とそれに対する抵抗、これらはつねに手をとりあって一緒に生まれてくる（コ・エマージェンス）。だから後退したからといって自分を責めることはない。そんな抵抗に向き合い、深く見ていくことこそが必要なのだ。

私たちは心の中のどこかで、自分のいるこの場所に――この瞬間、パートナーとの関係、あるいはこの地球上にさえ——身を置くことを望まないという現実がある。このあるがままの自分への内なる抵抗を、意志の力で克服することは簡単ではない。もしその抵抗に対して抵抗で応えれば、私たちはますます分裂し、ありのままではいられなくなる。こんなとき私たちにできることは、自分の中の光のとどかない萎縮した部分を、気づきでやさしく包んであげることだ。これには非常に大きな効果がある。ありのままでいることに対する抵抗感を受けとめ認めれば、ただちにありのままでいられるようになるのだ。私たちはもともと、今ここに存在し、心の分裂も持っていないのだから。

四つの真実

コ・エマージェンスは、ある種の男女関係における衝突を見分けるためにも役立つ。カップルが争うのは、ふつう相手に何かしらの自分の大切な思いを伝えようとしているからだ。しかしその伝え方は、古くからの感情的反応とか、悪いものを他者に投影する癖によって、歪められていることが多い。どんな人間の視点にも、純粋さと歪みの二つの要素が同居している。そうするとほとんどの男女の争いには四通りの組合せが存在するわけだ。これを私は「四つの真実」と呼ぶ。

男女が衝突するとき、どちらの中にも真実と歪みがあることを認めず、それぞれが自分は正しく、相手は誤っているとばかり見ていたのでは、決して解決は得られない。

ポールとヘレンは、ヘレンの時間にいいかげんな性格について、ひどいけんかをくりかえしていた。そうなるのはお互いに敵意が感じられたからである。ポールはヘレンが時間を守らないのは人の都合を無視した目にあまる行為だと考え、ヘレンはポールが怒りをぶつけてくるのは、利己的で心が狭い証拠だと考えていた。口げんかになると、ふたりとも相手に自分の正しさをなんとか認めさせようと、実りのない試みをするのだった。

彼らにはお互いに、はっきりと率直な形で言葉にはしなかったものの、けんかを通じて相手に伝えたい真実があったことは確かだ。ここでいう〝真実〟とは、その人自身の純粋な思いや感じ方や欲求のことである。

ポールにとって時間に対する厳密さとは、相手を大切に考えることのしるしだった。だから時間を守らないヘレンのことを、自分を尊重せず関心も向けてくれないと思ったのである。彼は、彼女に大事にされているという確信がほしかったのに、それを自分で認めるかわりに彼女を責めてしまったのだ。

彼の歪みはこの点にあった。ヘレンが時間に遅れると、ポールは彼女のことを、かつての自分の母親のように彼の欲求をないがしろにする、悪意ある他者として感じた。そして彼からきつい感情的攻撃を受けたヘレンも、ポールの真意に耳を傾けられなくなってしまった。

ヘレンはどちらかというと、しばられないリラックスした生き方を好んだので、時間にはあまり気をつかわず、ポールにその点で正確さを要求されてもそれほどまともにはとっていなかった。だからそのことばかりを指摘されると、傷つき、侮辱された気持ちになったのである。

しかし彼女は、そんな感情を表すかわりに、自分に無理強いしてもむだなのだとポールに思い知らせるために、時間に間に合うための努力を故意に放棄しさえした。ここに彼女の歪みが現れている。彼女もパートナーを悪意ある他者として、かつての父親と同じに、自分の思い通りに行動しなければ認めてくれない人だと見たのだ。

　ふたりがお互いに自分の正しさと相手の間違いばかりを主張しているかぎり、問題は決して解決しない。こうした行き詰まりを突破するためには、どちらの考えにもそれなりに価値があると同時に、その伝え方が歪んでいたのだと認めることが必要だ。

「君を信頼したくても、君自身がぼくの考えを真剣に受けとめてくれなければ無理だ。君が時間を守らないとき、ぼくは自分のことを尊重されていないという感じがし、心の古傷が痛みだすんだ。君はぼくのことなどどうでもいいんだと思って、君を責めてしまうことになる。こんな態度はよくないとわかってはいるんだけれど」

　ポールが彼自身の歪みを認めつつ、本当の気持ちをこうしてはじめて率直に話したとき、ヘレンは彼の思いに耳を傾けることができるようになった。そして彼女もそれに対して、自分の気持ちを言葉にできるようになったのだ。

「あなたがあなたと違う私の生き方を無視して尊重してくれないとき、私も傷ついてるの。私にとってはそれが本当の私だから。あなたが私を従わせようとしている、そう感じて過剰に反応してしまうのは、確かに私の歪んだ点ね。あなたを父と重ね合わせ、私を思いのままにさせるもんかという意志を示そうとして、極端に反発してしまうのよ」

　こうしてふたりが本当の思いを打ち明け合い、自分の歪みを認め合ったとき、問題を固定させていた緊張は解けはじめた。

　しかしお互いの本当の思いと、無意識の中の恐れや否定や盲目的反応のパターンとが混同されてしまうと、ふたりのやりとりは混乱に落ちこむ。どちらの心の中にも真実と歪みが同居しているのだと認めれば、自分たちの置かれた状況ははっきりと見えるようになる。

こうしてコ・エマージェンスの真実を認識することによって私たちは、自分自身や相手について、すべて正しいとかまったく間違っていると考えがちな傾向を克服していくことができる。そうすれば、より高いレベルの慈愛と理解がふたりの間にもたらされるのである。

対話6A――「四つの真実」の実践

恋愛が暗礁《あんしょう》に乗り上げたとき、そうした状況をはっきりと観察するには、先に述べた「四つの真実」と呼ばれる原理にもとづく実践を行なうといい。それによって、ふたりのどちらにも、何らかの正当性と歪みがあることが見えてくる。

私がすすめたいのは、まず最初に、お互いの中のいちばん大切な思いを簡潔に話し、つぎにそれを自分が歪んだ形で表していたことを認め合うというやり方だ。自分の中の真実と歪みを同時に認めたとき、どちらが正しくてどちらが間違っているという問題は消える。どちらも違った部分で、正しかったり誤っていたりするのだから。それがわかれば、相手への不快さはうすれ、お互いの間にどんなことが起っていたのかはっきりと見えるようになる。

カレンとデーヴィッドの場合

――あなたたちは壁にぶつかっているようですから、まずお互いの本当の気持ちを伝え合った方がいいですね。そのあとで、そんな純粋な思いがあなたたちのコミュニケーションの中でどんなふうに歪んできたのか、見ていきましょう。

カレン　彼との性生活についてですけど、恐れや怒り、すれちがいを感じています。デーヴィッドがその気でも、私はほとんどそれに応える気にならないのです。努力しても裏目に出るばかりです。このことについて話し合おうとしてはきたのですが、口論の末にお互いの溝が深まるだけでした。どうしてふたりのからだの反応はこんなに違うのでしょう？　このことが問題になるたびに私は、自分がだめな人間だと感じるのです。私には同性愛の方が合っているのかもしれないと思うこともあるのですが、それは本望ではないし。

――彼がその気でも、あなたはそうなれないのですね。そうした時、あなたの心の中では何が起っているのでしょうか？

カレン　彼に対して情熱をもって、もっと官能的に関われたらと思うのですが、ほとんどうまくいったためしがありません。私が彼に求めているのは、たんなる肉体的なものじゃなくて、もっと他の何かだと思うのですが。

――どうやら少しずつあなたの真実が見えてきたようですね。あなたはたんに肉体だけではない何かを彼に求めている。それは何でしょう？

カレン　慈しみ……愛とか、ロマンス、やさしさ。これだけで充分でしょう？

――そういったことがあなたにとって大切なんですね。それが彼との関係の中でのあなたの真実です。それではデーヴィッドさん、あなたの真実は何でしょう？　自分でどう思いますか？

デーヴィッド　カレンとの関係がいつもうまくいくように望んでいますが、実際にはその反対です。ぼくは自分のセクシャルな部分をもっと解放したいのに、彼女が窮屈な要求をしてくるように感じるのです。それは彼女の側の問題ではないでしょうか？　どうしてぼくがそれに巻きこまれることになるのか、理解できません。でもぼくは、これが原因で別れることになるかもしれないと恐れながら、鬱《うっ》積《せき》した不満もかかえています。

――これは彼女の問題のように思えるかもしれませんね。しかしまずここでは、あなたの側について見てみることにしましょう。あなたは彼女との性生活を、もっと自由で自然な感じに築いていきたい、そういうことでしょうか？

デーヴィッド　セックスでは、思いのままに素直に自分を表現したいのです。カレンには、ぼくと近づきたいくせにセックスは望まないというときがあるんです。そんなふうに途中でやめられても、ぼくは困ります。

――カレンさんの方はセックスを、愛情とかやさしさといった感情と結びつけたいと考えています。あなたはそんな感情を表さなければならないと思うと、その気が失せてしまうのですか？

デーヴィッド　一日が終わって床につくときに、そんな感情をひっぱり出すのは一苦労です。

――自分が感じてもいない感情を仕立てる苦労などせずに、セックスに持ちこみたい、それはわからなくもありません。しかし、あなたの本当の望みは何でしょうか？　ふたりの理想のセックスがあるとしたら、どんなものになるでしょう？

デーヴィッド　自由なものですね。

――その自由とは、実際どんなものですか？　彼女にやさしさやロマンスを要求されると、その自由はどんなふうに侵害されるのでしょうか？

デーヴィッド　そうされるとぼくには、どうしようもなくなるんです。

――何がそうさせているのですか？

デーヴィッド　人に何かを要求されると、その人を喜ばせなくてはと思ってしまって。

――かといって、彼女を喜ばせなければといつも思い続けているわけではないでしょう。あなたは自分の自由やエネルギーを現実のものにしたい。相手を喜ばすためにセックスをしたいわけではないですよね。

デーヴィッド　そうかもしれません……。

――あなたは、その真実を受け入れられないから、大変な思いをしているようですね。誰を喜ばせなくてはと思っているのですか？

デーヴィッド　母親かもしれません。

――子供のころ、自分の本当の気持ちを伝えたら母親が不愉快になった、というような経験をしたのではないですか？

デーヴィッド　自分の気持ちなんて、まるでわかってなかったと思います。ぼくは母親を喜ばせることだけで頭がいっぱいだったんですから。

――カレンさんからもっと心をひとつにしたいと言われたとき、あなたはそれをどう受けとりましたか？

デーヴィッド　彼女の気持ちはわかったんです。けれどいざ行動に移そうとすると、どうにもならなくなる。

――あなたの中のある部分は彼女を喜ばそうとしてるけれど、他の部分はそれに反発している、そんなふうに見えますが。そんな心の中の衝突があるから、彼女に自由で素直な態度をとるのが難しくなっているのでしょう。

デーヴィッド　ええ、ぼくは相手を喜ばせなければという思いと、セックスとをまったく切り離して考えたいのです。

――それこそあなたの真実です。

カレン　知らなかったわ。

――それはそうです、彼自身も気づかなかったのですから……今まで。

さて、今度はお互いの歪みについて見ていきましょう。

（カレンに向って）あなたが肉体的な交わりの中で、精神的にも深く結びつきたいという気持ちを伝えたとき、デーヴィッドさんはそれを聞いてくれました。しかし同時に、あなたの中にはまた別の何かが――あなたの言うことを聞いて彼がそうしたいと思えるような、そんな表現のさまたげになるような何かが起っているように思うのですが。それについて思い当たることがありますか？

カレン　男性といると、女としての自分に自信がなくなるんです。女性からは私の期待した応えがかえってくるのですが、相手が男性だと難しいのです。

――男性に自分の希望を伝えることが難しいのですか？

カレン　自分が本当は何を望んでいるのか、ときどきわからなくなるのです。私の満たされない思いが強すぎるので、彼は困っているんじゃないでしょうか。

――そうした気持ちのときには、自分の望みをはっきり表現するのは難しいでしょうね。

カレン　私は、デーヴィッドにとって私が掛け値なしに大切な存在なんだということ、気にかけられ、愛され、求められているということを実感したいのです。でもそんな態度が、要求が強すぎるようにもとられるのですね。そんなとき心の中では、私自身と自分のからだが引き裂かれるような、自分を相手にして戦っているような気持ちなんです。（泣き出す）そのあげく、まったく何も感じられなくなってしまうのです。

――あなたは愛とやさしさを求めている――それは本当のことです。けれどそこに歪みもあります。それは、自分の望みを善悪で判断しているところですね。それが、あなた自身との断絶の原因になっています。

カレン　そうすると私の満たされない思いはますます強くなっていって、デーヴィッドの方が変わるべきだと思いはじめるのです。

――もしデーヴィッドさんがそんなふうでなかったなら、欠乏や断絶なんて感じないですんだはずだ、あなたはそう思っています。自分のこんな状態を彼が変えてくれ、自分自身とのつながりもとり戻してくれるのではないかとも期待していますね。そこが歪んでいるところなのです。そういった取り組みを、誰かにやってもらうことはできません。そんなことを続けていたら、もっと大変な思いをするようになりますよ。

（デーヴィッドに）自分の欲求を善悪で判断していること、自分自身との断絶を感じ、あなたにそのつながりをとり戻す手助けを期待していること、カレンさんはこれらを確かめたわけですが、聞いていて何を感じましたか？

デーヴィッド　カレンの心の中で起っていることについて、違った見方ができるようになってきました。

――それはどんな感じでしょう？

デーヴィッド　自分のかたくなさがやわらいで、問題もいい方向に向いてきたような感じがします。

――けっこうです。それでは、あなたがセックスに対する自由さや自然さを求める気持ちを表すときに、どこかに歪んだところはないか、見てみることにしましょう。

デーヴィッド　そうですね、子供のころから、ぼくは人を喜ばせようとばかりしてきました。それに対しては、ずっといらいらし続けてきました。こうして人を喜ばせることへのいら立ちが強いので、カレンに対してもその欲求をはねつけてしまうのでしょう。ぼくには、人に対して手放しで与えるということと、たんに喜ばせようとすることの区別がつかなくなっているのかもしれません。

――なるほど。カレンさんにそのことを言えますか？

デーヴィッド　カレン、これは確かにぼく自身の問題なのだけれど……君に精神的な親密さを求められても、君を喜ばせなくてはならない気になって、応えられなくなるんだ。心が閉じて、自分自身ともつながりがなくなってしまう。

カレン　私も、自分はいつも人を喜ばせなきゃならないんだと思っていた……でも私は、セックスであなたから満足させてほしいっていう、強い期待も持っているんだわ。私の歪みは、そんな期待をあなたに押しつけていること――そこじゃないかしら。あなたにはすごく重荷だったでしょうね。

——デーヴィッドさん、今の気持ちは？

デーヴィッド　楽になりました。わずかながら、確かな一歩を踏み出せたような。

——そうした一歩一歩が、大きなものになるのです。

カレン　あなたがそうしてくれるなら、私は安心できる……あら、これじゃまた前と同じだわ、ねぇ？（笑いながら）

——そう、また出てきましたね——真実と歪みが一緒になって。あなたはデーヴィッドさんに、もっと愛情を示してほしいと願っている——それは真実の気持ちです。しかし同時に、それを期待に変えてしまっています。こんなとき大切なのは、ユーモアのセンスなんですよ。「あら、これじゃまた前と同じだわ」——こんなふうに言うのが、自分の悪い癖が出てきたとき、自分にやさしくするコツなのです。

デーヴィッド　ぼくには、まだ解決できていないことがあるんです。カレンがぼくにこまやかな感情ややさしさを持ってほしいと思っている、その気持ちはわかるのですが、ぼくの中には、男という部分で、感情とかやさしさとは違ったものがあります。ときどき生々しい欲情をおぼえるとか。彼女に野蛮人だとかひどい奴だと思われたくないので、そんなことはなかなか言えないんですが。逃げ出されるかもしれないし。ぼくも、穏やかでもやさしくもない、そんな強烈な肉体的欲望を感じるときだってあるのです。

カレン　そう？　そういう気持ちを受けとめられるときもあるのよ。

デーヴィッド　本当に？　君はいつでもぼくに、穏やかでやさしい人でいてほしいと思っていたんじゃないのかい？

カレン　セックスのときには、あなたとしっかりとした結びつきを感じたい、私はそう思ってるの。――それぞれが自分自身とのつながりを感じることができてはじめて、お互いにセクシャルな意味でつながっていることを実感できるのです。

（デーヴィッドに）今あなたは、生々しいセクシャルな感情を言葉にしましたね――洗いざらい、力強く、言い訳なしに――そうしたら彼女もそれに応えてくれた。それは、あなたが自分としっかりつながり、あなた自身になれていたからですよ！　それがいちばん重要なのです――いつもやさしくロマンティックでいることよりも。

＊

以上のやりとりから、彼らふたりがセックスにまつわる問題を通して、自分についても相手に対しても、もっと自分らしく真実に生きるようながされ、学んでいったということがわかるだろう。

カレンの真実は、セックスのときには、デーヴィッドにちゃんとその場にいてほしい――自分ともっとしっかりと結びついてほしい――ということだった。そんな思いを受けとめたデーヴィッドは、自分が彼女としっかりつながれない理由――人を喜ばせなくてはならないという心の中の葛藤――と向き合わざるをえなくなった。

デーヴィッドの真実は、もっと自然なうながしによってセックスをしたいということだった。それを聞いたカレンは、彼女も彼とつながれないという問題――自分については善悪の判断を押しつけ、彼には期待をかけてしまうといった傾向――に取り組まないわけにはいかなくなった。こうして、それぞれの純粋な願いが、同時に相手の中の真実を引き出すように働きかけるのだ。

しかし、セックスに関してそれぞれが持ちこんでくる歪みが、相手の中の歪みを刺激することも事実だ。カレンの決めつけ方や期待感は、デーヴィッドが「人を喜ばせること」で抱いていたいら立ちを刺激し、彼が自分の真実を生きるための障害になった。その結果、カレンの満たされない思いや決めつけや要求はさらに強くなった。こんないきさつで――それぞれの心の中の葛藤が相手のそれを刺激するという形で――彼らのいさかいは悪循環にはまりこんでいったのである。

パートナーどうしがお互いの歪みを刺激し合っていると、現実に起っていることをしっかり見つめることは難しくなる。そんなときこそ、「四つの真実」にもとづく実践を行なうこと――お互いの純粋な願いと歪みとを同時に認識すること――で、問題と敵対せずに、何が現実に起っているのかを見分けるための絶好の機会である。

こうした取り組みを通してカレンとデーヴィッドは、表面的に対立していても、じつはふたりが望んでいたこと――セックスを通してしっかりつながり合うこと――は同じだったのだと、はっきり理解していったのだった。

第7章
混沌からの再生

この世のあらゆるものは、いったん無に帰するという中間的な状態のリアリティーを経過することなしには、もうひとつのリアリティーに移行することはできない。それをへてはじめて何事も、卵からヒヨコへというように、新しい存在へと生まれ変わることができる。もはや卵ではないがヒヨコにもなっていない、それが無というものだ。それは誰にもうかがい知ることのできない始原の状態であり、創造に先立つ力、カオス(混沌)と呼ばれるものである。

——マルティン・ブーバー(『ハシディズム』より)

カオスは素晴らしい前ぶれと考えるべきだ。

——チョギャム・トゥルンパ

愛が放つ太陽のような暖かさによって、条件づけされたパーソナリティーという殻に包まれた私たちは、身を揺さぶりふくらんでいこうとするが、その防御の殻がひび割れて開いていくにつれて、私たちは不安になり混乱におちいる。古いアイデンティティーは心の成長を妨げはするが、それがある種の心地よさや安心を与えてくれていたことも確かだからである。そうしたアイデンティティーが壊れようとするとき、私たちは、今までの秩序立った自分の世界がカオスに引きずりこまれるような感じがする。

昔からの自己防御の壁にひびが入りはじめたとき、それにかわる新しい自分のあり方がまだ見つからなければ、私たちは先に引用したハシディズムの賢者の言葉のような「中間的な状態」[*1]——「もはや卵ではないがヒヨコにもなっていない状態」——を経験する。

こうした状態は恐しく感じられるかもしれない。しかしそれは、私たちに過去の出来事を手放し、目の前の新しい状況に目を向けさせてくれる、めったにない機会である。それだけに、こうした不安と大きな変化の時期を乗り切っていくすべを学ぶことが大切になる。そうしたときこそ、賢者の言葉通り、重要な新しいはじまり、新しい誕生へと私たちを導いてくれるチャンスなのかもしれないのだから。

四十代前半のアンナは、有能で「なんでも自分でやっていける」女性だ。彼女は問題をかかえた家庭の中で苦労して育ち、自力で大学とビジネス・スクールを卒業したあと、その努力と知性によって会社の上級管理職になった。二回の結婚と離婚を経験した彼女は、今はじめて恋愛の素晴らしさを感じていた。とうとう自分の魂が無条件にイエスと言える、そんな相手に出会ったのだ。

そんな相手、シーンに対して心が大きく開いていくと同時に、アンナの中には疑いや不安も少なからず起ってくるようになった。シーンはそのまま彼女と結婚することに踏みきれないでいたが、そんなためらいが別れや心変わりにつながることを恐れた彼女は、彼の心が定まらないうちに、自分への気持ちをはっきりと固めてほしいとむりやり迫った。しかしそれでも彼が煮えきらなかったので、アンナは途方にくれた。そのとき、クールで有能な女性という仮面の下から本当の彼女の顔が現れかけていたのだが、そうした不安な心がむき出しの状態を味わい続けた彼女は、逆に恐怖に打ちのめされてしまった。

そうしてアンナの心とからだのカオスはますます大きくなり、彼女はとうとうその場から逃げ出し、シーンに別れようと言い出すまでになった。心の痛みに耐え切れず、彼女が私にカウンセリングを申しこんできたのはその二週間後である。以下にまとめた彼女とのやりとりは、これまでに本書で述べてきたポイントを要約したものにもなっている。さらにここから、私たちが自己の喪失した部分を回復していくときに、古いアイデンティティーを手放すときに生まれてくる感情のカオスをどうやったら乗り越えていくことができるか、参考にすることができるだろう。

自分の感情の反応の原因をつきとめる

感情のカオスを乗り越えていくための最初のステップは、自分の中の強い心の反応をよく観察し、その源をつきとめることである。

アンナの恐れの反応は、シーンがまだ気持ちが固まっていないのに、そんな彼に心を開きすぎて、混乱してしまったことが原因だった。シーンのあいまいな態度は、彼自身が最近離婚して受けた心の傷がまだ癒えないでいることを考えれば不思議ではない。彼女も頭ではそれがわかっていたのだが、恐れやおびえの感情をぬぐい去れずにいた。

アンナがこの恐れの反応を観察していくうち、じつはシーンを失うことよりも自分がはるかに恐れていたのは、苦しみに満ちた無意識のアイデンティティー――欲求が強すぎるために誰からも愛されない、みじめな子供の気持ち――が明らかになることだとわかってきた。

彼女はそれまで長い間、そうした心の暗闇をいわば自己催眠をかけることで覆い隠してきた。自分を万能の女性《スーパーウーマン》――人生のどんな場面でも自らを完璧にコントロールでき、有能さを発揮し、さし迫った感情の欲求など持ち合わせない人間――に仕立てあげ、飢え渇いた子供といった自分のアイデンティティーから逃避していたのである。

しかし今や本当の愛を求める気持ちが目覚めたので、それまで彼女の意識を支配してきたスーパーウーマンとしてのアイデンティティーはぐらつきはじめ、彼女は無意識の中から現れてきた、追いつめられた子供のアイデンティティーに押しつぶされそうになっていた。

自分の感覚をつぶさに観察する

私たちの自己イメージは、自分についての昔からのストーリー――「本当の自分とはこういうものだ」と自らに語り、信じこませた物語――によって支えられている。アイデンティティーの束縛から自由になるために欠かせないのは、そうしたストーリーの正体を明らかにすることだ。

アンナの飢え渇いた子供というアイデンティティーに隠されたストーリーとは、「私が人から本当に目をかけられ、愛されることなんてあるはずがない」というものだった。愛なんて信じられないし、自分はそれに値しないと考えていた彼女は、そんな不信感をぬぐい去ってくれる唯一の方法――自分自身を愛すること――を自ら遠ざけてしまっていた。

自分の現実を評価することをやめ、この不信感は自分が自分に語ってきたストーリーなのだと気づいたとき、彼女は次のステップに進んだ——この不信感とじかに向き合うことである。

私は彼女に、評価や反発をせずに自分のからだの中に起る感覚を見つめ、それをあるがままに感じるよう提案した。彼女は、心理学者ユージン・ジェンドリンの言う「フェルトセンス」[*2]〔訳註・自らの問題に対する新たなステップを、からだ全体に現れてくる一種の独特な調子や感覚としてとらえること〕に触れようとしはじめたのである。このフェルトセンスに先入観で彩られた解釈を押しつけず、そっと触れていくことによって、私たちは自分の内部で起っていることについて、理性ではとらえられない意味深い情報を得ることができるだろう。

アンナは自らの不信感に意識を向けたとき、腹部に虚ろな痛みを感じた。この虚ろで乾いた痛みは、彼女が大きなパニックにおちいった時のような激しい感情はともなっていなかったが、それは非常に深く、際立ったものだった。彼女は子供のときから、自分には本当の実体がないというこんな感覚をかかえてきた。

じつはこの空虚感が、シーンとの関係を終わらせようとすることでアンナが本当に逃げようとしていた、心の中の暗闇だった。彼女はこれまでずっと、その感じから逃げようとし続けてきたので、この空虚感は、彼女のすべてのごまかしや混乱をくりかえさせるための車輪の軸になってしまっていた。

座りながら腹部にこの空虚感を味わっているうちに、彼女は自分の心がどんなに満たされていなかったかがわかってきた。子供のころ彼女は、家族から温かい思いやりがもらえなかったので、それを自分の力を総動員して乗り越え生きようとしてきた。そのために、自分はすごい人間なんだと自分に言い聞かせた。しかしその通りになるためには、心の中の隠れた空虚感や満たされない気持ちを否定しなければならなかったのである。

しかし、シーンを愛するようになって、アンナの気づきと感受性は深まり、自分の成長をさまたげているものに直面せざるをえなくなった。本来の自分に立ち返り、愛する相手としっかり結びつくために彼女は、自分が無になってしまうことへの恐れや、それにともなう飢餓感、恥の意識、欠乏感、不信感などの感情と向かい合い、取り組んでいかなければならなくなったのだ。

心の暗闇の淵《エッジ》に立つ

心の殻の中に長いこと隠れていた恐ろしい感情に向かい合うとき、私たちは心の暗闇の淵《エッジ》に立つ。それは未知なる領域への入口だ。アンナがその淵に立ったとき、心の中で悪魔が叫んだ。「この空虚感に近づかない方が身のためだ。さもないと生きながらその中に飲みこまれるぞ。そうしたら、おまえがもっとも恐れていたことになるのだ——〝本当の自分なんてあるわけがない〟」

痛み、恐れ、虚しさなどの感情は、私たちが生まれてからずっと避け続け、どうしても感じたくないと思っているものだ。こうした感情からの逃避は、「この感情は自分よりもはるかに大きい。これを感じてしまったら自分は押しつぶされる」といった幼少時の思いこみによる、古い自己防衛の手段である。幼いころ、私たちの神経はとても敏感で極度につらい感情を処理することができないので、とりわけ大人からの力づけやよい導きを受けられなかった場合には、こうした説明が成り立つかもしれない。しかし、大人になった現在では事情は違う。

こうした感情を闇の中に葬り去ったままにしておくと、魂の傷口はますます広がり、私たちはそれから逃げたりそれを覆い隠すために、膨大なエネルギーを使わなければならなくなる。そして、アンナがスーパーウーマンを装いながらひそかに自己不信を抱いてきたように、私たちは偽りの人生を生きることになるのだ。そうした疲れるばかりの演技から解放されたいなら、自ら進んで、もっとも感じたくない感情に心を開かなければならない。どちらにしろ私たちは、意識的に苦しみを体験しなければならないのだ。

それは決して感情に溺れること――つらい思いやストーリーで自分を苦しめること――ではない。そこにはあくまで、積極的でしかもリラックスした姿勢が必要だ。

失われた自己をとり戻す

苦しみと長く取り組み続け、それを暗闇に押しこめずに充分なスペースを与えてあげれば、それがじつは、思っていたほど恐ろしくも破壊的なものでもないことがわかる。自分が今まで拒否し続けてきた強い怒り、恐れ、哀しみ、空虚感などを、本当に受け入れることができる――それがわかれば、改めて自分の経験と折り合い、ありのままの自分とリラックスしてつきあえるようになる。私たちの可能性は広がり、本当の自分自身でいられるようになるだろう。

これまでアンナは、空虚感があるのは自分に何かが決定的に欠けているからで、それと向かい合えばブラックホールのように吸いこまれてしまうと思って、逃げ続けてきた。しかし、その感覚を昔からのストーリーをあてはめずに認め、そのまま受け入れたとき、今の自分が消えてしまうことなどないとはっきり悟ったのだった。そして彼女は、自らの心の暗闇――自分の実体や価値から切り離された場所――を進んで体験しようと努め、ありのままの自分とのつながりをとり戻していった。

こうした変化は簡単に起ったわけではない。彼女が自分自身と離れず感情を麻痺させることもなしに、ありのままの自分でいられるようになるには、何度もその空虚な感覚に立ち戻らなければならなかった。しかし、その空虚感の中心には愛への深い欲求があるのだと知ったとき、彼女に重大な転機が訪れた。心の装いや防御よりも、自分にとっては愛がはるかに大切なのだと悟った彼女にとって、空虚感はそれまでのように恐ろしいものではなくなったのだ。そのときそれは、きらめく星空のように深みをたたえた、広く静かな感覚に変わっていた。

こうして自分がもっとも恐れていた感情に向かい合うことで、アンナは自分の中で眠りこんでしまっていた部分をよみがえらせていったのだ。

私たちが自分自身に立ち戻り、長い間避けようとし続けてきた心の暗闇に向かい合うとき、これと同じことはよく起る。それでも逃避し続けるなら、心の中の暗闇は人間的な温かみを欠いた、死んだ部分として残り続けるだろう。そしていつまでも私たちは、何かが足りない、自分にはどこかおかしいところがあるに違いないという思いにつきまとわれるのである。

私たちが内面に空虚感を持つのは、自分が不完全だからではなく、自分という存在の完全さから切り離されているからだ。人は本当に堕落してしまうことはない。私たちの本性――必要なものはすべて備えた「望みをかなえる宝石」(如意宝珠)――は、つねに私たちとともにあるのだから。

「あなたがそれを投げ捨てようとも、自分に備わったものは決して失うことはできない」と、古代中国の知慧の書「易経」は伝えている。しかし、はるか昔に自分が捨て去ったはずのその部分が、まったく無傷で生き続けていることを知るまでは、私たちはそのことを実感できないのである。

自分の純粋な悲しみや願いを受け入れること

自分がそれまで本当の自分自身から切り離されていたことを知ったとき、アンナは大きな悲しみをおぼえた。こうした悲しみの中には、必ず深い知性が宿っている。それはあまりにも長い間、偽りのアイデンティティーにとらえられていた魂の叫びなのだ。

悲しみに心を開けば、魂とじかにつながることができる。そこから予想もしなかった恵みがもたらされ、私たちの人生は一転する。今までと違った生き方がしたいという強い願いが、私たちの中に生まれるのだ。

自らを拒絶してきたことが心の飢えと空虚感の原因だったとわかったアンナは、まるで牢獄の扉を開ける鍵を手にしたようなものだった。それに気づいた彼女の中に、自分自身にやさしくしてあげたい、自分の心を満たしたいという新しい願いが起ってきた。そうした自分の願いを認めただけで彼女は、すでに自分の中にあったやさしさや豊かさに触れはじめていたのである。それまで虚ろで乾いた痛みがあったお腹の中へ、温かさと心強さが流れこんでいくのが感じられた。

自分はスーパーウーマンだというアンナの見せかけの意識のアイデンティティーは、ハシディズムの賢者の言葉を借りれば、「新しい存在へと生まれ変わる」前に破られなくてはならない殻だった。その過程で彼女は、それまでずっと避けてきていた恐ろしいアイデンティティー――「だめな子供」である自分――に向かい合い、「中間状態」のカオスを突破しなければならなかった。

ここで彼女が生まれ変わる「新しい存在」とは、魂の深くにある内なる温かさや生命力のことであり、ある意味では決して「新しい」ものではない。それははるか昔に彼女が離れてしまっていた、内なる豊かさの源なのである。

自分の中のこの源とのつながりを回復したアンナは、これから先もシーンが自分を思い続けてくれるかどうかの不安はあったが、再び心を開き、彼の愛によって満たされる気持ちを味わった。彼女のこの変化は、シーンにも大きな衝撃を与えた。それまでのアンナは、その時々に自分に向けられる彼の愛を受けとめることなく、将来を約束してほしいと迫って、シーンを混乱させ困らせてきた。しかしとうとう彼女は彼の愛を受け入れ、彼もまた、自分が改めてそんなアンナに魅力を感じていることに気がついたのである。

完全なる自己と結びつくこと

こうしてアンナのたどった道を見てみると、男女の間の感情のカオスが、自分自身だけではなくパートナーとも深くつながるためのきっかけとなることがわかる。そのためにまず必要なのは、自分の反応を引き起す意識の中にある自己イメージを探り、アイデンティティーを縛りつけているストーリーや思いこみを見抜くことだ。さらに、そのアイデンティティーにどんな感情が隠れているのかを知ることである。それによって私たちは、自分の中の深い闇を覗きこみ、長い間拒否し避け続けてきた恐れや不安、喪失感に直面するのだ。

次に私たちは、その深い闇——自分の中心にある知慧や力や善などへの道を見失った場所——に面と向かわねばならない。そのときためらわずに心を開き、ありのままでいようと努めれば、そこからこわばった古いアイデンティティーを溶かす働きが生まれてくるだろう。氷が溶けてそのもとの姿である水に戻るように、私たちのかたくなな装いは溶けはじめ、閉じこめられていた広々として敏感ないのちの本質が姿を現しはじめる。

魂は、愛の中にこうして溶かされていくことを強く願っている。自分は過去からの条件づけされたからくりという檻に二度ととらえられることのない、いのちある存在であることを再確認するために。だから、たとえ自分の心が内から断ち切られ、死んだように感じても、自らの豊かな本質を失ったというその感じをありのままに受けとめていけば、そこへ戻る道を再び見い出すことができる。たとえば、力の欠如を真に体験するために必要な力を発揮すれば、力がよみがえってくる。勇気の欠如に直面するのは、勇気ある態度だ。また自分に慈愛や寛容さがないことを認めるには、慈愛と寛容さがなければならない。

一瞬一瞬の自分の経験の真実に心を開いていけば、それが表面的にはどんなにつらいものに見えても、私たちは自分の中の断絶された部分とのつながりを再びとり戻しはじめる。

ここまでくれば、男女の関係は素晴らしい教えを授けてくれるようになる。それは私たちが恐れて踏み越えようとしなかった境界へといざない、自分の中でまったく意識されなかった部分をしっかりと受けとめるように、手をかしてくれるのだ。

恋愛は試練を通じて、自分自身とパートナーに対して誠実であるためにいちばん必要なもの——失われた完全なる自己——を見い出させる。私たちの内にある、このパワフルな自分につながる道を見つければ、どんなことが起ってもうまく乗り切っていけるようになるだろう。これが、私たちが人生や異性との関係の中で出会う問題に対する、時を超えた真の解決法なのである。

第8章
鉛を金に変える愛のワーク

はっきりと認識された否定性は、知性に変わる。

――チョギャム・トゥルンパ

これまで見てきたように、男女の愛はお互いのかたくなな防御の壁を貫き、隠れた否定的な要素――闇の中に葬っておきたい、自分自身と相手との生々しいエッジ――を光のもとにさらけ出す。ひとりきりでいれば、こうした生々しいエッジを見ないでもすむ。しかし、愛する人と一緒にいるとき、そうやって自分自身から逃げていることはできなくなる。

大切なのは、こうした否定的な部分をオープンに受け入れることだ。気づきと慈愛の光の下で、私たちははじめてそれと取り組めるようになる。それによって、この否定性にまつわる不安な緊張はやわらぎ、妨げられていた隠れた力への道が開けるのである。

自分の闇の部分から逃げ続けようとすれば、それは無意識の中にとどまり、よい方向へと向かう道は断たれてしまう。悪くすればそこから病巣が広がりはじめ、しまいには地下水に毒が広がっていくように、パートナーとの関係どころか人生そのものまでをむしばんでいくだろう。

ふたりの意識的な関係を築いていくためには、こうした自分の中の否定的要素とじかに取り組むことが欠かせない。

否定的な要素を拒否すること、受け入れること

心の中の影の部分が光にさらされるとき、私たちはよく、そうした自分のいちばん醜いところを引っぱり出してくる自分自身や相手を責める。しかしこうした非難は自分の中の否定的要素が形を変えたものにすぎず、問題を悪化させるだけだ。

自分やパートナーの否定的な要素を拒否することは、かたくなさに対してかたくなになることであり、心の結び目はほどけるどころか逆にもっときつく締まっていく。実際、否定的な感情を嫌悪すると、自分がとりのけたい当の感情は抑えつけられ、かえって強まってしまうのだ。

たとえば、自分の怒りを非難すればいっそう攻撃的な傾向が増していくし、恐れを否定するのは心にもっと大きな恐れがある証拠だ。また、自分をけちだと責めるのは寛容さがないからであり、心はさらにかたくなになっていく。自分の心の闇に嫌悪で反応すれば、苦痛を生み出すような傾向そのものから逃れられなくなるだろう。チョギャム・トゥルンパは、こうした反応のことを「否定性の拒否」と呼んだ。

自分の中の否定的要素と取り組む

私たちが自分の内なる否定的な傾向を拒むのは、それによって自分が裁かれるのではないかという恐れからきていることが多い。自分の欠点や限界をさらけ出したら、パートナーが尊重してくれなくなるかもしれないと考えるのだ。

しかしほとんどの場合、これは投影である。私たちはパートナーの眼の中に、自分自身の内なる批評家――自分のあまりにも人間らしいところを非難する心の中の部分――を見ているのだ。だから自分の否定性に創造的に取り組んでいく前に、私たちは、この内なる批評家の攻撃を静めなくてはならない。

そのためにはまず、「見きわめること」と「非難すること」の区別をはっきりさせることだ。私たちは、内なる批評家からのメッセージの中に隠れた真実(それは、どこで私たちが間違ったのかを教えようとしているのかもしれない)を見きわめていく必要があるが、自分の落ち度を非難するような傾向はなくしていかねばならない。

それは内なる批評家の攻撃に対して敢然と立ち向かう(その非難にはっきり「ノー」と言うこと)一方で、それが私たちに何を注目させようとしているのかということに気づくということだ。

「ああ、確かに私は……ときどき自分を見失い、感受性をなくしてしまうことがあった……パートナーのことを利用して心の穴を埋め、自分のエゴを支えてもらおうとした……相手の言葉を本当に聴くことがなかなかできなかった……人に与えるときにはいつも見返りを求めていた……」

こうしてどこで道をはずれたのか、自分に対してやさしく認めてあげれば、私たちは内なる批評家のしかけた爆弾をとり除くことができる。

自らの否定性に対してかたくなな態度をとれば、それはさらに否定的になっていく。その逆もまた真実だ。否定性を認めればパワーは弱まり、その中に隠れていた肯定的な力が現れてくるのだ。

たとえば、パートナーとつきあううちに、あなたの利己的な傾向がはっきりと見えてきたとしよう。そのとき攻撃の刃を自分に向けるなら、そうした傾向は無意識の中に潜りこみ、正体を隠してさらにかたくなになっていく。それを避けるには、自分の利己的傾向がどんな要素からできているのか、その原因は何かを深く理解することだ。

じつは、あなた自身にもその原因はわからず、そうした「利己主義」の正体さえつかめないかもしれない。理屈ではわかっていても、おそらく今までそれほど奥深くまで見通したことはなかったにちがいない。しかしそれをしなければ、決して問題は解決せず、事態は進展していかないだろう。

くりかえすが、鍵はあるがままにまかせることと、観察することにある。

ここでいう「まかせる」とは、衝動のままに行動するという意味ではない。それは自分の心が経験することをあるがままに受けとめ、それにじかに触れるということである。そして、まかせるにも観察するにも、ともに穏やかさが必要だ。そのためには練習を積むこと、ねばり強さと勇気をもって取り組んでいくことが必要である。

自分の利己的な衝動をあるがままに経験しようとするとき――そのさい、からだの感覚に注意を向けてみよう――腹部や胸にある種のこわばりのようなものが感じられるかもしれない。それをさらに観察していけば、そのこわばりはあなたが心の中で必死にしがみつこうとしている何かであり、その背後に強い飢餓感が隠れていることに気づくだろう。それを認めただけでも、緊張がほぐれていくのがわかる。

さらにその飢餓感を支えている感覚を探り、その源をつきとめれば、あなたが自分自身にあまりやさしくなかったことに気づくかもしれない。それが心の中の欠乏感をつくり出し、「自分に近づくものをなんでもひとりじめしようとする」行動に現れていたのだ。

こうした欠乏感を埋め合わせようとする自分の欲求を認められれば、あなたは、心に起っていることをただ非難して自分自身と断絶することをやめ、心がどんな状態のときも、それに慈愛深い理解を向けられるようになる。そうしてはじめて、無意識に利己的な行動をとったりせず、本来の問題――自分自身にやさしくすること――に向かい合うことができるのだ。

自分の中の否定的な傾向に対して、いつもこんなに簡単に解決ができるわけではないが、非難せずにそれを観察し続けていけば、いずれはきっとよい結果が出るはずだ。心の中の否定性は、すべて自己の喪失が原因になっている。私たちが自分と切り離されてしまっているしくみがわかれば、その否定性の正体が見えてくる。それは私たちの中の忘れ去られた何かが、目を向けてほしいと叫んでいるのだ。この喪失の事実を認めること以外に、自分の中の魂の断絶が癒される道はない。

ふたりの間の闇に光を当てる

誰もが無意識のうちに心の中に闇を――理想の自己イメージと一致しない、否定的な感情・知覚・反応の集まりを――育てているのと同じく、カップルもまたお互いの関係の中に闇を育てている。

詩人ロバート・ブライはこの闇を、自分が望まない経験を詰めこんだ長い袋にたとえている。私たちはそれを引きずりながら、その重さにうちひしがれているのだ。カップルもまた、そうした心の闇――長年かかってふたりで袋に詰めこんできた拒否、逃避、恨み、不満などの感情――の重さに苦しむようになる。

そうしてお互いの不満が積み重なっていくにつれて、否定的な要素があふれ出してふたりの関係をさらっていってしまうのではないかと、袋の口を開けることが恐ろしくなってくる。袋はますます重くなっていき、お互いの心も離れていく。そのあげく、つもりつもった嫌悪感が生み出すさまざまな症状――不信感や恨みを抱く、お互いに背を向け離れていく、性的魅力を感じなくなる、態度がきつくなり寛容さがなくなる――が、ふたりの間を汚染しだすのである。

カップルの間に広がっていくこの闇を、押しとどめる完璧な方法はない。ふたりがどんなにお互いの関係に意識的であっても、緊張や摩擦は避けられない。ふつう相手への愛情が深まるほど、いさかいになったとき、それが教えようとしていることがわからなくなるものだ。だからときには時間をとって、お互いが無意識の中で形づくってきた不満や恨みをよく見ていき、その袋を意識的に空っぽにする努力が必要になってくる。

第6章で扱ったコ・エマージェンス（対立する要素は同時に生まれてくる）の原理によれば、どんな否定的な要素の中にも知性が存在している。ふたりが心を開き、思いやりをもってそうした否定的な感情について話し合えば、知っておくべき大切なメッセージが見えてきて、自分自身の癒しとパートナーとのよりよい関係を育くんでいくことができるだろう。今まで「隠しておこう」と思ってばかりいた部分をさらけ出してもいいのだと気づいたとき、信頼が生まれ、ふたりの関係の「器」は強まる。そうして、ふたりの中のさまざまな部分をまるごと包んでいける、「包容力のある環境」ができあがるのだ。

こうして新しい風を導き入れようとすると、最初は不安になるだろう。しかしそれによって、拒否や嫌悪感で湿っていた火種が再び燃え上がり、ふたりの間に生き生きしたエネルギーが勢いよく流れ出す。こうしてよみがえってくる愛は、まるで嵐の後のすがすがしい大気のように、素晴らしく爽やかなものに感じられるはずだ。

弱い絆を堅固なものにしていく

こうして自分の中とお互いの関係にある否定的な部分に取り組むだけではなく、私たちは、パートナーの中のまだ開かれていない部分にどう触れていけばいいかをも知っていかねばならない。

愛する相手の中の、自分が嫌でしかたない部分——恐れ、かたくなさ、自己評価の低さ、憂うつさ、怒り、鈍さなど——をどう扱ったらいいのだろうか？　そうした否定的な要素に対して私たちはふつう、戦いを挑もうとしたり、目をそむけて理想的なことばかりを考えたりする。または自分を押し殺してじっと耐え、相手と別れてしまおうと思ったりする。

ふたりが相手の荒々しいエッジにぶつかるのは、お互いの絆の弱い場所であることが多い。そこから、いともたやすく関係はほころび壊れていく。しかしそんなときこそ、愛が本当に試されているのだ。お互いの否定的な傾向にもっと意識的に触れていけば、予想もしなかった恵みがそこから与えられるだろう。

またあるときには、私たちはパートナーの批判的な態度に対して、意を決してノーという必要がある。それは私たち自身の中にある隠れた力を見い出すきっかけとなるかもしれない。そこから自己を尊重する心が生まれ、相手からももっと尊重されるようになるだろう。

パートナーの内面的な葛藤に対して、慈愛の心で接することが大切なときもある。それは私たちの愛する力を広げ、深いレベルでお互いの信頼と友情を育ててくれる。さらに、相手の中の嫌悪すべき部分に進んで触れていけば、自分の中の意識してこなかった部分にも向き合わざるをえなくなる。

たとえば、相手がいつも寂しげで沈みがちな人だったとしよう。私たちは自分の中で、そのような重苦しい感情を避け続けてきたので、そうした相手の傾向に接したときおびえた気持ちになる。しかし、パートナーのこうした部分に触れていけば、私たちも自分の深い魂の暗闇に触れ、イカロスのように上昇し続けようという子供っぽい幻想を離れて、地に足をつけられるようになるだろう。

お互いの導き手になる

私たちの中の否定的な傾向を、友人やセラピストや導師などよりも痛切に感じてくれる人、それが恋愛の相手である。またその相手以上に、私たちの心の閉じられた部分が開かれていくのに立ち合いたいと望む者もいないはずだ。もしふたりが、お互いの中のそうした部分をともに育てていきたいと望むなら、ともに助け合うことが賢明だ。

魂でつながり合う関係とは、相手の方が強くて成熟しているような部分で、お互いに支え合い、導きを頼めるようなあり方のことだ。こうした関係を築いていきたいのなら、まずそれぞれが自分自身にこう問いかけることからはじめよう。「私は、今まで自分が苦しんできた部分に、相手からの助けを喜んで受け入れることができるだろうか？　相手にも同じ助けの手をさしのべることができるだろうか？」

こうした意志があるなら、お互いに自分の問題になっている部分への援助や導きをきちんと求めることができるし、自分がどんな助けをもっとも必要としているのかを伝えることもできるだろう。

自分のハートが落ちつかず、感情を表すのがどうしても苦手だという人にとって、もしパートナーの方がその点で成熟しているなら、そんな部分で助けてもらえるだろう。

また、自分がどんな助けをいちばん必要としているかを知ってもらうには、たとえば、「ぼくのハートが閉じているのに諭《さと》されたり非難されたりしてもどうしようもないよ。ぼくの心の苦しみを聴いてくれ、それについて君の知識や理解を与えてくれたり、励ましたりしてくれることがいちばんの助けになるんだ」と話してもいいだろう。

これとは逆に、相手の方から自分の弱点をなんとかしたいという助けを求められたなら、それは私たちが相手のそんな部分をひたすら我慢することをやめ、そこに対してより意識的にしっかりと関わっていくためのチャンスだ。

こうして私たちが自分の生々しいエッジと向き合うよう努めれば、そのことがパートナーに対しても、いちばんの助けになるということがわかる。相手にとっていちばん必要な助けとは、私たち自身が行き詰まったときに必要な助けと同じものだ。相手を変えようとするのではなく、心の中に余裕《スペース》をつくってあげ、その人自身の経験を味わえるように手をかし、その存在を受けとめ、いつもそばから離れず、友情をもって接してほしい。

こうしてカップルがお互いに近づいていくにつれて、魂の結びつきは深まり、ふたりの弱点は、考えもしなかったような力の源泉へと変わっていく。

第9章 自分の真実を相手に伝える勇気

カップルが、実りのない口論のくりかえしから抜け出せなくなると、自分たちの荒々しいエッジや衝突と意識的に取り組む力は弱まってしまう。それを〝いがみ合い〟と呼んでもいいかもしれない。いがみ合いとは言うまでもなく、本来の問題をめぐってさまざまな形で堂々めぐりをくりかえす、行きつくところのないこぜり合いのことだ。

前にも述べたように、いさかいがふたりの装いの仮面をさし貫き、それぞれを本来の自分自身に立ち返らせようとするとき、それは聖なる闘いになっていく。また、ふたりがそれまで否定したり無視してきた問題に取り組むように、積極的に仕向けていくようないさかいもある。

しかし逆に、いがみ合いがはてしのない口論や、相手の弱点の狙い撃ち、感情の爆発などの形でくりかえされると、[*1] お互いに誤解と落胆をおぼえて消耗していくことになる。

カップルのいさかいの源には、幼少期から積み重なった心の中の「自己と他者」という枠組みがあることを私たちは見てきたが、ここで改めて、お互いがどうしたらそれを乗り越え解決していけるのかを考えていこう。

カップルが、自分たちのいがみ合いをいつまでも解決できない理由は簡単だ——どちらも本当の問題に目を向けないからである。彼らは問題が、(お金の使い道、家事のやり方、感情の伝え方やセクシュアリティーの考え方など)お互いの違いにあると信じこんでいる。しかしこれらがおもな原因になっていることはほとんどない。ふたりが本当にその気なら、そんな違いを乗り越えていける方法は必ず見つかるし、少なくとも違いを受け入れ合うことだけはできるのだから。

本当の問題は、ふたりの考えの違いが、お互いの心の傷つきやすさ、不安、孤独感、恐怖など、昔からかかえてきた感情にどう影響してくるかである。いがみ合いが発展すると、こうした感情がかき立てられ、お互いの一言一言に深く傷つくようになる。

そんなときふたりが、いさかいがかき立てる隠された感情について話す方法を知らないなら——そんな話題に触れる可能性さえも考えられないなら——いがみ合いを続けさせる根の深い問題に、手をつけることなどできない。その結果、解決にたどりつくどころか、ふたりは見当違いの問題(誰が誰に何をしたか)をめぐって口論を続けることになるだろう。

いがみ合いを乗り越えるために

こうしたいがみ合いを乗り越えるためには、お互いの考えの違いを狭い視野で見ることをやめて、それぞれの心の中の生々しいエッジについて話し合うすべを身につけていく必要がある。ふたりの関係をより意識的なものに深めていくためには、こうした対話こそが重要なのだ。

心理学者ジェームズ・ヒルマンによれば、意識的であるとは「対話を絶やさない」ことであり、意識的でないというのは「何事についても話し合わないこと」だという。たとえば、家庭の中でも一度も話し合われなかった問題は、誰の意識にものぼらないので、魔物のようにいつまでもつきまとうことになる。

同じように、パートナーに対して自分の思い——癒されない心の傷や恨み、相手によって引き起された疑いや恐れ、自分で認められない欲求——を伝えなければ、それは心の闇の中にしまいこまれたままになる。そうした感情は、その闇の中から無意味ないがみ合いという形でよみがえり、ずっとつきまとうようになるのだ。

だからカップルは、今まで不可能だと思いこんでいた対話——自分の心の中の出来事を伝えること——をかわす方法を学ばなければならない。対話を深めることは冒険であり、探求である。そこには危険がともなう——自分の内面、つまり仮面の内側をさらけ出すのだから。しかしそれによって、ふたりははるかに深いレベルで結びつき、そこから新しい可能性が開かれてくるのである。

ゲールとパトリックは、つきあいはじめて一年になる。彼らは、別の相手とつきあうことをお互い認めるかどうかで争っていた。パトリックは、ときには他の女性とデートしたいと思っていたが、ゲールは彼ともっと深く結びつくことを望んでいた。この問題で言い争うたびにふたりは、お互いに相手から誤解され、傷つけられ、ふり回されているような気持ちになるのだった。

最初私がパトリックに彼の心の内を尋ねたとき、彼は「そうしたかったからそうしただけです。自分の生き方について指図されたくはありません」とそっけなく答えただけだった。しかしそんな彼が、自分の心の中をさらに見ていくと、そこに他人から束縛される恐怖があったことに気がついた。パトリックは、自分の自由が侵害されたと感じると、いのちまで脅かされたような気持ちになってしまう。ゲールに対しても、他の女性とつきあえば、自分が彼女に対して自由であることを示せると思ったのだ。彼はこうしてそれまでにも二回、結婚を破綻させていた。

こうして一対一のつきあいという問題は、パトリックの心の奥深くの問題に光を当てることになった。彼の父親は、彼に対して無慈悲で威圧的な態度をとり、いつも彼にすべきことを命じてきた。そしていったん彼が自分のやり方で行動しようとすると、父親はそれを自分勝手だといって非難した。自分の心に影響を与えているのがこんな父親との関係性だったことに気づいたパトリックは、彼女とのつきあい方が問題の核心だったのではなく、それはあくまでいがみ合いの中味の一部にすぎないことがわかってきた。

ここでの本当の問題は、自分の心の中で言い争う二つの声にどう取り組んでいくかということだった。内面化された父親像はこうしろと命令し続け、彼の心の中の若さは、自分が好きなことならなんでもできることを示そうとして反抗する。どちらにころんでも彼には幸福感も充足感もなく、内面的な葛藤によって心が引き裂かれるだけだった。

こうしたいきさつをすべて見ていくことが、パトリックにとってゲールとのいがみ合いを乗り越えるための第一歩——心の中を見つめ、その深みに隠れた自分の思いを明らかにすること——だった。

自分をさらけ出し真実を相手に伝えること

次の一歩は、自分の心の中で起っていることをそのままの形で相手に打ち明けることである。いがみ合いとは、リングの上で自分を守り相手を打ち負かすことに夢中になっている、エゴどうしの殴り合いのようなものだ。こうした力と力の闘いに終止符を打ついちばんの方法は、相手をスポットライトの下から舞台裏へと連れ出すことである。

お互いに現実の裏で起っていることに相手の目を向けさせることができれば、もっと深く共感に満ちた絆をつくっていける。そうすれば、エゴどうしの殴り合いに終止符を打つことができるだろう。

パトリックにとって最初、自分が格闘している苦しみをはっきりと見つめるのは大変なことだった。他の多くの男性と同じように、彼も自分の感情にあまり関心がなく、改めて考える意味などないと思っていた。だから感情について話すことが、パートナーとのいさかいを解決するきっかけになるとは思いもよらなかったのだ。

しかし、ゲールが本当に知りたかったのはパトリックの心の中で起きていることであり、それが彼女にとっての、彼の行動や態度を理解するための鍵だった。自分の苦しみについて話さなければ彼女に理解してもらえないのだと知って、彼ははじめて愕然《がくぜん》としたのである。

こうしてパトリックは、自分のかたくなな装いに隠れた、心の中の戦いの痛みをゲールに打ち明けた。それを聞いてゲールはひとこと、「あなたがそんなふうに言うのを聞いたのははじめて」ともらした。彼が自分の心の中の出来事を閉じこめるのをやめ、ふたりの関係からくる苦しみを打ち明けて彼女を心の中に迎え入れたので、ゲールは安堵《あんど》した。そして、彼が向かい合っている問題に対して、なにか慈愛のようなものも感じることができた。彼女がこんなふうにパトリックに共感と安心感を持てたのは、特別なことではない。愛する人が心を開き、自分の心のいちばん奥深くに隠れた思いを明かしてくれたなら、ほとんど誰もが同じように感じることだろう。

こうして彼に共感を持ったゲールも、やがて自分の言いたいことに思いが傾くと、かたくなさが見えはじめた。「でも、他の人とデートするなんてとんでもないわ。私は我慢できない……」

そこで私は彼女に、パトリックがしたのと同じやり方をすすめてみた。ふたりの意見のぶつかり合いが、彼女の感情にどう影響しているかを見ていくのである。

おてんばな女の子だったゲールは、生徒が学校の玄関でナイフを突きつけられ脅かされることが日常茶飯事の、典型的なスラムのまっただ中で育った。そういった環境の影響で彼女は、心にぶ厚い壁をめぐらし、その陰で恐れと不安にふるえるようになった。パトリックと異性とのつきあいをめぐって口論をしたことで、それまで人に対してほとんど見せなかった、彼女の生々しく傷つきやすい心の部分が刺激されたのである。

ゲールもパトリックと同じく、いがみ合いの陰に本来の問題を隠していた。もしも自分の心を守ってきた心の壁をとり去って、女性的なやさしさを感じ、人に対してそれを見せたりしたら、現実の中で生きていけるのだろうか？　自分の感情を男性に見せても、相手がそれにつけこんだりしないと信じられるだろうか？

気持ちがぐらつくと彼女はいつも、パトリックを攻撃することで自分をしっかりと守るという戦術をとった。「あなたなんて何よ？……いつもやりたいようにしかしないくせに……もうあなたを信じないし、あてにもしないわ……」

いがみ合いの最中には、このようにひどい言い方で相手を決めつけることがよくあるものだが、こんな方法では何も得ることはできない。こうした態度は相手の反応をあおり、なりふりかまわぬ自己防衛へとのめりこませるだけだ。

これまでゲールに攻撃されるとパトリックは、彼女を悪意ある他者——自分をはずかしめ、説教しようとする支配的な親のように感じてきた。そしてパニックにおちいって彼女に抵抗し、ふたりの距離は広がっていく一方だった。

しかしゲールの方も私のアドヴァイスをきっかけに、これまでと違った方法をとれるようになっていた。彼に自分の本心を見せはじめたのだ。

「私は子供のときから強い人間でいなければならなかったの。あなたに対して心の壁をとり去り、もろさや傷つきやすさを見せるなんて、恐くてできなかった。あなたから傷つけられたり、主導権をとられるのを恐れていたから」

彼女からこんなことを打ち明けるのははじめてだと言われて、パトリックの態度も目に見えてやわらぎ、彼女に手を差し伸べるまでになった。

ふたりとも、お互いが似たような状態におちいっていたことに気づいて愕然とした。いがみ合いの底にある本来の問題に光を当てたとき、よくこうした気づきが起り、それまで衝突していた部分が、ふたりの共通の場になりうることがわかってくる。彼らはお互いに、相手と親密になりすぎると感情の安定が保てなくなるのではと恐れていたのである。

ふたりはそれぞれ、相手からはとうてい理解されそうにないが、自分にとっては何より重要な欲求を持っていた。パトリックは自分の精神的な独立を実感したいと思い、ゲールは彼に対して遠慮せずに心を開き、弱さを見せられるようになることを望んでいた。彼らは、こうした自分の大切な欲求は相手からはきっと尊重されないだろうと思って、お互いに強い恐怖感を抱いていたのだ。

ここで私はパトリックに、何を感じているかを尋ねてみたが、彼は「わかりません……混乱しているようで……」と答えた。お互いの関係からくる悩みをゲールに伝え、やさしくなれたものの、パトリックは次にどうすべきかわからなくなっていたのだ。もはや反抗する対象は消え、それまでの自己防衛的な態度もなりをひそめていた。これが彼の、新たなエッジだった。

「それで、次にぼくらはどうすればいいのでしょうか？　結論を教えてください」パトリックはそんな状態にいることがいたたまれなくなり、私に向かって性急に問い返した。彼がよりどころをなくして不安になり、そのエッジから降りてしまいたい気持ちはわかった。しかし私としては、彼に新しく訪れたその正念場にとどまり、心を開いてそれを味わってほしかった。

そこで私は、「結果を出すのはまだ早すぎます。これまであなたは、いろいろな考えや方法を試してきましたね。今回はそのかわりに、自分が態度を決めかねているというその状態から動かないで、それが引き起こす感情をありのままに体験してみませんか？　そこにとどまっていることができれば、自然に次のステップが見えてくるでしょう」と答えた。

パトリックは長いこと何も言わずにいたが、ぽつりと「そうはいっても、自分を失うことなく彼女との関係も続けていけるかどうか、まったく自信がないんですが」ともらした。この自信の欠如を認め、自分が今までずっとそんなふうに生きてきたのだとわかったとき、彼の中に力がよみがえってきた。パトリックは両腕を振り上げ、大声で「そう、自信なんてあったためしがないんです！」と言った。

私はさらに、「彼女との関係を壊さず、自分自身をも失わずにすむとしたら、それはどんな感じになるでしょうね？」と質問した。彼は椅子にもたれかかってため息をついていたが、しばらくして「自由で……たっぷり余裕が感じられて……手放しでくつろげる……最高でしょうね！」と答えた。

こうして恋人との関係で自分を失わないことが、自分にとって何より重要だったことがはっきりと認められたので、パトリックには、他の女性に惹かれる気持ちに隠れた真実が見えてきた。これ以降、彼のそうした欲求は目にみえて弱まっていった。

一方、相手のゲールも新しいエッジに立っていた。彼女は、自分が心の守りをなくしてしまえるほど人を信頼できるのか確信がない状態のまま、そんな不確かさにとどまり続けていた。このエッジは彼女に、彼女自身の心の奥の真実を悟らせた。彼女はじつは、愛し合う人に対して心のかたくなさを解いても、自分が傷つけられることがないようにと願っていたのだ。

パトリックもゲールと同じく、自分をエッジに立たせ、自分を守るための昔からのやり口を無効にさせ、自分の本当の欲求を心の底から引き出させるような相手を選んだということは、じつに興味深い。エッジには、人をたゆみない探求に導く何かがある。

ふたりにとって自分の中心にある感覚をさらけ出すのは、相手に近づきながら傷つく可能性をもはらんだ試みだったが、それによってはじめてふたりは、自分の立場を守るために必死で闘うという執着を手放すことができた。こうして自分たちが変わったことで、お互いの関係について話し合うためのまったく新しい下地ができていったのである。

パートナーとのつきあい方について話し合いながら、パトリックとゲールは、お互いの心の違いを伝え合ったり相手を理解しようと努めたりして、「ここまでしかできない」と思いこんでいた限界を次々と乗り越えていかなければならないことを知った。こうして少しずつ、お互いを分裂させていた当の問題によって、彼らは結びつきをますます強めていったのである。かりに別れることになったとしても、ふたりがこのいさかいを通じてまったく新しい方法で心を広げ、成長していく道を学んだことは確かだ。

自分のエッジを相手にさらけ出す

ふだんの生活の中で私たちは、仮面をつけ、本来の自分とは違った別人のイメージを装っている。これは、自分を隠し人から守ることによって成り立つ、無意識的な人間関係の一例である。

意識的な関係はそれとは逆に、自分をさらけ出すことによって育っていく。男女が魂レベルでの結びつきを育くみ、深めていく道は、仮面をはずす危険をおかしてありのままの自分を見せること以外にはない。

私たちは、傷つきやすく、不確かで、理想とはかけ離れた自分の生々しいエッジを人に見られることをいつも恐れている。問題のある部分によって自分の欠点がわかってしまい、そんな部分を見せたら人からつけこまれるのではと心配するのだ。だから相手と知り合ったばかりのときには、とくにそんな部分を隠して、自分のいちばんいい顔だけを見せようとするのである。

それでもしまいには、真実の自分でありたい、自分自身でいたいという欲求は、私たちの心の中の経験や傷などのすべてに対して誠実に向かい合うよう求めてくる。自分の心の生々しいエッジをさらけ出すのは、苦しみに溺れたり心の傷をひけらかすといった、小手先のごまかしとはまったく違う。人に向ってありのままの自分をさらけ出すとき、かえって私たちは、弱さやためらいを感じる。しかしそんなときでも、愛する人と一緒なら、自分自身をとり戻せるばかりかその人との絆も強くなると気づくことによって、私たちは心の底から癒されるのだ。

しかし私たちはふだん、まったくこの逆のことをしている。私たちは自分の心の生々しいエッジを恥ずかしく思い、そんな部分を見せたら、人は愛してはくれなくなるだろうと考える。そんな部分をさらけ出すのは弱いからだという思いこみから、私たちはそれを隠し、まるで存在しないかのように装おうとする。本物の戦場では、こうした戦術も役に立つかもしれない。しかし男女が深く結びつくためには、その逆こそが真実になる。そこでは、自分が心の中で経験していることを相手にさらけ出すことが強さの証になり、私たちにできるいちばん勇気ある行動になるのである。

しかしそうはいっても、ふだんからわざわざ魂をあらわにしたり、自分について深刻になりすぎることはない。むしろ、お互いが仮面の下の人間らしい部分を見せ合えるようになれば、そこからふたりの間にある困難な行き詰まりを乗り越えるための、ユーモアのセンスが養われるだろう。ただし、ユーモアを示すことばかりに気がとられてその使い方を考えなければ、かえってユーモアから肝心の自発性がなくなってしまうことになるが。

私自身のパートナーとの体験からすると、大いに羽目をはずすといった突飛な手段(状況に応じた即興的なふるまいによって、深刻な問題を扱いやすいものにすること)も、ときには改まったコミュニケーションのしかたに劣らず、きびしく困難な状況を乗り越えていくのに役立つことがある。

仏教では、すべてのいのちあるものに尽くすという気高い使命を負った偉大なる菩薩でさえ、ユーモアのセンスを持ち合わせなければ、その使命が果たせないと言われている。

相手の言葉を非難せずに聴くこと

ユーモアをそこない心の扉を開くことを妨げるものは、相手への非難だ。だからお互いに真実を語り合うとき、そこで見えてきたものを、相手をやりこめるために利用しないと約束することが大切になる。私がカップルのカウンセリングを行なうにあたっては、相手に対して非難せずに耳を傾けることを、とりわけ重要な基本的ルールとし、課題ともしている。

パートナーどうしがオープンな気持ちになり、相手の言うことを信頼して聴くならば、心の中の経験を分かち合うことによって、お互いの絆は揺るぎないものになるだろう。そうすれば、お互いに違ってはいるものの、本質的にはそうかけ離れてはいないということがわかってくる。先が見えず不安に満ちた時期を相手とともに生きたという記憶があれば、そこから先、いさかいによって破綻の危機にみまわれても、ふたりの関係はそれによって守られる。

カップルはよく、行き違いを乗り越えるには、巧みなコミュニケーションや問題解決の手段が必要だと考える。しかし彼らは、真実をそのまま相手に伝えることはとても簡単で、自分の生々しいエッジをありのまま相手にさらし、本音を話すことがとてもパワフルな経験になること、私たちに本当に必要なのは癒しと理解と和解だけなのだということに目を向けない。

私が出会ったあるカップルは、この点ではきわだっていた。はじめての面談の九十分の間に、彼らは二年間に及んだ非難の応酬に終止符を打ち、新しい相互信頼と尊重の基盤づくりをはじめた。

エリックとキャロラインが私のもとを訪れたとき、この二年間に蓄積した怒り、心の傷、性的な不満などによってふたりの関係はがたがたになっており、いつ別れても不思議はない状態だった。二年前にキャロラインは彼に、ふたりが一緒になって一年目に、わずかな期間だが、彼を裏切っていたことがあるという告白をした。彼らがこのことで、どれだけ話し合いやけんかに時間をついやし、それぞれに考えてきたかわからないが、お互いの間の亀裂を修復し乗り越えていく道は見つからなかった。

ふたりは、心理学や精神世界の分野の仕事において広い経験を持つ、知的に洗練されたカップルだったが、いさかいの苦しみの中で、相手に対してどんなふうに心を開いて接していけばいいかがわからなくなっていた。それでも彼らは、それぞれにさまざまな取り組みを続けてきたのだから、わずかなアドヴァイスだけで、問題の核心に至ることができるだろうと私には感じられた。

そこで私は、ふたりの間の感情的なもつれに深入りすることは避け、かわりにこんな提案をした。

「ここであなたたちの内面に起っていることを、相手に向かって話してみませんか?」

エリックは幾重もの痛みと怒りをくぐり抜けたすえ、ようやくキャロラインの裏切りによって自分の中の何が刺激されたのかをつかみ、言葉にすることができた。それは、子供のころの両親との関係にまでさかのぼる、他者への不信感だった。

彼はキャロラインに言った、「ぼくは自分が、君にふさわしくないんじゃないかと恐れているんだ」

こう告白することで、彼は何ひとつ隠すことなく、ありのままの姿で、自分自身とも彼女とも強く結びついた。以前にも同じようなことを口にしたことはあったが、このときほどじかに、自分を明けわたして彼女に伝えられたことはなかった。それは彼にとってはじめての、まったく新しい形のコミュニケーションだった。

エリックのたび重なる怒りや非難に、キャロラインは大きな重圧を感じていた。面談のはじめのころの彼女は、憂うつで望みを失い、心を閉じてしまっていた。しかし、心のエッジをさらけ出したエリックの言葉や、彼自身から伝わってくる本物の純粋さや誠実さ、隠しだてのない態度を感じた彼女は、すぐに元気をとり戻した。それまでの長い結婚生活ではじめて、彼女は彼に対する自己防衛的な態度を捨てていた。

お互いに見つめ合いながら長い沈黙の時間が流れたあと、キャロラインはこう切り出した。「あなたが気持ちを打ち明けてくれて、からだ中の緊張がとれていったわ。何かが確実に開いて流れ出していった感じ。本当に誠実に私に接してくれて、ありがとう」

こうしてキャロラインも、自分の心の真実を語りはじめた。

「この二年間にあなたや私、それにふたりの間に起ったことに、強い怒りと悲しみを感じてるの。そんな気持ちを押し殺そうとしても、落ちこむだけだった。あなたは私のことを本当に愛してなんかくれないんだっていつも思っていたから、一緒にいても自分を押さえこんでいたわ。子供のころ、両親がありのままの私を愛してくれなかったときそうしたように」

この彼女の言葉によって、部屋の空気に何か電流のようなものが走った。ふたりとも、自分が聞いたことについて何も答えようとはしなかった。エリックがキャロラインに、いま君が言ってくれたことはきちんと受けとめたよと言ったきり、ふたりは再びしっかりと見つめ合ったまま、何も言わずに座り続けた。

そのあとこの面談が終わるまで、くりかえしやってきたこうした沈黙の時間は、以前に彼らが自分たちの問題を解決しようとしてやってきたあらゆる努力より、ずっとパワフルなものだった。その間に彼らは、言葉よりもはるかに深いところでお互いに対して耳を傾け、理解し合っていたのだ。ふたりとも、自分の心の中心にある真実を装うことなく告白し、生々しいエッジを相手にさらけ出していた。エリックは自分が彼女にふさわしくないという恐れを、キャロラインは自分が本当に愛されるわけがないという恐れを明らかにしたのである。

お互いそれぞれの真実を分かち合い、相手の心の秘密を最大の尊敬をもって受けとめることで、彼らは相手への慈愛と誠実さをとり戻し、その絆を揺るぎないものにしていった。こうして、深い癒しがふたりの間に訪れた。まだ多くの課題が残されているとはいえ、彼らは今、新しい道へと踏み出すことができたのだ。

心の真実と聖なる場所

パートナーに対して自分をさらけ出すことが、心の傷になるどころかお互いに癒しをもたらすとわかったとき、貴重な発見が生まれる。深く愛し合う関係によって私たちは、仮面をつけて生きるこの世を離れた聖域、私たちがありのままの自分自身でいられる聖なる場所を与えられるのだ。

ほとんどの宗教がこうした自己開示の重要性を認めており、告白の儀式のために特別の場所を設けている。ただし私は、男女の関係における告白が、何らかの儀式や宗教的な意味合いを持つべきだと思っているわけではない。心の覆いをとり除くこと——自分の真実を話し、内面の葛藤を打ち明け、生々しいエッジをさらけ出すこと——は聖なる行ないであり、ふたりの魂を深いレベルで出会わせ、触れ合わせてくれる。それを知ることが大切なのだ。

自らの真実を打ち明けることを拒むなら、パートナーとの関係はたんなる性格レベルでのつきあいにとどまり、お互いの深く生き生きとしたエネルギーの流れは枯れてしまう。パートナーとの間にこのエネルギーが失われかけたとき、それをよみがえらせるいちばんの方法は、「自分自身や相手に対して、私はどんなふうに不誠実なのだろうか?」と自分に問いかけてみることだ。

真実を語ること、そこから素晴らしい癒しが生まれる。それは、あなたとパートナーとの絆を強めてくれる最良の薬でもあるのだ。

対話9A——相手の言葉を非難せずに聴く

——自分の真実を語り、相手の真実に耳を傾けること

カップルがお互いのかかえる問題の本質を見つけられずに、相手の落ち度を数え上げたり自分の正しさを示そうとしているかぎり、いがみ合いは決して解決していかない。

そうした問題を光のもとへと引き出すためにいちばんいいのは、お互いがかわるがわる、自分の経験や相手との関係からくる苦しみなどを正直に語り合う、〝相手の言葉を非難せずに聴く時間〟を持つことだ。そこでは、ひとりが語るときには相手はそれにひたすら耳を傾け、理解しようとつとめる。とりわけ重要なのは、相手の言葉に非難を向けないようにすることだ。

けんかの最中に問題の本質を見い出すことは不可能に近い。だから、いくぶんかほとぼりが冷めたあとに、そのための時間を確保した方がいいだろう。とくに手強い問題に取り組んでいくようなときには、話し合いの前にお互いの意志を述べ合うことをすすめたい。ふたりの関係をよく保つためには、相手の言葉をしっかりと聴くという意志を——それで苦しむことになろうとも——確かめておく必要があるのだ。

相手の言葉を聴いているうちに感情の反応に巻きこまれかけたときには、それに飲みこまれないこ

と、最初の決意を思い出すことを申し合わせておく。ここでの目的はあくまで、心を相手とともに置き、オープンな態度で語り耳を傾けることなのだ。

相手に話しかけるとき肝心なのは、自分のありのままの経験から気をそらさず、もっぱらそのことのみについて話していくことである。パートナーに対して否定的な決めつけをしはじめたりすると、相手の心は閉じてしまい、こちらの言い分になかなか耳を傾けられなくなるだろう。そうすると、再び口論がむし返される危険がある。誰が誰に何をしたかという応酬ばかりになってしまうのだ。

相手が渦中にある問題について話しているときには、それをこちらが解決したり改善しようとする必要はなく、同意することもいらない。相手の心の経験に耳を傾け、それが自分に理解できているかどうかを確かめるだけでいい。「そうか、それがあなたの真実なんだ。その点が問題なんだ。あなたはそんなふうに考え、感じているんだ」というように。

（もし自分が相手の言うことに集中できなかったり理解できていないと思ったら、そんな自分の状態を受け入れ、意識をそこに注いでみる。そんなときには、相手の言葉を集中して聴くより先に、あなたには自分の真実を語ることが必要なのかもしれない。）

シルヴィアとダンの場合

——耳を傾け合う場を持つ前に、まずお互いの意志を確認し合いませんか？

シルヴィア（ダンに）私は、ふたりのためにいま気がかりなことを話したいし、あなたからもそれを聞きたいの。

ダン（シルヴィアに）こんな問題でふたりが傷ついたり分裂していないですむように、問題の核心に降りていきたいんだ。

――いいでしょう。では、どんなことを話題にしましょうか？

シルヴィア 最近、彼と一緒になってから最初の一年間の出来事について話し合ったのですが、まったく解決にたどりつきませんでした。日々の家事をきちんとこなすことに心をくだいているのは、私の方ばかりだと思っています。彼に念を押さないかぎり、責任はいつも私の方にかかってくるのです。彼が進んで家事を引き受けてくれるとはとても思えません。

――あなたはそれでどんな気持ちなのですか？

シルヴィア 道を間違い、見捨てられたような気持ちです。ダンはどこかへ行ってしまって、残された私ひとりがなんでもやらなければならない。どうやって彼に話しかけたらいいかもわからないし、ひとりぼっちにさせられた気持ちです。

――わかりました。あなたは心の中の経験を打ち明けているのですね。孤独を感じながら……

シルヴィア 道を見失った感じ。彼とのつながりをなくして、ひとりでもがいているような気持ちなのです。

――それについてダンさんに答えてもらいましょうか。シルヴィアさんの言うことをどう思うか、まずそれから順を追って話していく方がいいでしょう。そうすれば無意識的な反応をしないですみますから。

ダン（シルヴィアに）君が言ったのは、毎日のこまごました家事や必要な用事をぼくに頼まなければならないとき、君は強い孤独感におちいる。ぼくがどこかに消えて、君のそばにいなくなってしまうような気持ちになるということなんだね。

――さっきの彼女の話を聞いて、どんな感じがしましたか？

ダン（シルヴィアに）すごく悲しくなった。ぼくが君を手伝わなかったり、ぼくに何かを頼まねばならなかったりするとき、君がそんなにひとりぼっちで忘れられたように感じていたなんて。このことは何度も話してきたよね。だけど、君がぼくから見捨てられたように感じているなんてちっとも知らなかった。それがわかって、今にも泣きたい気持ちだ。

――シルヴィアさん、ダンさんの言葉を聞いているあなたの表情を見ていて、あなたの心に何かが起きているのを感じます。彼の言葉に対して、何かありますか？

シルヴィア　やっと、自分をとり戻せた気がします。深い安心感とつながりを感じました。

――わかりました。それではダンさん、今度はこの問題についてあなたの気持ちをシルヴィアさんに話してみてください。

ダン（シルヴィアに）ぼくにものを頼むときの君の言い方が、あまりにも押しつけがましく感じられたんだよ。年がら年中そんな言い方をしさえしなければ、もっと気軽に引き受けることだってできたかもしれないのに。

――今は彼女の態度を批判することから離れて、無理強いされていると感じたときのあなたの気持ちを言葉にしてみてください。そんなとき、あなたの心の中では何が起っているのでしょうか？

ダン（シルヴィアに）いらいらしてくる。君の肩をつかんで「おい、ちょっと待ってくれよ」と言いたくなる。

――また彼女の方へ意識がそれてしまいましたね。そのいら立ちは、あなたの心のどこから起ってきましたか？

ダン　よくわかりません。でもなんとなく、子供のころに戻ったような気持ちがするのです。

――それはどういうことなのか、もっと詳しく話してくれませんか？

ダン　もっと遊べたらいいのに、自分の時間を自由にしたい、遊びを中断されたくない、そんな感じです。これ以上うまく言いようがありません。

――やっと見えてきましたね。シルヴィアさん、ダンさんが言ったことに対してどうですか？

シルヴィア　あなたは遊びたくてしかたがない子供みたいな気持ちなのね。家事をやってほしいと頼む私の方は、まるであなたの母親役ね。

ダン　そうなんだ、ぼくはやっていることを中断させられて、遊び続けられなくなるのがいやなんだ。

――それがいやだという理由は何でしょう?

ダン　自分の思い通りにならない、自分のやりたいようにできなくなるからです。

――彼女から家の雑用を言いわたされると、自由を奪われる気持ちがするのですね。

ダン　ええ、そして彼女にもっと反抗したくなるのです。

――わかります。何かを奪われるというのは深刻なことですから。お皿を洗うこと自体はそれほど大変ではありませんが、力を奪われるというその感じは大きな問題ですね。

ダン　することを言いつけられ、それをする以外に選択の余地がない子供のような気持ち――ぼくにとっては確かに重大な問題です。

――はじめは問題のように見えても、じつはそれが真の問題ではなかったということは、よくあります。あなたたちが家事をめぐって口論しても、何の答えも出てこないでしょう。それは問題の核心ではないのですから。

（シルヴィアに）「あなたは無責任だ」とダンさんを非難することをやめ、「今の私は道を見失い、孤独で見捨てられたような気持ちでいる」と認めるようになってはじめて、あなたの真実の言葉が出てきました。

（ダンに）彼女に「君は押しつけがましいんだよ」と言うのをやめ、「ぼくは自由を奪われた子供みたいな気持ちだ」と認めたとき、あなたは自分の真実を話しはじめましたね。

（シルヴィアに）ダンさんが自分の感情を打ち明け、あなたを迎え入れた感想はどうですか？　あなたの気持ちはどう変わったでしょうか？

シルヴィア　ダン、あなたの言うことは心に響いたわ。あなたの言葉を聞いてて思ったのは「自由を奪われる感じ。そう、私もそれを感じてたの」ということ。行き先がわからず見捨てられたような気持ちだけじゃない、そんな感じを私も持っていたのよ。おかげであなたのことがよく理解できたわ。前にも理解し合えそうなことはあったけど、こんなに腑《ふ》に落ちたのははじめて。

ダン　ぼくもだよ。

――「あなたはお皿を洗わないじゃない」と相手を責めたり、「ぼくに指図するのはやめてくれ」と言い返したりするのは、たんなる頭の叩き合いと同じです。でもこれで、もの別れにならずに問題を話し合うための共通の場ができましたね。背を向け合うようないがみ合いを超えたところに、あなたたちが共有できる感情――とまどいや喪失感が隠れていたのです。

いさかいは、ふたりが共通の場に立ち、自分自身の真実をとり戻すためのきっかけになります。しかし日ごろの私たちは、自分自身の真実をはっきりと見ずに相手の行動ばかりに心を奪われていて、いさかいから何ひとつとして学べないものです。

では、お互いが自由を奪われていると感じていることについて、どうしていったらいいか考えてみましょう。それが次の一歩につながります。まずはじめに、無力で見捨てられたような感じという心の中の生々しいエッジに触れ、そこで何が必要なのかを考えてみることにしましょうか。

シルヴィア　私には、避けることのできない雑用について、整理したり計画を立てることができれば助かります。そうすれば、今までのような衝突をくりかえさずにすむのではないでしょうか。

ダン　それはいいアイディアかもしれない。そうすればいつものようにお互いの問題を家事と結びつけずにすむだろうから。

シルヴィア　それだけじゃなくて、私が家事を大切にしているのをあなたにわかってもらいたいのよ。

――それがどんなにあなたにとって重要な問題なのかを知ってもらいたいのですね。

シルヴィア　そうです。本当に大切なことなんだってわかってほしいの。

ダン　ちゃんと聞いてるよ。ぼくの考えも君と同じだ。もし一緒に計画表をつくれば、君からのプレッシャーに負けていると感じずにすむだろうし。自由を奪われた子供を心のどこかに押しこめておかずに、もっとそれに気づきを向けてあげるべきだということも、よくわかった。ぼくが雑用をいやがるのは君の気持ちを無視しているからじゃなくて、ぼく自身に問題があるからなんだということは、わかってほしいいな。

シルヴィア　そんな言葉が、私には必要だったの。

＊

彼らとの会話を通して、家事についてのありふれた口論の中にも、学びとなる意味深いテーマがひそんでいることがわかる。このふたりの場合、シルヴィアのダンに対する反応には「悪意ある他者」という投影が含まれていた。彼女は彼に見捨てられていると感じ、ダンもまた、彼女が「悪意ある他者」であり、自分から自由と遊びを奪う支配的な母親であると見ていた。

彼らのいさかいの奥には、似かよった経験が隠されている。ふたりとも恐れと無力感をかかえながら、相手に影響されないありのままの自分を守ろうとしていたのである。

彼らはお互いに自分の心の中の動きを確かめ、それを言葉にして伝え合うことで、問題に対する意識と共感を深めていった。これから先、ふたりの口論がよび起した無意識の枠組みが生み出す、感情的な抑圧はとれていくだろう。

ジョージとケートの場合

ジョージ　ケートと私の間には今、深刻な問題が持ち上がっています。息子のひとりが経済的な問題をかかえてしまったので、援助をしてやろうと思ったのです。でも自分のやることに反対されたくなくて、妻にことわりなしに貸すことに決めました。子供のことに対する私の考えに口をはさまれたり、反対されたりしたくなかったので。けれど息子にお金を貸したことがわかってひどいけんかになり、いまだにお互いとげとげしいままなんです。

――それに対してあなたは今、どう感じていますか？

ジョージ　行き場がなく、鬱屈《うっくつ》して、腹だたしい、それらがごちゃ混ぜになった感じです。溺れている人が助けを求めているような心境というか。

――泥沼に足をとられている、そしてそこから抜け出したい。

ジョージ　一刻も早くそこから逃れたいのです。

――わかりました。ですがまず、現在のあなたのあるがままの状態を見てみましょう。

ジョージ　この泥沼の中にいるままで、ですか？

――泥の中に咲く花が見つかるかもしれませんよ。そこにどっぷりと浸かっているご自分の気持ちに、素直に接してみることができますか？　それはどんな感じでしょう？

ジョージ　悲しみを感じます。私は何よりまず頭で考えるタイプの人間ですが、ここではまったく考えることなどできません。嫌な気分ですね。

――そうした感情に対して、注意を向け続ける努力をしてみてください。頭で判断したり反応したりせず、いま経験していることの感触と質感をありありと感じてみてください。悲しみを押し殺さず、それが必要とする居場所を与えてあげ、そのただ中にとどまり続けてください。

ジョージ （長い沈黙をおいて）つらくなったり、楽になったり……。まさに自分の感情とともにいるんだなと感じます。

——けっこうです。あなたはその場所であなた自身と触れ合えたのです。（ケートに）さて、あなたの問題は何でしょう？

ケート 最初ここでジョージが話しはじめたとき、胸が痛くなりました。大きすぎる感情で、自分のからだがはり裂けてしまいそうな感じでした。

——今はどうですか？

ケート 巨大で重苦しいものにのしかかられている感じがします。とても悲しくて、自分には何の値打ちもないように思え、弱々しく、おびえています。まったくひとりぼっちです。

——あなたがたはさまざまな感情をかかえながら、自分のカプセルの中でお互いに孤立しているようですね。こんなことは今までにもよくありましたか？

ジョージ ええ、今でもこんな感じは自分の胸にしまっておきたいのです。それをケートに伝える気にはなりません。

——ここに感情の池があります。もうひとつ他にも感情の池があります。この二つは、お互いにどうつながろうとしているのでしょうか？　離れたままでいたいかもしれませんし、あるいはつながりを求めているかもしれませんね。

ケート　逃げ出して、ひとりきりになりたい気持ちです。

——それについてジョージさんに話してもらえますか？

ケート　（ジョージに）けんかをすると不安になって、安全なところまで逃げて行きたくなるの。

——（ジョージに）ケートさんの言葉を聞いてどう感じましたか？

ジョージ　（ケートに）君の気持ちを受けとめても、殻の中にいるみたいに心を開くことができないんだ。私だって自分を守りたいと思っている。

——そうですね、あなたは殻の中にいます。けれどその感情を伝えたことで彼女とのつながりができ、自分自身の状態を認めつつあります。あなたが感じたことを、ケートさんにもっと言ってみてください。

ジョージ　まだ君との距離は大きい感じがする。心のどこかで、君から自分を守るべきだと思っているんだ。

——それを言ってみた感想は？

ジョージ　すっきりしました。私の正直な、隠しだてのない気持ちですから。君を愛している、それでもやっぱり、恐れがあるし、君との心の距離もなくならないと感じている。

ケート　私もひとりになりたいのだけど、それをあなたに言うのが恐い。心のどこかで、あなたに本心を知られちゃいけないと思っているの。

──（ケートに）ひとりになりたいと思うとき、あなたの中で何が起っているのでしょうか？　ジョージさんに話してみてください。その気持ちはどんなところから来ていますか？　まず自分の中でそれを確かめてみてから。

ケート　自分に起きたことは自分でなんとかしたいの。ひとりになれば自分の好きなようにできるから、あなたに傷つけられることもないし。

──離れていたい気持ちと同時に近づきたい気持ち──この二つが今、あなたがたそれぞれの中にあることがわかりますか？　その二つの感情の池は、同じ気持ちをたたえています。「もし相手に本当に心を開いてしまったなら、自分は傷つく。それが恐い」と。それをお互いに認め合ってみたら、どうでしょうか？

ジョージ　私たちはどちらも愚か者ですね。自分にも相手にも同じことを望んでいながら、けんかやばかな行ないをくりかえして、本心を押し殺してしまうのだから……

──今のあなたは本心を押し殺していませんね。どんな感じがしますか？「そう、これが傷つくのを恐れる心なんだ。ふたりともこれを持っているんだ」それがわかりましたね。この他に、お互いに伝えたいことがありますか?

ジョージ　お互いにこんな感じでいられたらと思います。すっきりした気持ちです。

――「こんな感じ」とは、どんな状態でしょうか?

ジョージ　ありのままの自分でいるということ。

――あなたは、恐れを克服したわけではありませんが、「傷つくのが恐いので君に心が開けない」というように、自分の心の中で起ったことをそのまま認められたのですね。

ジョージ　なるほど、そうですか。

ケート　わかりかけてきたわ。ふたりのつながりが切れているとき、私はいつも自分が幼い子供で、なんでも解っているのはあなただという感じがしてた。でも、あなたも傷つきたくないからひとりきりでいたかったんだということを聞いて、すごく安心したわ。今はそんなに強い孤独感はなくなった。

――ジョージさんが自分の心の中をあなたに明かせば、あなたも彼を自分より強い「悪意ある他者」と見ることはなくなります。そうすればあなたは、見捨てられた子供というそれまでのアイデンティティーからも自由になれるのです。

ジョージ　私もまったく同じように感じてたんだ。自分を小さな子供みたいに。

ケート　今の言葉、しっかり心に届いたわ。あなたが心を開いて話してくれて、私、あなたに近づけた気がする。

（お互いに抱き合う）

――息子さんへの援助の問題はまだ解決していませんね。けれど今の気持ちで改めて考えてみたら、どう感じられるでしょうか？

ジョージ　前とは違うようです。以前ほどやっかいには思えません。

――この問題は、あなたたちそれぞれの中にある心の傷に触れたのです。自分がその傷にどのように影響されているのかを知り、伝え合うことで、あなたがたは理解と共感のための基礎づくりをはじめました。これからは、相手とぶつかり合わずに、息子さんへの金銭的援助の問題について話し合うことができるでしょう。お互いの考え方の違いを受け入れ合う取り組みはまだ必要ですが、それについても新しい見方ができますね。これで、解決が自然に生まれてくるような道ができました。パートナーを悪意ある他者と見ているかぎり、何の解決ももたらされません。

ケート　このままでは自分の願いはかなわないという不安ばかりにとらわれることをやめて、ジョージが問題にどう取り組んでいるのかをもっと知りたいと思います。

――あなたが今使った「もっと知りたい」という言葉はとても大切です。お互いが自分の真実を述べ、深いレベルでつながり合ったとき、そこから自分たちの問題を一緒に乗り越えていこうとする積極的な意志が生まれてきます。お子さんの問題については、おそらく話し合いによる何らかの折り合いが必要でしょう。

ここで問題になるのは、お互いが誠意を持ち、進んで話し合いにのぞむかどうかです。これは戦争状態にある国どうしにも似ています。お互いに解決への意志がないなら、交渉のテーブル上で十年話し合い続けたところで、まったく進展を見ないでしょう。

お互いを「悪意ある他者」という投影によって見るとき、その対立的な心の枠組みから、「私は傷ついている、その原因はあなただ」という思いが生まれます。しかしその心の痛みを伝え合ったとき、じつはお互いがお互いを傷つけ合い、同じ状態にあるのだということがわかってきます。そうすればふたりがどのような問題をかかえていても、解決への道のりを半分以上歩んだことになるのです。

メアリーとスティーヴンの場合

——あなたがたの問題はどんなことでしょうか?

メアリー　スティーヴンに遠慮なく心を打ち明けて話すことができないのです。話しかけようとしても、彼が私に目を向け耳を傾けることを避けているように思うことがよくあります。

——(スティーヴンに)あなたはどうなのですか?

スティーヴン　彼女に責められているように感じています。しょっちゅうメアリーから間違いばかり指摘されて、すごく頭にきてるんです。

――（メアリーに）スティーヴンさんに心を打ち明けて話せないと感じるのですね。

（スティーヴンに）そしてあなたは、彼女に責められたりけなされているように感じる。

ここでやろうとしているのは、いさかいに隠れたそれぞれの心の中の経験を伝え合い、聞き合うためのきっかけをつくることです。この問題が自分の心にどう影響しているのか、そこに意識を向けてみてください。

この問題を難しく感じるのは、どうしてでしょうか？　あなたがたが経験している困難さを、言葉で説明しようと努めてみてください。メアリーさんから、どうですか？

（スティーヴンに）彼女が感じていることをよく聴いて、理解しようと努めてください。

メアリー　ええ、まずこのことを話そうとすると、胸のへんがざわざわしてくるのがわかります。私はもともと好奇心が強くて外向的な人間なんです。人にいろんなことを訊《き》いてまわるのも、それが本当に楽しいからなのです。でも子供のときに私の両親は、何を話しても聞いてくれず、認めてもくれませんでした。スティーヴンとの今の関係は、そのことを思い出させるのです。

――自分の言葉が聞いてもらえない、と思うときに起きる感情はどんなものですか？

メアリー　自分がちっぽけで、何の値打ちもないような感じです――何を話そうとしたところで、そんなことは無意味でどうでもいいんだという。悲しくなります。

——今も、その悲しみに触れているのですか？

メアリー　ええ。

——スティーヴンさんにそれを言えるでしょうか？

メアリー　（スティーヴンに）気持ちを伝えようとしているのに受けつけてもらえないと、私なんかどうでもいいんだなって感じるの。あなたにとって私って何なの？　私、すごく悲しくなるわ。

——（スティーヴンに）メアリーさんの言葉を聞いて何を感じたか、その大切なところを彼女に伝えてみてください。

スティーヴン　君の言葉をぼくが聞いていないとき、君は自分には値打ちがなく、愛されていないという気持ちに落ちこむ。そういう恐れにとりつかれるんだね。

——（メアリーに）彼があなたに耳を傾け、理解してくれたと思いますか？

メアリー　（スティーヴンに）聞いてくれてるとは思うけれど、理解してもらえたかどうかは……

——どこが理解されていないように感じるのでしょう？　もっとつけ加えることがありませんか？

メアリー　さあ、何も思い浮かびません。

——それはもしかしたら、あなたが本当に彼から注目され、理解されているとは信じられないということではないでしょうか？　そう思いますか？

メアリー　ええ。

――ではその、自分が気にかけてもらい、理解されているとはなかなか信じられない気持ちをスティーヴンさんに向けないで、ありのままに認めることができますか？　それは、どんな感じでしょう？

メアリー　私はいつも、人から愛され理解されているという確信が持てないでいます。それが私にとってはとてもつらいんです。

スティーヴン　それが君にとってどんなに切実なことか、ぼくにもわかるよ。

――（メアリーに）彼があなたの言葉に耳を傾け、理解してくれていると感じますか？

メアリー　はい。

――しばらくの間、その感じを受け入れようとしてみてください。あなたは今、心の中のとても敏感な部分に彼を迎え入れようとしているのです。

メアリー　……

――（スティーヴンに）今度はあなたの方から先にうかがいましょう。今、どんなことを感じていますか？

スティーヴン（メアリーに）ぼくが君の言葉をちゃんと聞いてるとは思えないと言われたとき、なにか自分に間違いや落ち度があると思えてきたよ。だから、君の心の傷はぼくが癒さなければならないんだと。そして、君の言葉をきちんと聞いていない、気持ちを向けていないと責められているようにも感じた。

——あなたはきちんと彼女に応えていない——それはどんな気持ちですか？

スティーヴン それを今感じろと言われてもつらいです。

——心の中で、何が起っているのでしょう？

スティーヴン 恐れを味わっています。

——そこから感じたことを何でも、メアリーさんに言ってみてください。

スティーヴン 心を向けてくれないと君に責められている感じがするとき、まるでお腹に大きな石が詰めこまれたように重苦しくなるんだ。行き止まりにぶつかって、どこにも出口がない——そして、自分にも君に対しても心が開けなくなる。しまいには、君を責めるか逃げ出すかどっちかだという気持ちになってしまうんだよ。

——ここであなたの恐れの感情に立ち返ってみましょう。その恐れと、お腹にある重い石のような感じとは違うと思います。心の締めつけや反応など、なにか他のものがその大きな石をつくり出しているようですね。その正体を調べてみましょう。

スティーヴン　生傷みたいに、なにかすごくずきずきする感じがあるんです。這《は》っている虫が刺激を受けて後ずさりする、そんなイメージが浮かびますが。

――生傷に触れて、そこから引きさがる。どうして遠ざかる必要があるのですか?

スティーヴン　自分がどうしようもない人間に思えるのです。耐え難い気持ちになっています。

――どうやら、あなたがかかえているのは恐れと生傷だけではないようですね。自分を責める気持ちも現れてきましたから。

スティーヴン　私にもなんとかできるはずなんですが……。

――「私にもなんとかできる……何かできるはずなんだから、こんな感情を持つ必要はないんだ」という感じですか?

スティーヴン　彼女とこの問題について話し合うたびに現れる、心の生傷を感じるのはつらいです。

――生傷を感じながら、彼女とつながることがつらいのですね。

スティーヴン　自分自身とつながることも。

――メアリーさんに求められてもそれを与えてあげられない、そんな状況で、あなた自身とつながりを持ち続けることは難しいでしょう。

スティーヴン　ええ。

――それはあなた自身を責めているからですね。

スティーヴン　いつも決まって、そうしてしまうんです。

――あなたは彼女に、「君はぼくを非難しすぎる」と言ったのですね。しかし、「ぼくは自分自身を責めているんだ」と彼女に伝えたらどうでしょうか？

スティーヴン（メアリーに）君が苦しんでると、ぼくはぼく自身を責めずにはいられなくなる。いつもそうしてしまう。そして決まって自分自身がいやになるんだ。そんな何もかもがすごく悲しいよ。

――その悲しみを受け入れ、しばらく感じていることができますか？

スティーヴン　とても耐えられません。こんなことはしょっちゅうなんです。いつもそれが恐ろしくて……。

今、胸の中が燃えるように熱くなっているのがわかります。この感覚を求めていながら、それがすごく恐いんです。

――あなたが求めている感覚というのはいったい何なのですか？

スティーヴン　この熱さ、このハートのエネルギーです。

――心を開いて自分をさらけ出したときに生まれるそのハートのエネルギーは、どんな感じがするのですか?

スティーヴン　やさしい気持ちです。

――やさしさ、ですね。

スティーヴン　それに触れては逃げ、触れては逃げしています。

――なるほど。

スティーヴン　でも、それでいいんですね。

――そうです、それでいいのです。誰もがそうなのですから。いいとか悪いとか考える必要はありません。

スティーヴン　君もこんな感じにいつも触れているのか、メアリー。だけどぼくには近づくことすらできないよ。

メアリー　私だって逃げるのよ。私だっていつもそのままではいられないわ。

――(スティーヴンに)あなたは今、その感じにとどまっていますね。そこが肝心です。自分にそれを感じさせてあげることが大切なのです。それは未知の体験ですから。あなたはそこにいる、そこで起っていることがちゃんとわかっている、あなたのハートは開いている、不安になって自分の感情を否定したとしても。

これらをまるごと感じながら、あなたは今ここにいます。こうしてここにいる感じを充分に味わってください。そしてメアリーさんをそこに導き入れてあげてください。

スティーヴン　ぼくはこんな感覚を求めているけれど、恐れてもいるんだ。

メアリー　そんな感じ、私にもわかるわ。

スティーヴン　これがどんなに恐いかわかるかい？

メアリー　ええ……。

——（メアリーに）スティーヴンさんが今、どんなことを感じているのか、あなたがわかったことを言ってあげてください。

メアリー　私の苦しみを癒せないからといって、あなたは自分自身を責めてるのね。そしてそんな自分のハートの中に入っていくことが恐ろしい。でもあなたの思いは私の心に届いたし、ちゃんとわかったわ。

——彼の求めていることも受けとめられましたか？

メアリー　はい、できました。――そう、やさしい気持ちになれたと聞いて私もうれしかった。

――（スティーヴンに）あなたがここで感じていることを、彼女がわかってくれたと思いますか？

スティーヴン　ええ。

――ではしばらく、何も働きかけずただお互いのそばにいて、心をすっかりさらけ出して向かい合っている感じを味わってください。

メアリー　恐れ……やさしさ……そして喜び……逃げてしまいたくなるような感情もあります。みんな感じます。

――（スティーヴンに）あなたはどうですか？

スティーヴン　心を締めつけるような感じが、波のようにやってきます。わずかに開くきざしが見えたかと思えばしりぞき、見えてはしりぞくという感じです。

――そうですか。あなたは今、実際に逃げてしまわずに、自分の身に起っていることをそのまま言葉にしていますね。あなたは逃げたいという衝動を、そのまま真実として語っています。これはとても大切な一歩です。

スティーヴン　自分にはちゃんとできないんだからといって、こうした努力を無にする必要はないのですね。

――その通り。いつも自分に対して「ぼくはちゃんとやっているだろうか?」と問い続けていたことも、慈愛をもって認められるようになるでしょう。

スティーヴン　それを確認するために、彼女の苦しみを利用していたことも、ですね。

――そうです。「ちゃんとできない」といった自分への決めつけが、あなたのお腹の重苦しさをつくり出していたのですね。

＊

カップルがお互いを責め合っているときも、その感情の奥深くまで潜りこみ、自分の心の中の経験とつながり、相手にそれを見せてしまうことができれば、いさかいはいとも簡単に乗り越えられるということが、この例でもおわかりのことと思う。

メアリーは「彼は私の言葉を聞きもしないし、目を向けてもくれない」という不満をかかえていたが、その言葉の奥にある真実とは、「私の言うことをちゃんと聞き、注目してくれる人がいるなんてとても信じられない」というものだった。この二つはかなり違う。

一方スティーヴンには、「彼女のことをちゃんと気にかけていないと、彼女はぼくを自己嫌悪におとしいれる」という不満があった。しかしその言葉の奥にある心の傷は、「自分が彼女にはふさわしくないんだと思うと、自分のことがいやになる」と訴えていた。

相手に対する自己投影から、真実を語ることへ。これこそ、いさかいに終止符を打つためになくてはならない転換なのである。

第10章 内なる結婚

あらゆるいのちの本質は、盛り上がってはくずれ、緊張してはゆるみ、形をとっては拡散する、波のように二つの極を行き来し続ける動きである。地球上の生命を生かす太陽エネルギーも、こうした求心力と遠心力のやりとりの中から生まれてきた。私たちの心臓も同じように、血液を導き入れ送り出す循環を通じて生命を維持している。この世界のどこにおいても、いのちの脈動は、このように縮んでは広がる、〝収束と放射〟をかわるがわる繰り返している。

このようないのちの両極は、男女それぞれの中にも男性性、女性性という形で存在している。この〝男性性〟と〝女性性〟は、ジェンダー〔社会的・文化的な意味での性〕を示す〝男〟や〝女〟という言葉よりずっと広い意味を持っている。このうち男性性の極――中国では「陽」と呼ばれる――は、遠心力、拡大、分裂、独立などの原理をつかさどり、女性性の極である「陰」は、求心的な力、収束、着地、結合、関係性などの原理を表している。

古代中国では、男はふつう男性性つまり陽の要素を多く持ち、女は陰の要素をより多く持つというように考えられていた。*1

「男性は陽の極に属し、女性は陰の極に属するが、どちらもこの基本的な二つの要素の結合から生まれたがゆえに、男女の双方に陰陽の性質がともに宿っている」初期の中国の医書は、陰陽の基本原理についてこう記している。

男性性と女性性はどちらも、いのちにとって欠かせないエネルギーだから、誰にとっても人間としての可能性を完全に発揮するためには、その両方を現実のレベルで結びつけることが必要になる。多くの聖なる伝統の世界において、こうした「内なる結婚」は、人生でめざすべき大きな目標のひとつとみなされてきた。

結婚を現実的な形として見れば、それはふたりの社会的、性的な関係を定めるための形式上の取り決めである。しかし精神的なレベルで見た結婚は、ふたりが魂の成長を助け合うための共同体であり、お互いの内にある男性性と女性性を統合させる触媒であると考えることができるだろう。その意味で、結婚という現実的な形[*2]は内なる錬金術の象徴であり、その錬金術が行なわれる器なのだ。

結婚式そのものはあっという間に終わってしまうが、ふたりの魂の結びつきが成熟し成長していくためには長い時間が必要だ。そしてそれ以上に、それぞれの内にある男性性と女性性の統合には一生を費やさねばならないだろう。

男女のさまざまなやりとりの中に、ふたりが自分自身の内なる結婚に取り組むための助けとなる、数えきれないほどの情報やインスピレーションや手がかりが含まれている。

たとえば、私自身がパートナーに惹かれるのは、私の中で眠ったり退化してしまっているような、よき女性性に対してである。しかしそうした女性性を彼女から与えてもらうばかりでは、私自身の女性性は育まれず、私の内なる結婚は実現しない。逆に、彼女に惹かれる気持ちをきっかけに自分の中の女性性に出会うことができれば、ふたりの関係は教師の役をはたし、私の魂の中の失われ、忘れ去られた部分に気づけるだろう。金色の髪をした王女さまは私の心の中に眠っている。彼女が目を覚まし気づいてくれるかどうかは、私次第なのだ。

これに対して、私がパートナーにいちばん悩まされている部分は、私の心の中の、女性に対する否定的で歪んだイメージを象徴していることが多い。こうした否定的なイメージは、内なるよき女性性に近づくことを妨げる。しかしそんなときでも、彼女に反発する自分の気持ちを通じて、導いてもらうことができる。そうすれば、私の中のいのちの二つの要素(男性性と女性性)の結婚を妨げているものの正体が、はっきりわかってくるだろう。

こうして、男女のあいだのダンスと闘いの両方から得られる重要なヒントによって、私たちは自分の心の統合のようすを知ることができる。そこから、心の分裂を乗り越え、自分の中に息づくいのちの二つの両極から力を引き出すためには、何を育て、何と取り組んでいくべきかが学べるのである。

女性性と男性性の本質に目を向ける

内なる結婚に取り組むには、女性性と男性性についてさらに深く見ていき、それらの豊かな結びつきが、それぞれの成長の過程でどのように分裂してきたのかを確かめることが必要だ。

女性性つまり陰の要素は、私たちの存在の基盤である。それはいのちを与える水、吸う息、胎内の卵、あらゆるものの滋養の源だ。チベットの人々は、はてしのない虚空を宇宙的な母と考えていた。その胎内からすべての存在が生まれ出る。そしてその「生み出す働き」は、男性性の力だ。

心臓の収縮によって血液が動脈を流れていくように、女性性の持つ収束し集まるという性質は、私たちの行動の母体である。その女性性の恵みに心を開かないかぎり、私たちは何事もつくり出すことはできない。

結果や目的に執着せず、自分のいのちに心を開いてあるがままでいるとき、私たちはいつでもこの女性性という存在の基盤に出会うことができる。内なるいのちの流れを妨げなければ、陰の性質が与える恵みを受けとれる。そして激しく情熱的な、ときには甘く官能的な、心のぬくもりや穏やかさを経験できるだろう。

素晴らしいアイディアがひらめいたり、深い洞察を得たり、精神的・霊的な交わりを持つためには、こうして心を開くことが欠かせない。

モーセはシナイ山の山頂で神に向かって立ち、すべてを受け入れる陰の状態で十戒を授けられた。そうして神に身を委ねたモーセは、十戒を持ち帰り、知慧の光を放って民衆を導くことができた。そんな彼の行動は陽の力をよく現している。彼はまず最初に受け入れるために自分を明けわたしたので、スピリチュアルな力を授かり、それを使うことができた。芸術家の歩むプロセスもこれと同じだ。彼らは新しい作品をつくり出す前に、まず印象やアイディアを受け入れ、それを自分の中で熟成させるのである。

このように女性性とは、開放や受容や養育をつかさどる性質であり、男性性とは、放射や広がりや浸透の働きなのだ。

自己の真実の力が持つ二つの面

真のパワーや創造力は、男性性と女性性とが結びついてはじめて生まれる。二つの流れが出会ったとき、そこからはるかに大きなエネルギーが生まれる。この力を手にするためにはまず、陰の開放性や受容性を使うことである。

D・H・ロレンスはこう述べている。

男と女、ひとつの民族や国家、それらの力が発揮されるためには、自分の力は自分を超えたところから与えられるものだということを認める心の広さが必要だ。力の源は自分ではない。それは電気のようにどこからともなくやってくる。(……)生きるためには、いのちが私たちのもとに来なければならない。(……)だから、決してそれを押さえつけようとしてはならない。いのちの力、生きる力はこの世のかなたから訪れる。そのことをよく理解し、私たちはいつもハートを開いていなければならない。

真のパワーは個人を超えたところからもたらされるが、それを手にするためにはハートを開いている必要があるとロレンスは言う。彼はここで、私たちの女性性に焦点を当てているのだ。さらに彼は、男性性にも言及している。

「けれども私たちが主体的に生きなければ、そのいのちはやってこない」

自分が受けとったものを放ち与えなければ、新しいいのちは訪れないのである。

ロレンスによれば、「これらは二つの要点にまとめられる」。力に対する彼の定義は、私がこれまでに知ったうちでもっとも素晴らしいものだ。

「第一に、力とは私たちに流れこんでくるいのちのことである」ここで彼はまず、その女性的な側面、つまり受容性を強調する。

「第二に、力を発揮するためにはいのちを働かせること。力(power)はフランス語のpouvoir(～できる)、つまり能力のことである。また「実力」(might)とは、ものをつくり出す、思ったことを現実にする能力である」

いったん受けとったいのちは、それに活力を与え、働かせ、その眠っている可能性を現実化させなければならない。これは力の男性的な側面である。

続けてロレンスは、「われわれの時代では、力の神秘とそれに対する敬虔《けいけん》さが失われ、偽りの力がそれにとってかわっている」と言う。「力の神秘」――財力を持ち、技術や武力を手に支配と侵略を行なう者が権威を手にしているこの現代において、彼の言葉はなんとも奇妙に響く。真のパワーは「個人を超えたところからもたらされる」、それゆえに神秘なのだ。

残念ながら私たちの社会では、力の陰の性質、つまり「真の権威は、心を開いていのちに身をまかせることからしか生まれない」という真実はほとんど理解されていない。

偽りの力――支配――は、いのちを高めてくれないまがいものだ。それは「私だけが自分の運命の支配者であり、魂の主《あるじ》なのだ」といったエゴにもとづく精神性から生まれ、人生を支配し、がんじがらめにする。陽の力がこういった形をとると、毒をまき散らし荒廃をもたらす有害なものになる。

ロレンスは、力についてその真贋《しんがん》をたやすく見分ける方法をあげている。「真の力が偽りの力と異なる点は、それが決して私たちのものではないという点だ」（傍点引用者）彼は最後に、この大いなる力の神聖さに対して賛辞を送る。「力を備えた者に祝福あれ。地上の王国は彼らのものである」

「地上の王国」は、男性性と女性性の結婚から生まれる。それはいのちを受け入れる能力を通して与えられ、いのちを放ち与える能力によって現実のものとなる、地に足のついたパワーである。私たちのこの二つの性質が出会う場所がハートである。ハートこそ、私たちが本当の自分をもっともよく見通し、他者に惜しみなく与えるための宝物が隠れた、開かれた通路なのだ。

心にすりこまれた歪んだイメージ

理想的な社会のモデルでは、両親や地域の年長者たちが真の力の二つの側面を現し、統合することで、そのエッセンスを次の世代へと伝えていく。

母親と年長の女性たちは、普遍的な女性原理（「陰」）だけでなく、自分たちの持つさまざまな陽の資質についても手本になる。彼女たちは人を助け、養い育て、広い心を持つ人間のよいモデルとなって、子供たちに、人を信じ受け入れる能力を授ける。

一方、父親や年長の男性たちは子供たちに、外へと広がっていく男性性（「陽」）を具体的に見せることで、陰の力を受け入れることを教えるのだ。

上の世代から次の世代へ与えるものの中でもっとも大切なのは、人生の大いなる目的への理解をもとにした導きとヴィジョンを与えることである。子供たちは、年長者から価値観の枠組みと、自分が守られているという実感を得て、自信と好奇心をもってまわりの世界とつながっていけるようになる。健全な社会は、いのちの陰陽の二つの極が同じ目的をめざして助け合い、協力し合うモデルとして、男女の関係を評価し称賛するだろう。

部族や大家族が基本単位であるような社会の子供たちには、両親がそうした資質のモデルにならなくても、そのかわりとなるようなさまざまなタイプの大人たちと接する機会がふんだんにある。だが、他から孤立した核家族の中で育っていく私たちのような人間は、両親が示す男性性と女性性の偏りを、無条件に内面化してしまう。両親以外のモデルといえば、ほとんどテレビや映画といったものしかない。そこでは、高度に統合された男女像やそのやりとりなどめったに描かれることはない。

母親の態度が冷たく、ずるくて支配的なら、子供は女性性に対して歪んだイメージを持つようになりがちだ。そして人に対して信頼や安心を感じたり、愛や心の滋養を受け入れることが難しくなるだろう。同じように父親が疎遠で、暴力的だったり、精神的な輝きやヴィジョンを欠いている場合、多くの現代人がそうであるように、子供は男性性の持つ主張性や力強さに根本的な不信感を抱くようになる。内なる力や自信も感じられず、大胆な行動力や決断力を発揮できなくなるだろう。

こうして男性性や女性性に対する歪んだイメージを持ってしまうと、異性と親しい関係を築く力も伸びていかない。信頼がなければ、心の壁をとり去って愛を迎え入れる気持ちは生まれないし、自信を失えば、自分をしっかり保ちながら自由に限りなく相手に身を委ねていくことはできない。

この二つの性質とのつながりが不完全なまま、そのダイナミックで豊かな結びつきが実現できなければ、大人になってもこの両極を統合することはなかなか難しいだろう。陰と陽が心の中で分裂を起していると、それぞれの性質は歪み、非力な女と横暴で人を傷つける男、子供にべたべたしすぎる母親と疎遠な父親、がみがみ言う妻と意気地のない夫といった、よく漫画に描かれるような男女関係になる。

カップルたちはことごとく、こうした歪みが原因で苦しんでいる。健全で生き生きした結婚のモデルなどないにひとしく、ほとんどの人が、男性性と女性性がうまく補い合うような実感を持てないまま大人になる。

とりわけ女性性は長年にわたって軽視されてきたので、[*3] 男性も女性もみな、内なる女性性に傷を受けている。男性から虐待されたり社会から評価を与えられなかった女性は、自分のやさしさを信頼し認めることができなくなり、内なる陰の力からも切り離されてしまうだろう。また女性性を恐れ、それに反抗する男性は、いのちを肯定する陰の力を表現することがなかなかできない。彼は、与えるよりも支配するタイプの人間になる。

内なる男性性と女性性との和解

だが大人になるまでに理想的な男性性や女性性のモデルに出会う機会がほとんどなくても、私たちは自分の内にそれらの力を見い出すことができる。どちらも宇宙のエネルギーであり、私たちの存在そのものに備わった性質なのだ。しかしまず、その本質を覆っている過去の否定的なすりこみを解消しなければならない。

パートナーとの関係は、そのために一役買うことができる。ふたりの関係のあり方を見ればそこに、内なる男性性と女性性が抑圧されているか、自由に流れているかがはっきりと映り現れているからだ。

それを確かめるには、内なる二つのエネルギーを、人間の男性と女性として考えてみるとわかりやすい。たとえば、相手があなたに対して惜しみなく愛情を注いでくれないとしよう。あなたは強い怒りを感じるが、それが自分の内面を映しているのだと考えれば、「自分は内なる女性の持つ、人を養い育てる豊かな性質から切り離されているのだ」とわかるだろう。

次に、その「内なる女性」の身の上に何が起っているのか、よく見ていく。〝彼女〟は何かに傷ついたり縛られたりしていないか？　あなたの中の「内なる男性」は、彼女にどう接しているか？　彼は彼女を受け入れているのか、拒否しているのか？　彼女と寄りそっているのか、関係を断ち切ってしまっているのか？　彼女の方は、彼を恐れたり自分を認めてくれないと感じていないか？　あなたの中のこのふたりが創造的に結びつくためには、どうしたらいいか？　おそらくふたりには、真剣な対話を交わし、相手をよく知り、不信感や恨みを解消することが必要なのだ。

もちろん内なる男性と女性に人格を与えるのは、比喩的な方法だ。こうした想像は、お伽話《とぎ》のようなつくりごとだとわかっていても、私たちの心の中のさまざまな部分に光を当て、深く影響を与える。だからこの方法を使うときには、現実的な考えを捨てて、想像力をおおいに働かせるといい。それによって、私たちの中には一対の男女だけではなく、おびただしい数の男性エネルギーと女性エネルギーが作用し合っていることがわかるだろう。

リサは創造力と知性に恵まれた女性だが、自分のやっていることにエネルギーを集中し、最後までやり通すことがなかなかできない。一方、彼女の夫は、まったく完璧な仕事人間だった。リサはくつろいで自分の時間を楽しめない夫のことをこきおろしながら、心の内では仕事をきちんと仕上げられる彼の能力をうらやんでいた。彼の方は、リサが人生を真剣に考えないと非難していたが、じつは自分を解放しリラックスできる彼女をうらやんでいた。この対照的なふたりは、じつはどちらも、それぞれの心の中の分裂を外に投影しているのだ。

リサが自分の集中力のなさを乗り越えていくために、私は、「ふたりのまったく対照的な性格は、あなた自身の中の分裂を映し出していないでしょうか」と聞いてみた。すると彼女の心の中に、非常に抑圧的な男性と弱々しい女性というイメージが浮かんできた。この攻撃的な男性のイメージは、社会的に大きな成功をおさめた完璧主義の父親であり、無力な女性のイメージは、その人生のほとんどを自己否定と無気力の中で過ごした母親を映していた。

心の中のこの横暴な男性は、リサが仕事をやりとげようとするそばから、達成不可能なほどのレベルをこなすように強制してくる。一方、そうした無理な要求に自分がふり回され押しつぶされると思った内なる女性は、いわば座りこみのストライキによって反抗を示した。彼女の心の中のこうした衝突は、リサが子供のころの両親の関係そのままだ。彼女の無力感は、両親が結婚生活の中で突き当たっていた壁が彼女の上に映されたものだった。

こうしたことを意識化することで、リサは彼女本来の内なる男性と女性を、子供のころのすりこみから解放していった。また、抑圧的な男性イメージの影には、心のいちばん深くにある真実を追い求め、そこに隠れた力を引き出そうとする強い決意があるということが見えてきた。しかし同時に、自分の女性イメージを抑圧していてはその目的が果たせないこともわかった。リサの内なる男性は、内なる女性の欲求やリズムや感じ方を尊重し、より深い思慮とやさしさを身につけなければならなかったのだ。

こうして心の中の暴君が静まっていくとともに、リサの女性性の知慧が発揮されはじめ、リラックスしながらも仕事をやりとげる道を示した。彼女の内なる女性は、内なる男性がどうあるべきかについて、さまざまな知慧を持っていた——リサという人のからだの中でどう生き、感受性をどう育て、その上でどうふるまうかということを。

彼女の夫の中でも、内なる男性が内なる女性を抑圧し自分の意志を押しつけるという傾向があったが、彼も彼女に似た心の変化を体験していった。しかしその内なる抑圧は、慢性的な身体症状——高血圧、ストレス、疲労——という形で彼を苦しめていた。彼の緊張も、リサの無気力さも、自分自身と魂との分裂の現れだったのだ。

手ごわい抑圧的な男性性から回復してゆくにつれ、リサは新たな自発性を感じるようになり、精神的な方向と目的とを見い出していった。内なる女性の知慧が現れてくるにつれ、彼女は仕事に対する精神的な支えを感じ、深いやすらぎを得るようになったのである。

内なる知慧を生かすために

私たちの内なる男性と女性のエネルギーは、お互いを高め合うつながりを築こうとして、たえず相手を目覚めさせようと働きかけている。この聖なる結婚を、西洋の神秘主義者はソフィア（知慧）とロゴス（知性の働き）の融合として表現し、仏教では知慧と慈悲の結びつきと考えている。聖書やギリシャ哲学において、知慧は女性性の特徴だと考えられてきた。*4 知慧はオープンであることから生まれる。開いた心とハートは、真の理解への条件だ。

それに対して、慈悲《コンパッション》は男性性のものだと考えられてきた。慈悲は、知慧を現実に生かすための積極的表現である。知慧を巧みに実践していくには、さまざまな状況に応じて(壊すべきものは壊し、養うべきものは養うというように)あらゆるものの利益のために適切に対応していくことが必要だ。慈悲にあふれ、公正で、国民の幸福のために献身する王は、輝かしい男性性の象徴であり、知慧の女王のよき連れ合いでもある。

チベット美術には、明るく燃えさかる後光に包まれた官能的な男神と女神の合体像があるが、そこには知慧とその巧みな実践の結びつきがよく表現されている。ふたりの神は両眼を大きく見開き、両腕をふり回し、ぞっとするような笑みを浮かべながら愛を交わす。彼らはお互いの魂を目覚めさせようとしているのだ! その至福の交わりが示すのは、男女の聖なる融合こそが人間の魂の成長の到達点であり、目覚めにもとづく行動の源だということである。

対話10A――「内なる結婚」を映し出す男女関係

私たちのパートナーに対する態度には、自分の内なる男性性と女性性がうまく統合されているかどうかを知る手がかりが現れている。相手の中で自分がいちばん惹かれている部分は、多くの場合、自分の中でもっと育てていくべき性質を示している。それに対して相手の嫌でしかたのない部分は、自分の人格の統合を妨げているマイナスのすりこみを表していることが多い。

これを体験を通して知るためには、まずパートナーや他の異性について、あなたがもっとも惹かれたり興味を持つような部分を注意深く観察していくことだ。

実際には、そんな部分を鏡にして自分を映し出してみるのだ。女性ならば、相手に感じる魅力は自分の内なる男性性の好ましい部分なのだと考え、男性ならば、それは自分の中の女性性の好ましい側面だと考える。

次に、それを人間の男女に見立ててみる。自分の中のその男性や女性は、どんな容貌をしているか？　彼らはどんな性格の人たちなのか？　彼や彼女の存在に気づいたとき、どんな気持ちになったか？　彼らが健やかに成長するためには、何が必要だと思うか？

パートナーや他の異性に対して嫌でしかたがない部分についても、同じ方法が使える。あなたが男性なら、そこは自分の中の歪んで萎縮している女性性を映しているかもしれないし、女性ならその逆が言えるだろう。そのような嫌悪を背負った内なる女性や男性はどんなように見えるだろう？　彼らはどのように、心の中の統合を乱したりさえぎったりしているのだろうか？

そして最後に、あなたの中の内なる男女の間には、何が必要なのかと考えてみる。それぞれがともに、手をとり合って働けるようになるために。

シーラの場合

シーラ　自分自身に驚いています。私が夫をいちばん評価していたのは、思っていたのとは逆に彼の現実的な部分だったのですから。

――現実的な部分とは？

シーラ　考えるよりまず行動、目的めざしてまっしぐらといった、彼の性格のことです。私たちは、彼のそんな性格のことでずっと言い争いをしてきました。だから、自分がじつは彼の性格を評価していたんだとわかって、信じられない気持ちなのです。私は、そうした彼の現実ばかりを重んじる態度をなじる一方でした。「あなたは何かしていないと気がすまない人だから、ありのままでいることを馬鹿にするんだわ。私は何かに向かって行動するより、あなたとふたりだけの時間がもっとほしいのよ」と。

でも私は——これに気づいたとき、涙が出てきました——彼がいつでも主導権をとることを非難しながら、本当は彼のそんなところに惹かれているのです。三年間の中国滞在のあと、私は本当にまいっていました。帰ってきても、ニューヨークにうまくなじめなかったのです。そんなときも彼が先に立っていろいろやってくれて、とても助かりました。

——そのあたりが、注目すべきポイントのようですね。あなたが彼に対して感じた行動第一といった性格を、あなたの中の男性性に照らして考えてみましょう。ふだんあなたは、その部分を嫌っていたり、敵だと思っている。それを自分自身の一部分として受け入れてみましょう。どう感じますか？

シーラ　心が冷たく無感動な人間になってしまいそうで、不安です。

——彼が現実的な態度をとるときも、そんな感じに見えるのではありませんか？

シーラ　ええ、いつもそうなんです。

——それは、自分の男性性を否定的に見ているからですね。あなたは「行動的なこと」は女性的でない、心が冷たくガチガチの現実主義だと考えているのではありませんか？　つまりあなたの心は二つに分裂しているのです。自分のそんな部分に惹かれながら、それを否定しているというふうに。

シーラ　自分の心の葛藤に苦しむくらいなら、それを夫に向けている方がましです。新婚旅行でイタリアに行ったときも、帰ってくると彼は、「よし、新婚旅行は終わったんだから、早く現実に戻ろう」私は切りかえができていないのに、そんなふうだったんですよ。今までにそんなごたごたが五十回はあったでしょうか。私たちの仲は本当にギリギリまできています。もうどうにかなってしまいそうです。

——何があなたをそんな気持ちにさせるのでしょうね？　その感情の源をつかめば、あなたのマイナスのすりこみがはっきりするでしょう。

シーラ　私は労働者階級の家庭で育ちました。両親は何よりも働くことで頭がいっぱいで、とにかく労働第一でした。家族はみんな懸命に働き続け、何かを感じる時間など皆無でした。そんな生活では、人生の個人的な面はそっくり犠牲になります。親は子供が学校に行くことさえ快く思っていなかったので、奨学金で大学に入ったときには、私は家族の信条にそむいているという気持ちがしました。私は、今まで自分がやってきたことに誇りが持てないでいます。私の家族からすれば、どれも仕事という名に値しないのですから。こうして私は、ずっと苦しんできたのです。

——現実を考えろ！　さっさと仕事をしろ！　意味のないことに関わるな！　そんな言葉は本当にうんざりなのですね。

シーラ　ええ、思い出したくもありません。

——仕事に打ちこんだり現実的であること自体は、決しておかしなことではありません。けれどあなたの家庭では、そうした陽の性質が歪んだ、極端な形で現れていたのだと思います。それはご両親が、自分の内面のことや自分らしい感じ方といった、やさしく微妙な陰の性質を大切に考えなかったからでしょう。家族みんなが仕事ばかりを重んじ、あなたの女性的な感受性を無視したので、その偏りがあなたの中で内面化し、マイナスのすりこみが起ったのです。

これを人格にたとえてみましょう。陽の要素が強調されすぎていたので、あなたの内なる女性は傷つき、内なる男性も、陰とのつながりが断たれて傷ついているのかもしれません。

シーラ　はい、どちらの感じもわかります。

——ここで問題の焦点となっているご主人の行動第一の性格を、どう感じますか？

シーラ　まるで何かに駆り立てられているみたいに見えます。仕事ばかりに夢中になっているなんて、彼はおかしいのではないでしょうか。

——あなた自身、駆り立てられている感じがありますか？

シーラ　それは私の影の部分だと思います。認めたくはないのですが、いろいろなことで忙しくなってくると、強い緊張とストレスでへとへとになります。

——それを聞くと、あなたの行動があなたという存在自体から遊離してしまっているように思えます。内なる男性が女性から切り離されたまま行動しているので、緊張と動揺が起るのでしょう。

シーラ　ええ、その通りですね。

——ご主人の何かに駆り立てられるような気持ち、仕事に対する強迫的な性格を癒してあげるとしたら、どうしたらいいでしょう？　彼の回復に必要なのは何でしょうか？

シーラ　時間——予定表に書かれていない、遊びのための時間です。気ままに過ごし、何もせずにいる時間。

——そんな彼の問題を鏡にして、あなたにとって必要なことを映してみましょう。そこに何が見えてきますか？

シーラ　たぶん私自身、もっとリラックスする必要があるんでしょうね。自分だけのくつろいだ時間を過ごすためには、何もせずに私と一緒にゆったりしてくれる人がいないと難しいなあと、つねづね思っています。

——なるほど。それはあなたの内なる男性の思いなのですね——彼は、あなたの内なる女性を求めています。リラックスして心を開くためには、彼女とのつながりが必要だ、と彼は言っているのです。

シーラ　世の中の多くの男性が、そう感じているのではないでしょうか？

——それこそ男性が、自分の中の遊びや楽しみを愛する性質を女性に求める理由なんです。

ここで、ご主人の現実的な性格に対するあなたの反発のしかたを見れば、あなたの「内なる結婚」を何がじゃましているのかがはっきりするでしょう。あなたの中では、のんびりと余裕を持って今を大切に生きようとする女性が、目的に向かって突き進む男性とぶつかり合っています。お互いに協力し合う道が見つからずに、男性は緊張し続け、女性は不満をかかえたままで。

シーラ　正直言って、目からうろこが落ちた思いです――私は心の葛藤を、そっくりそのまま外側に映していたんですね。うそみたいです。

――まったく見事なくらいです。人はみな、同じことをしてしまうのです。

シーラ　本当の葛藤は彼との関係とは別のところにあったんだ、そうわかってほっとしました。私が心の奥深くで望んでいたのは、自分の中の男と女を結びつけたいということだったのですね。

――そのかわりにいつもあなたは、彼を変えようとばかりしていたのです。

シーラ　でもそれは無理でした。相手を変えようともがいたところで、たんに反発をあおるだけだったのですから。

――それに、心の中が分裂しているのに、それを外の何かに振り向けて癒しを得ようとしても、うまくいくはずがありません。彼が変わってくれさえすれば、自分がリラックスできたり余裕ができるのに、と思っているかぎりはね。

ですから、あなたの中の豊かな、喜びを愛する女性性――家族からまったくかえりみられなかった――を受け入れ、大切に思ってあげてください。どんな気持ちがしますか?　ここで試してみてください。

シーラ　すごく明るい気持ちになりました。

――何でそんなに変わったのでしょう?

シーラ　自分の中の女性らしくない部分に「そのままでいいのよ」と言ってあげたら、満たされたやさしい感覚がわいてきました。驚いたことに、今までとまったく違う世界が開けた気持ちです。

――あなたは今、自分自身の道を見い出しつつあります。それは相手を変えようとしてもがくよりも、はるかにわくわくする冒険なのです。もしこれからも、彼の現実的な性格を非難している自分に気づいたら、あなた自身の心の中に意識を向けることを忘れないでください。いったん立ち止まり、こう考えるのです。「今ここで、私は自分の中の何とつながる必要があるのだろうか? 喜びを愛する私はどこにいったのだろうか?」と。

あなたの中で、寛大ですべてを養う力を持った女性性が生き生きとしてくるにつれ、その内なる女性は、あなたのご主人から喜びを愛する性質を引き出し、仕事から連れ出してくれるかもしれません。さらに、あなたの中の男性性がゆったりとした流動的な女性性と結びつけば、あなた自身の行動も、成熟した、実行力と活力を備えたものになっていくでしょう。

シーラ　では、今度の問題をめぐる夫との衝突は、私自身の二つの面を統合していくための手がかりというわけなんですね。

――その通りです。彼に対するあなたの反発は、あなた自身の「内なる結婚」を実現したいという欲求を表しています。彼にもまた、はっきりとさせていくべき問題があるかもしれません。しかしまず、あなたが自分の中の分裂に取り組めば、彼の心の中の問題にもきっぱりとした態度で、うまく向かい合えるようになるでしょう。

リチャードの場合

リチャード　女性との関係で、いつも強い男役を演じることに疲れてしまいました。私は、自立した自信のある女性に出会いたいのです。世話をしてと私を頼ってばかりくる人はうんざりです。

――ではそのことを「鏡」にしてみましょう。あなたはそんな女性を求めていると言いながら、心の中では「私の内なる女性がもっと強ければ、肩の力がぬけるのに」と思っている、ということではないでしょうか？

リチャード　ええ。私はいつでも責任を負う立場、守り役です。自分の思いのままに行動することなどできません。でも、そうできればと思っています。

――わかりました。あなたが責任を背負いこんでいる部分を、内なる男性として考えてみましょう。彼はどんな人物ですか？

リチャード　彼は心配性です。子供のころ私は、自分のやることを攻撃されないために、ひどくまわりを警戒していなければなりませんでした。だから緊張を解いてくつろぐことができなくなったのです。

――あなたのそうした心配性の部分は、何を望んでいますか？

リチャード　強い女性が私のそばにいてくれる、そう思えることです。そんな女性に出会えたら、すぐにも肩の荷を下ろせるはずなのですが。

――ではここで再び、あなたが女性に求めているその性質を、あなたがつながりたいと思っているあなた自身の中の何かを象徴するものだと考えてみましょう。あなたの内なる男性は、自分にくっついて離れない鎧《よろい》を脱ぎ捨てたいと望んでいる。あなたの中の女性が強くなれば、彼女がいつでも彼のそばにいるとわかって、彼はほっとすることができる。そうすればあなたは重荷を下ろし、感じたままに動いていけるようになるでしょうね。

リチャード　ええ……でもそれがなかなかできません。そうしたら、ただ涙が止まらなくなる気がするのです。

――泣き出してしまうのですか?

リチャード　そうです――ただもうとめどもなく――もし心の重荷を下ろして、今まで経験したひどい出来事やそこから受けた悲しみを受け入れたら。

――その心の中の悲しみを癒すには、何が必要でしょうか?

リチャード　それを恐れて目をそむけない誰かがいてくれることです。

――そうですね、そんな存在をあなたは女性の中に求めている――あなたが重荷を下ろし、泣きくずれ、隠していた悲しみを味わうのを引き受けてくれるそんな人を。大地のようにぐらつかない、しっかりとした存在。彼女さえいれば、本当に安らかな気持ちになれますね。

リチャード　そうなんです。

――あなたの中にもそうした存在がいます――つまり、あなたの内なる女性です。むろん、これはたとえですが。いま私は、魂の性質についてお話ししているのです。しばらく、それを人格化して考えてみましょう。わかりやすくなるかもしれません。

あなたの内なる女性がそばで支えてくれ、心配性で警戒心の強い内なる男性を落ち着かせ、その感情を解放し、彼自身に立ち返らせてくれる。そんなようすが想像できますか？　そんなとき、どんな気持ちがするでしょう？

リチャード　心底ほっとできると思います。

――そう、安心感ですね。他にはどんな変化が起こるでしょうか？

リチャード　言葉にするのは難しいのですが、安らいだ静かな感じをもたらしてくれます。

――なるほど。何かを乗り越えていくときに、その後押しをしてくれるような、確かな支えが見つかれば、心は落ち着いてきます。

リチャード　それは何となくわかるのですが、いざそれをやってみようとすると、恐れのようなものがわいてくるのです。

――そう、そこがあなたにとっての新しいエッジです。それに対して「道」という考えをあてはめてみるといいでしょう。あなたの中の、大地にしっかりと根ざした女性性を通して相手との関係を築いていくことは、絶え間ないプロセスであり、進んでいくたびにすこしずつ開けていく道なのです。

あなたは今、その最初の一歩――自分の中の女性性とつながりたいという願いを意識すること――を踏み出しました。心の奥底のそうした願いとつながれば、道は自ずから開けてきます。そうして支えが得られたとき、楽に自分の感情に向かい合えるようになってくるのです。

リチャード　おっしゃることはわかります。わずかながらそんな経験をしたことがあります――内面的な支えが感じられたとき、人を信じる力が高まり、強さや自信が持てたことが。それらは互いにつながり合っていたようです。

――そこが、肝心なところですね。男性が自分の女性性の持つ力を育てれば、同時にその男性性も力を増していきます。あなたの場合、心の中に支えを感じてリラックスでき、はじめてありのままの自分でいる自信が持てるようになったのです。

ローズマリーの場合

ローズマリー　この面談を通じてはじめて、自分の中にある歪んだ男性性に気づきました。そのとき、目が覚めるような思いがしました。アルコール依存症だった父親みたいに、その男性は私に対して無頓着で、守ってもくれないとわかったのです。私の中の女性は彼に強い憤りを感じています。彼女は彼が元気をとり戻し、自分を支えてほしいと思っています。

――女性性の怒りの力はすごいものです。その声は男性に「どうしたの！　目を覚ましなさい！　今、あなたが必要なのよ！」と叫ぶのです。

ローズマリー　私の中の男性はひたすら眠りこけていたいのです。そして「自分でなんとかしなよ。人から邪魔はされたくないね」とうそぶいています。私がこれまで素晴らしい男性――たくましく、守ってくれ、前向きで頼りになる人――にあまり出会ってこなかったので、内なる女性は傷ついています。彼女は力を失い、独りぼっちです。

――それに対して彼女は、何を感じているのでしょう？

ローズマリー　私のやさしさを評価し、私の成長を助けてくれるような素晴らしい男性に出会えなくて、腹を立てています。それどころか今までの「彼」は、私の傷つきやすい気持ちをあざけったりするのですから。だから怒っているのです。

――その怒りを受け入れ、許してあげることができるでしょうか？

ローズマリー　……不思議ですね。怒りを充分味わった瞬間に、私自身を守ってくれる私の中のしっかりとした部分とつながれました。今は、それほど大きな無力感はありません。

――なるほど。あなたが本物の男性性の不在に怒りを感じ、それを認めたとき、自分自身のたくましさを感じることができるようになったわけですね。そのあなた自身のたくましさこそが、本物の純粋でパワフルな男性性なのです。彼が姿を現し、会いにきたのです。

ローズマリー　私はいま、心のもやが晴れてわくわくするような気持ちです。今回のことで、自分の可能性に改めて気づくことができました。

第11章 男のアプローチ

男性に必要なのは、女性に近づき自分をさらけ出す勇気である。(……)男と女が現実に出会うとき、どちらも大きな危険を引き受けねばならない。山中の森に住む豹に出会うときのように、歩み寄り、手を触れ、命をさらす、そんなふうに(……)

男になるということは、肉体を傷つけ、血を流し、心までも失う危険を冒すということだ。それはいかなるときにも、それまで知ることも考えることもなかった自分自身をとり戻すために、ふだんの自分自身を賭けていくという冒険である。

――D・H・ロレンス

ロレンスの言葉通り、男のスピリットは肉体や心を危険にさらし、未知なる世界への道を切り開きながら新たに挑戦し続けることをやめない。創造的な仕事を開拓する、新たな科学分野を切り開く、ビジネスや政治の世界で策をめぐらす、肉体的な限界に挑むなど、現代の男性は、社会的な目的追求や何かを獲得することだけにその力のほとんどを注いでいるようだ。

しかしそうした社会の専門分野での活躍とは裏腹に、女性との関係では、おおかたの男性が未熟さをさらけ出す。相手に深く関わっていくと、自分の中の未知の深みを探らねばならなくなるからだ。しかしこれが、現代の男性がめざす新たな地平である。

男の成長の弁証法

男はヒーローとしてふるまうことを好み、またそれが必要でもある。何千年もの間、男にとってのヒロイズムとは、女性のもとを離れひとりで旅に出ることだった。あのユリシーズがペネロープを残して、トロイ戦争におもむいたように。

男の成長にとって、母親や他の女性への依存から自由になり、自分が生きる道をしっかりと歩んでいく過程は言うまでもなく欠かせない。男はふつう、孤独になり自分の魂と向かい合ったときはじめて、その魂の奥深くにある目的を見い出す。

しかしたいていの男は、女性から離れて自分のアイデンティティーをつくり上げたあとに、さらに男性性を成長させていくより大きな弁証法が存在することに気づかずに、その段階にとどまってしまう。

男の特性は文字通り、女性と一体化した状態から出発する。男は胎児のころ、まず女性の形で成長しはじめる。そしてある段階まできたとき男性の染色体が働いて、成長しかけていた未発達な女性器を消滅させ、男性器を発達させる。しかし胎内にいるときだけでなく、誕生後も何ヵ月かにわたって、男児はあらゆる点で母親と結びついたまま成長していく。

女性の場合は母親との一体感が性的な発達をうながすが、それと違って男は、心理学者のリリアン・

ルービンが指摘するように、自分のアイデンティティーを形づくるため、最終的には「まるで自分の一部のように、心に深く埋めこまれていた存在とのつながりを断ち切らねばならない。それは厳しく、複雑で、苦しみに満ちたプロセスであり、男の子には大変な重荷だ」。このように、男性の発達はまず女性と一体になった状態からはじまり、続いてそこからの離脱、分化へと進む。

男の精神発達は、この初期の段階のどちらかにとどまってしまう場合がめずらしくない。それは母親との精神的な絆が断ち切れないか、かつて自分の存在の基盤であった女性性にとりこまれる恐怖感から、反動的なマッチョ〔誇張された男らしさ〕の鎧《よろい》をまとうような姿で現れる。女性との関係において、最初の段階にとどまる男性はいつまでも子供っぽさが抜けず、次の段階どまりならば青年期のままになる。どちらにしても、彼が無意識の反応に操られていることにかわりはない。

近年メンズ・ワーク(男どうしの小グループの中で、助け合いながらお互いの発達段階を完成させ、男としての自己評価を深めていく)への関心が高まり、男たちへの積極的な力づけになっている。

しかし男が女性から離れて自分の男性としての基盤を見い出したとき、自分自身をさらに解放していき、女性と健康的で親密な関係を築くためには、次の段階に進む必要がある。それには、再び女性からの導きを受け入れるよう変わっていくことだ。こうして、女性性との無意識的な融合から新しいより意識的な結びつきへと進むことで、男性の弁証法はようやく完結する。男が女性との関係において真に成熟するためには、これ以外に道はない。

この新たな段階に踏み出すためには、先の第二の段階における「自己発見のための女性からの離脱」とは違った、新しい種類のヒロイズムが必要になる。

現代社会では一般的に、征服や上昇といった側面ばかりを強調し、この弁証法の第二の段階にとらわれすぎているきらいがある。男の成長にとって上昇志向は確かに必要だが——若者のスピリットは翼を広げて舞い上がるべきだ——今の社会はそんなヒロイズムばかりにこだわりすぎている。現代のヒーローとは、ヒットチャートやベストセラーのトップへ、企業家の領域である高層ビルの最上階へ、ロケットに乗って天の高みへ、コンピューターや仮想現実の世界を使って抽象的な精神の領域へ限りなく昇りつめる、そんな人物である。

それに対して第三段階におけるヒーローとは、自分の内なる深い恐れ——地に足をつけ、自分自身のからだに還り、感情に触れ、世界との情熱的な関わりに踏み出していくことへの恐れ——の数々に立ち向かい克服していく、そんな男性だ。

男がこの第三段階を完成させていくとき、彼の成長の弁証法はさらに展開し続ける。もっと心を開いて女性性を迎え入れるには、男性自身が純粋な男性性のパワーにさらにしっかりと根を下ろさなければならない。彼にはもはや、ロレンスの言う「自分の抱く自己像に身を固めて生きる」ことはできない。男としてどうあるべきかといったあらゆる〝イメージ〟を捨てて、自分自身に対する深い知慧を養わなければならないのだ。神秘的な表現をするなら、「王女をめとるには自らが王にならねばならない」。

そうすれば女性のいないところで過ごしても、男だけで集まるときにも、彼は反動や反発という形をかりずに、ありのままの自分を表現できるようになるだろう。

新しいヒロイズム

仲間の間でさえめったに認めない男たちの大きな秘密のひとつに、女性に対するひそかな恐れがある。男にとって、心を開いて女性に接すること、彼女たちからの教えを進んで受け入れること、女性の持つ感情の激しさや揺るぎない力に対してしっかりと自分を保つことは、大変な勇気と力がいる。ひとつにはそれは、私たちがまだ幼くて無力なころ、母親が全能の存在だったからだ。自分の子供に陽のエネルギーで接する母親に対して、男の子は陰、つまり受け入れる姿勢で応える。

かつては父親や年長の男たちが母親から男の子を引き離し、自己の陽の力に出会わせてきたのだろう。しかし現代では、年長者からのこうした教えや支えがほとんどないので、男は母親の感情的な拘束力を断ち切るために、孤独で骨の折れる闘いを強いられている。だから彼らは子供のころのように、女性からの働きかけにたやすく身をまかせるわけにはいかないのだ。

また見方をかえれば、男の女性に対する恐れは、自分自身の、やさしく人を受け入れる陰の性質に対する疑いや不信感の表れであるともいえる。心を開き身を投げ出すことによって、自分の力やアイデンティティーや自律性がそこなわれるのではないかという恐れ。こんな恐怖から、女性に対する警戒心が解けなくなる。とくに、自分の力は男性性の中にのみ存在すると考えたり、内なる男性性と女性性の融合から生まれる大いなる力を知らなければなおさらだ。

この男性性と女性性の統合をうながすには、パートナーとの関係を深めることがいちばんの方法だが、男女関係をそんなふうに生かしていける男性は決して多くない。男たちはたいてい、人間関係は女性たちの独壇場で、そこは彼女たちのなわばりだと考えている。そして自らの魂への取り組みや、自分の中のさまざまな力と可能性との真の和解と協調のための機会をとり逃がしたり、気づかないままに過ごしてしまう。男がこうした機会を生かすためには、人間関係は女性の持ち場だといった考えを捨て、自分なりの関係性へのヴィジョンをつくり上げていく必要がある。

こうしたヴィジョンをはっきりと持つためには、ロマンティックな恋愛を、神聖で英雄的な試みという本来の意味でとらえなおすことである。近ごろロマンスというと、ハートの形や花々といったありきたりの概念と結びつけられることが多いが、それは本来のロマンスではない。Romance（ロマンス）は、フランス語で小説を意味するRoman（ロマン）からきている。もともと「ロマン」という言葉は、自らの精神の成長のために欠かせないステップとして恋人のために戦うといった、騎士道精神と勇気ある行動の「物語」をさしていた。

登山のロマン、小舟で大海へと乗り出すロマン、夜ひとりで荒野を行くロマンなどという表現は、この言葉本来の意味に近い。こうした行動は私たちを試し、内なるさまざまな力を引き出し、日常の居心地のいい環境から引き離してエッジに連れていく。それゆえに、そこには何らかのロマンが含まれているのである。

ロマンティックな恋愛も、これらと同じような試練であり、リルケの言葉をかりれば、それは「男が成熟し、あらゆるものと一体になり、自分自身と相手のために世界と融合するようにうながす。それは非常に苛酷な要求を課してくるが、それによって彼は選び出され、広大な世界へと連れ出される」のである。

男が女性によって、自分だけでは近づけないエッジに連れていかれ、彼女の力によって変わりはじめるとき――それによって広大な世界へと誘われるとき――こうした体験をすることになる。ここで身につけなければならないヒロイズムとは、未知の入り口に立ったとき出会う、「恐れ」という名の魔物に素手で立ち向かうことだ。そのとき男は、ふだんは自分とは無縁のものだと思っている、「女性」という暗黒の大陸に足を踏み入れていく。この冒険に出発するには、男女関係というものを、知慧と勇気がいるがそれらを生み出すもとにもなる、自分が変わるための絶好のワークとして見直すことだ。

女性は、男が変わっていくためのエネルギーの源である

現代における一般的な男女関係のモデルは、男は行動的でダイナミック、女は受動的で包容力があるというものだ。肉体的次元で見るなら、こうした見方にもある程度の真実はあるだろう。確かに男のからだは筋肉が発達しており、腕力を発揮することには向いている。しかし多くの聖なる伝統の中ではこうした分け方は、肉体から精神のレベルへと視点を移すにつれ逆転していく。

そうした伝統的な価値観によれば、肉体的な次元では男性性の方が優位でも、内なる生命エネルギーや感受性といった微細な次元では、女性性がよりダイナミックに働いているとされる。神話に登場する神々の王——ギリシャ神話のゼウスやヒンドゥー教のインドラなど——は、外的な次元での男性性の優位を表しているが、内面に目を向けてみればそこは、知慧の女王であるソフィア、イシス、イシュタールやシェキーナなどが支配する世界だ。

私たちの外側では筋肉のパワーが力と動きを生み出すのに対して、内側ではより深い生命力が、「微細な身体」とそのエネルギーの流れをつかさどる。西洋の秘教的伝統では、身体を活動させる(animate)このいのちの力を、魂の活動——アニマ(anima)と呼び、女性性の力とみなしている。またヒンドゥー教ではこのダイナミックな活力の源を、大いなるシヴァ神の連れ合いシャクティとしてとらえているが、シヴァはシャクティに対しては「月の性質」をもって、より穏やかに接する。

自分の内なるシャクティのエネルギーとつながった女性は、男を変容させる力を持つその生命力の炎が生み出す熱を放つ。彼女には、男を精神的に導くことのできる特別な知慧がある。女性は男性よりも内なる微細なエネルギーの流れと同調しやすく、男が生きる上で彼を目覚めさせ、その感じる力を呼び起すという大きな働きをする。

男が一般に、未来への展望や知性や社会性などの分野で女性を教え、守り、導く役割を持つ一方で、女性は男を自分自身に立ちかえらせ、生命力を目覚めさせ、ハートの意識に耳を傾けさせ、いのちのエネルギーとのダンスを教えることで彼を導き、インスピレーションを与える。

古代インドのタントラ仏教の偉大な師であるナローパの逸話は、刺激と目覚めの力を持つ女性のエネルギーが、男の成長を助けることを示している。

人生も半ばにさしかかったナローパは、当時もっとも傑出した仏教の学府であったナーランダで、並ぶもののない学者だった。彼は優秀な哲学者で、経験豊かな論理学者、同時に熟達した修行者でもあった——当時の基準からすればもっとも成功した人物といえる。

ある日のこと、ナローパが読書に没頭していると、その本の上に人影が落ちた。見上げるとそこには醜い老婆がおり、彼に向かって、おまえは自分が読んでいる本を本当に理解しているのかときく。「ブッダはこう言われたよ。『おまえがわかっているのは〝言葉〟なのか、それとも〝意味〟(言葉に隠された意味)なのか』と」。ナローパが「言葉ならば理解している」と答えると、老婆は笑い声を上げ、踊りながらこう言った。「わたしゃうれしいねナローパよ、おまえさんが正直者で」

しかしナローパがなおも続けて「しかしその言葉の意味もわかっている」と言うと、老婆は金切り声を上げ、髪の毛を引きむしりながら、ぎらぎらした目で彼をにらみ、嘘つきめと罵《ののし》った。

この老婆との出会いはナローパにショックを与えた。そして、自分は自らが考えているほど精神的な成長をとげていないということに気づいたのである。それまで人生のすべてをブッダの教えの研究と実践のために捧げてきたとはいえ、彼はその教えの本当の意味を悟ってはいなかった。ナローパが老婆に、言葉の本当の意味をつかむにはどうすればいいのかと尋ねると、老婆は彼のために探した師をよこし、その師の導きによって彼は、ついに完全な悟りに到達することができた。

この老婆とは、じつは女神ダキニだった。ダキニはナローパを揺さぶり、いのちのまっただ中に飛びこむことをうながすために現れたのである。チベット仏教の伝統では、ダキニは歓喜と憤怒の二つの相をもつ女神で、荒々しく挑発的なエネルギーの化身である。彼女は人々の日常に飛びこみ、その安逸さと浅薄さとをふるい落とさせる。

ダキニは人間を魂の深みに向けて目覚めさせ、インスパイアし、試す——自分の恐れに向い合い、飛躍し、偽りの自己イメージを捨てて本当の自分自身を見つけ出すようにと。

現代のほとんどの男が、こうした目覚めをぜひとも必要としている。中年になるまでにおおかたの男は、そのすべてのエネルギーを社会的な達成のために注ぎつくしてしまっているので、心の中は殺伐として脱け殻のようになっている。男性の中年期の危機（ミッドライフ・クライシス）は、自分が達成してきたすべてのこと（業績、成功、富、配偶者や家族）が妙に虚ろでつまらないものに思える、自分の魂が望んでやまない喜びや意味がそこからは得られない、そんな思いが引き金になっていることが多い。

怒りのダキニ[*1]が現れ、ナローパを安穏とした生活から目覚めさせて「初心」に連れ戻し、大いなる神秘へと彼の目を開かせたのも、まさにナローパがその業績の頂点に達したときだった。

多くの女性が、男性に対してこうした影響力を持っている。ウィリアム・ニコルソンの戯曲にもとづく映画「永遠の愛に生きて」では、アメリカ人の女性詩人ジョイ・デーヴィッドマン〔映画ではジョイ・グリシャム〕が、有名なイギリスの作家C・S・ルイスの人生に訪れて、この役割を演じている。ジョイはルイスの洞察力、やさしさ、こまやかな感情を尊敬していたが、同時に五十四歳である彼の独身生活が、先の見えた無難なものになっていることもわかっていた。彼が注意深く線を引いて囲いこんだ世界の中では、あえて自分や自分の感情を何かに賭ける必要はまったくなくなっていた。

ジョイはルイスの安逸な生活に同調せず、その守りの壁を切り裂いて彼の人生を保証している枠組みを揺さぶり、彼の心に炎を呼び起した。これはナローパの老婆との出会いを彷彿《ほうふつ》とさせるが、彼女はオックスフォード大学の研究室でルイスに向かって、「あなたが接するのはあなたより若く、力がなく、自分の思い通りになる人たちばかりじゃないの。あなたは、誰からも邪魔されないような人生をこしらえたのね」と詰め寄った。そんな一言を残して彼女は部屋を飛び出し、この偉大なるオックスフォードの学監を黙らせ、途方にくれさせたのである。

その後ふたりの短い結婚生活の間にルイスは、もっと積極的に自分と深い関わりを持ってほしいと挑戦してきた妻からの、大きな贈り物に気づきはじめる。彼は早世した彼女についてのちに、「私の泡はいくつ針で割られたかわからない」と告白し、彼女を豹になぞらえて「偽りの一言でも嗅ぎつけたなら、（……）何事が起ったか気づかないほど素早く、人に飛びかかりなぎ倒す」と書いている。インドのタントラの世界ですでに何千年も前に知られていた「女性は変容をもたらす至高の炎である」という原理を、彼は見い出したのだ。

感情に誠実である一方で分別を持つこと

男の人生の中で、女性は彼の意志や能力以上のこと（親密さ、感情の豊かさ、誠実なやりとり、温かさやつながりを表現することなど）を要求する、「刺激をもたらす使者」をしばしば演じる。女性は、男自身以上に、彼の感情や精神面の成長に必要なものがはっきりとわかっているのかもしれない。

しかし男は、女性からもっと一緒にいてほしい、もっと自分を表現してほしいと迫られると、それにどう応えていいか苦しむ。その理由は簡単だ。男にとって自分をさらけ出したり感情を見せたりすることは、ふだんの自分の能力や専門性の及ばない領域へと入りこむことだからである。彼は、それまで誰もその大切さを教えてくれなかったことを、突然実行するように言われる。どうすればいいかわからず、答えもなく、男はその場に釘づけになり、不安にとりつかれ、ただちに防御的になる。

このときもし彼が、その場に働く「四つの真実」（一五〇ページを参照）に気づかなければ、問題はさらにややこしいものになる。女性は、もっと素直で心のこもったつきあいをしたい、彼は私にハートを大きく開いてくれていないのではないか、本当に私に心を向けてくれているのか知りたい――そんな純粋な思いを持っているだろう。しかしそれと同時に、おそらく疎遠だった父親のイメージを彼に投影することで、自分の気持ちを批判的で攻撃的な形でぶつけてくることもあるのだ。

しかし男の本心は、女性の感情の激しさに合わせるのは大変なことで、相手への接し方も彼女のようなやり方とは違い、もっとありのままの自分を受け入れてほしいというものかもしれない。

男もまた、おそらく彼女を押しつけがましい母親と同一視し、彼女の気持ちに防御的に反応して心を閉ざしてしまう。こうしてふたりは、お互いの本当の気持ちに応え合うかわりに、相手の歪んだ部分に対して我を忘れて反応してしまうのである。

こうした状態に取り組んでいくには、前に指摘したような男と女の二つの極の逆転が、ここでどのように起っているのかを観察するといい。男性の方が目に見える次元でより力を発揮し、すばやく行動できるのに対して、女性は精神的によりダイナミックで、感じたことにすばやく反応する。それゆえ、女性の方が自分の感情を男性よりも早く認め、表現できる。ふつう男は、その点ではるかに緩慢で消極的だ。ちょうど男性が性的な分野において、身体的により緩慢な反応をする女性よりも、性急にことに及ぶ場合が多いように。

このことから、女性から感情的なつながりを迫られたとき、男がどうしていつも対抗できずに圧倒された気持ちになるのかがわかる。セックスでは女性はつねに求愛され、ゆっくりとやさしく刺激を受けることを欲している。もし男がむりやり自分の性急さに合わせさせようとすれば、彼女は、彼には気づかいや思いやりがないと感じ、いさかいになるだろう。しかし感情についてはこの逆のことが起る。性的な分野で女性が男性にすばやく反応するのが難しいのと同じように、感情的な部分では男は、なかなか女性にすぐに応えられないのだ。

感情面で女性が自分のペースを男性に押しつけてくるなら、それは彼がもっとも恐れている感情（「自分は彼女にふさわしくないのではないか」）に火をつけ、その心を閉ざさせてしまう。

以下は、私のワークショップに参加した男性の言葉だ。

私は子供を生めるわけではないので、自分が相手にふさわしいと思えてはじめて、自分を評価できることが多いのです。だから自分は相手に値しないと感じると、気持ちがなえ、怖気《おじけ》づいてしまいます。これは原始的な反応です。母親が子供の危機に対して感じるのと同じ、非常に原始的な感情なのです。

自分が相手にとってふさわしくないと感じたとき、男は意気消沈し、精神的危機にみまわれる。相手が自分より大きく、彼女にふみにじられるのではないかと恐れる。女性がふたりの関係の行き違いに不満をつのらせるほど、男の方はますます消極的になっていく。

こんなときには、お互いにその場で何が起っているのか、きちんと把握することが大切だ。そうすれば自分ばかりに責任を負わせずにすむことがわかるだろう。

女性が(性的な分野では自分自身がそうであるように)男というものは反応に時間がかかり、やさしい促しがなければなかなか感情を表現できない、ということがわかっていれば、こうしたふたりの違いが目に見えてきても、まともに怒ったり攻撃的になったりすることはなくなる。

また男も、その場で起っていることを理解していれば、恐れや恥ずかしさで心を閉ざすことがなくなっていくだろう。そうすれば彼は、男の資質である分別の剣を抜き、「私は無力で、自分を失い、どうしていいかわからない」という自分の「感情」と、「私は相手にふさわしくない」という言葉を言わせる、子供のころの古い「物語」とを見分けることができるようになる。

それができれば、どんな状況においても、自分の感情を告白するのは弱いことだとか男らしくないことだとか考えずに、自分の真実を認められるようになるだろう。「ぼくは、自分が本当は何を感じているのか、それをどう表現していいのかわからなくて苦しんでいる。だから君から感情をその場で伝えてと言われても、どう言っていいのかわからないんだ」というふうに。こうして誠実になることで、彼は地に足をつけ、自分とのつながりを持ちながらパートナーと関わっていけるようになる。

このような状況——男の得意としている部分が問い直され、どうしたらいいかわからなくなる時——は、ナローパが老婆に出会った話を想い起させる。それは男が、ふだんの自分を揺さぶられ、真の自分の力の源に目を向けさせられる時なのだ——その瞬間瞬間の自分の経験を、心を開いて誠実に受けとめるようにと。そうなれば、彼の本質に備わった、「力とやさしさ」という二つの部分の統合はすぐにもはじまる。

男は、自分には無縁な女性特有の表現方法をとらないかぎり、心の内に起っていることはうまく表現できないと思いこんでいるので、尻込みしている。だが、自分の内的経験に誠実に関わっていくことは、女性にとっても違った意味で困難な挑戦であることには変わりない。あらゆる男には、自分の感情から離れすぎるという弱点があるが、女性はそれとひとつになりすぎることが落し穴になっている。どちらの場合も、深く親しい関係は育たない。

誠実な交わりは、ふたりがお互いに自分の真実の経験を分かち合ってはじめて生まれる。そのためには、自分の感情にたえず触れていること(これはふつう女性的な力である)と、身を引いてその感情のまわりにスペースをもうけ、距離をおいてそれを見つめること(これはふつう男性の力である)、そうした能力がともに必要である。(ユーモアも、距離や空間をおいて対象を見ることで、はじめて可能になる。ふたりが真剣に向かい合わなければならないときに、女性がかなり冷静で深刻なのに対して、男性がわざとふざけてみたりする傾向があるのは、こんな理由からだ)

こうして、感情に対する敏感さ(女性の能力)と、その敏感さをより広い視点のもとでとらえること(男性の能力）との微妙なバランスの上に、男女の間の親密なやりとりは成り立っていく。男にとってコミュニケーションが女性の得意分野に見えても、彼自身の関わりも同じように欠かせないということに気づかねばならない。もしふたりが、「山中の森に住む豹に出会うときのように、歩み寄り、手を触れ、命をさらす」そんな出会いをもたらす純粋なつながりの場所を見つけたいのなら、お互いにそれぞれの異なる力を持ち寄ることが必要なのだ。

力とやさしさのバランスをとること

女性性を受け入れるさいに男がもっとも恐れているのは、デリラに（力の源である）髪の毛を切られた野人サムソンのように、それによって自分の力が奪われることだ。神話的な見方をすると、デリラは自分がより強くなるために男性を敵視しその力をくじこうとする、女性の歪んだ邪悪さの化身のように見える。この旧約聖書のサムソンとデリラの物語は、女性の攻撃性に対して防御を解いた男は、去勢されてしまう恐れがあると読むこともできるが、それはあくまで一面にすぎない。

一見すると、サムソンが力を奪われたのは髪の毛を切られたことが原因のようだが、その逆に考えることもできる。彼は力を手放したので、髪の毛をも失ったのだと。サムソンは戦闘に臨んではタフでぬけめのない闘士だったが、女性に対しては、その勇敢さはあまりにももろいものだった。

哲学者のジュリアス・エヴォラはこうしたタイプの男について、「行動したり何かをつくり出すことで忙しい社会活動家や、運動選手、または〝鉄の意志を持つ男〟は、女性の繊細なパワーの前では、もっとも無力な男の部類に入ってしまう」と説明する。だからサムソンは、デリラがペリシテ人たちに三度も彼を裏切るつもりだと伝えたことを知っても、自分の秘密——髪の毛を切ると力が失われること——を彼女に明かし、弱さや純真さをさらけ出したのだ。

サムソンのような闘士の心は、その筋力ほど強い力は発揮できない。そうした男は、外見はがっしりとしているが内側はもろい。彼は自分の真実の姿を知らず、ずっと自分の生々しいエッジを虚勢で覆い隠してきたからだ。

それに対して本物のスピリチュアルな戦士は、内面的には強いが外見上は弱々しく見えるかもしれない。しかし彼は、自分の生々しいエッジに取り組み、恐れに立ち向かい、自分自身を知ることを通して、潜在的な力を育てている。だから精神的な力を失わずに、女性に対して思いやりとやさしさを持てるのだ。

サムソンのようなタイプの男の中には、女性に打ち負かされるのではないかという恐れが深く根づいている。彼は自分のやさしさとはなじみがない。そういった男は、パワーとは征服すること、支配すること、または鉄の意志を持つことだと思いこみ、自分の感受性を、あらゆる内なる富を秘めた本当の自分へと導く道として考えられなくなっている。それだけでなく、心を開いてやさしくなったら自分の力は失われてしまうという妄想を抱く。自分の感受性を恐れる男にとって、女性にハートを開くことは難しい。

力に対するこうした狭くて融通のきかない考え方は、大地に敬意を払い、自分の内なる二つの性を重んじることを教える社会の中で育った男たちにはほとんど見あたらない。ダライ・ラマやブラック・エルクといった、チベットやアメリカ先住民の指導者たちの多くは、統合された、きわめて穏やかな力を備えている。このようなバランスのとれた力は、中世の騎士たちの時代にも全面的に評価されていた。アーサー王の円卓に預言者マーリンが真っ先に招待したのは、ペリノール王であった。神話物語作家のハワード・パイルによれば、その理由は「彼はそのふるまいに品があり、（……）きわめてたくましく技芸にもひいでていた」からだという。

怒りの持つ可能性

男が自分の本当の能力を発揮できないのは、自らの怒りのエネルギーとの健全なつながりを育てられないことにも理由がある。何千年もの間の狩猟と闘いの歴史をへて、男はただでさえ女性よりも攻撃的になっている。攻撃性は陽の力に属する。このエネルギーを押さえつけたり否定したりする男は、詩人ロバート・ブライが言うところの、目的と自信を欠いた「弱々しい男性《ソフト・メイル》」になってしまうだろう。

しかし一方、怒りに巻きこまれ何も考えずにそれを人にぶつけるのは、たんなる幼稚な感情の爆発であり、害になるだけだ。自分の陽の強引な力と意識的に注意深く関わっていかないかぎり、男は女性との関係でも本当にその力を発揮することはできない。

女性とのつきあいの中でとりわけ男は、自分の怒りの感情に引け目をおぼえることが多い。怒りのエネルギーを飼い馴らし建設的な方向に生かす難しさを思うと、それも無理はない。それに現代では、自分の怒りを巧みに扱う方法を教えてくれるような、年長の導き手がほとんどいない。だから男たちは、メディアや世の中の出来事から、男の粗暴な攻撃性を次から次へと見せられて、それをもともと暴力的で有害なエネルギーなのだと信じこむようになる。

だからひとたび恋愛の相手に怒りをおぼえたとき、責められるべきは自分の方だと感じてしまうのだ。そうして怒りを押さえこんだ結果、いつか押さえ切れなくなって、それを爆発させるのである。

攻撃的なエネルギーの中の抑圧された力を発見するには、自分の心の状態に対する注意深さ、探求心、たゆみない努力が必要だ。そのためにここで、第6章で述べたコ・エマージェンス(互いに対立する要素が同時に現れてくる)の原理を思い出したい。

私たちの感受性や感情には、私たちがそれらのドラマに巻きこまれてしまっているときには見えない、ある種の知性が含まれている。この原理がわかっていれば、そこには注目されたいと求めている何かがあるのだと思って、怒りと向き合えるようになるだろう。

私たちは、怒りと対立したりそれに敵意を抱いてあおりたてるよりも、進んで怒りを迎え入れ、居場所を与えてやる必要がある。そうすることはなかなか難しいので、練習のつみ重ねが必要だ。

怒りが爆発しそうになるのは、ふつう私たちがそれを閉じこめることばかりに一所懸命になるからである。怒りが本当に必要としているのは自分の居場所なのだ。そうした居場所を与えれば、怒りを内面に閉じこめることなく(心の中の狭い場所に押しこめず)、外に対しても抑制する(人にそれを向けない)ことができるようになる。

気づきのふところに迎え、怒りの猛々しいエネルギーに必要な居場所を与えてやれば、それはぶつかるべき対象を失い、爆発力を弱める。そうすれば、おおかたの怒りはおさまり、いつまでも輝き続ける炎に変わる。それは自分の置かれた状況を照らし出し、はっきりと見せてくれることだろう。

怒りを迎え入れてみると、その性質がたんなる攻撃性だけではないことがわかる。そこには、私たちがずっと受け入れること、直接対話することを恐れてきた、ほかならぬ「ノー」があることに気づくだろう。それがわかれば、大きな進歩である。ほかならぬこのノーの中にこそ、本物の「イエス」

があるのだから。

たとえば、不誠実さにノーを言うことは真実に対してイエスと言うことになる。しかしこの自分が持つノーに気づかなければ、きっぱりとイエスを言うこともできない。私たちは、不平を言ったり批判したり、反抗したり横暴にふるまうといった、否定的なアイデンティティーの中から抜け出せなくなる。そうすると、いったん怒りが爆発したときには、より破壊的な事態になるのだ。

こんなとき、もしも女性からされた何かのことに対して怒りをおぼえ、彼女を責めている自分に気づいたら、「ここで自分が見落とし、つながることができないでいる純粋な〝ノー〟とは何だろう?」と自問してみるといい。

たとえば、「幼い女の子みたいな態度でぼくに接するのはやめてほしい。ぼくは君の父親じゃないんだ」という思いがわいたとする。その思いの中にある攻撃性を相手にぶつけるかわりに、気づきをもって受けとめれば、自分の中の本当の「イエス」を言うにはあと一歩だ。「ぼくは君と、正面からパワフルな男と女のつきあいをしたいんだ」というように。

怒りを受け入れていく過程で、私たちはその内に隠れて注意と関心を向けられたがっている感情――悲しみ、恐れ、痛みなど――に気づく。それらをさらに深く見ていけば、怒りの奥底に、かつて何度も裏切られ続けてきたゆえにあきらめて長い間忘れてしまっていた、魂の切実な願いが見つかるだろう。その欲求を解き放ってやれば、とくに私たちが行く先を見失ってしまったとき、向かうべき手がかりが得られるはずだ。

ガブリエルと彼の妻レベッカは、結婚生活にエネルギーと目的がなくなってしまったという理由で私のもとへカウンセリングにやってきた。ガブリエルは自分の本音を口に出さず、彼女とけんかになっても折り合いがつくまで努力せず、その最中に逃げてしまったりといった、攻撃性を隠した受け身の態度を示すことが多かった。

彼はそのふるまいが、自分の「習い性となったやり方」であることに気づいた。彼は、どんなときでも人を喜ばせようと努め、気をつかって笑顔をふりまき、自分を殺してまで人の評価を得ようとしていたが、誰とも親密なつながりを実感できないでいた。

私はそんな自分の習い性をどう思うかと聞いてみたが、彼は「くたくたです。これまでずっと私は、人の愛を得るため自分を売り渡してきました。こんなご機嫌とりの囚人みたいな自分を、なんとかして変えたいと思います。『うまくとりつくろう』ために、人生をむだに過ごしてきた自分に怒っています」という。

そこで私は彼に、自分の怒りをじかに感じてみることを提案した。彼はうなずき、深く呼吸しはじめた。けれど、なかなかうまくはいかなかった。恐れと悲しみがわき起ってきたのである。

「自分の中から分別臭さがぬぐえません。本当の自分らしさがちっとも実感できないのです。私は兄弟の中ではいちばん上で、他の子供たちのお守り役でした。母はいつでも『自分勝手はだめよ』と私に言っていました」

彼は泣き出しながら話を続けた。「私が家の用事を手伝ったとき、母はとてもほめてくれました。なんて温かい、素敵な気持ちだったでしょう。でも、今思い出すと、いやな気分にさせられるのです」

「何が一番いやなのですか?」

「人の注目を引きつけようと、大変な思いばかりをしてきたので、ありのままの自分が愛された覚えがないのです」

このときガブリエルは、自分の本当の願い――ありのままの自分を見て評価してほしい――に気づきつつあった。こうした願いは、人を喜ばせるための努力の影で長年の不満となり、くすぶり続ける恨みに変えられていった。しかし、自分の怒りに触れかけたものの、まだ彼はそれを深く感じることはできなかった。

そこで私はそんな彼がさらに一歩進めるように、もうひとつ質問をした。「その経験は、今のあなたにどう影響しているでしょう？　面倒見がよく、人を喜ばせる役回りをするのはどんな気分ですか？評価されるために間違いのないことばかりをして、決して怒らない〝いい子〟でいることは？」

この「いい子」という言葉は、まるで彼をからかうかのように私の口をついて出た。それはひとつには、彼をあえて刺激するためであり、また私自身も自分の人生の枠組みが彼によって浮き彫りにされ、いくぶんか自らへの憤りをおぼえていたからでもある。

これをきっかけに彼の怒りが現れてきた。すかさず私はこう聞いた、「その怒りのエネルギーをまるごと感じることができますか？　怒りに、それが必要とする居場所をたっぷりと与え、そのエネルギーを迎え入れ、怒りのエネルギーそのものになり切ることができますか？」

ガブリエルは長いこと何も言わず、自分の中の感覚を味わっていた。やがて私が何を感じているのかを尋ねたとき、彼は自分が心の中心に落ち着いているという実感をおぼえると言ってきた。そのとき彼は、手を腹部に置いていた。

「自分が心の中心にいるというのは、どんなことですか？」

「とうとう自分になれたという感じです。これが自分だという実感があり、からだの中に芯がしっかりと通っている感じです」

それから彼はしばらく間をおき、自分がいま言ったことの意味をしっかりとかみしめているようだった。そして、私に目を向けながらこう言った。

「私がいい子だとあなたが皮肉られるにしても、それはあなたの側の問題です。そのことで私自身はびくともしません。確かに私はいい人で、親切かもしれません、でもそれだけではないんですから」

「それだけではない、とは？」

ガブリエルはこのとき、自分の本物の「ノー」を言葉にしはじめていた。それは長いこと彼が触れていなかった部分だった。

「私は怒りそのものだ。私はもう限界だ。『もうたくさんだ』『君の都合でキスなんかしない、ぼくにだってしたいことがあるんだ』……もう言葉が出てきません」

「言葉にする必要はありませんよ」

「そうした方が楽なんです。いつもぴったりくる言葉をなんとか探そうとしてきましたから」

「そんな気持ちにとどまってみて、どう感じますか？」

「心が鎮《しず》まってきましたが、力強さは変わりません」

それからしばらくして私は彼に、隣に座っているレベッカに話しかけてみるように言った。彼女の目をじっとのぞきこむ彼の表情には、多くの感情がつぎつぎと浮かんでは消えた。そしてついに彼は、深く息をついて彼女の手をとり、「これまでの長い間で、今、いちばん君を近く感じる」とつぶやいたのである。

彼の存在感は、面談のはじめのころと比べてまったく変わってしまっていた。最初のうち彼は、気持ちがくじけ自らの内にこもっていた。人を喜ばせなければならない自分を恨み、ハートを閉じていた。けれどようやく、彼女に対して率直ではっきりとした態度で臨むようになったのだ。

自分の怒りを受け入れ、長いことかかってそれと一体化することで、ガブリエルは「いい子」という仮面に隠された内なる力と炎をとり戻しはじめた。そして人を喜ばせたり認めてもらおうと努力するよりも、そうした本来の自分からこそ、人とのつながりがつくっていけるのだということに気づいたのである。こうして彼は、本物の「イエス」を見い出していったのだ。

男も女も、自分の怒りに対して、「それを感じること」と「それにとりこまれてしまうこと」との決定的な違いから目を離さずに、もっと意識的に取り組んでいかなければならない。もし私たちが、敵意や反感のとりこになるかわりに怒りの生々しいエネルギーを受け入れることができたなら、その中に、障害を乗り越え、ごまかしや装いを貫き、自分の大切な目的を追い求めさせる、炎のように激しい力の源を見い出せるだろう。男が怒りの中にあるこの力を解き放てば、攻撃や退却に走ることなく、女性の激しさを受けとめることができるようになる。

男の衝動から生まれる獲得への衝動や探求心、限界への挑戦、勝利への陶酔など、それ自体は素晴らしいことだ。若いころには、こうした攻撃的なエネルギーが、性的欲求をつぎつぎに満足させるなどの露骨な現れ方をすることがあるが、同じエネルギーが、年齢を重ね、真実や気づきを通して発揮されれば、スピリチュアルな力へと昇華されうる。

修行者ナローパの師であった狂気の智者ティローパは、彼が求めていた究極の聖なる教えを手にしている女神ダキニたちの宮殿に押し入り、彼女たちがその知慧を譲り渡すまで引き下がらなかったという。彼は女神たちから教えを授けられることを望むだけにとどまらず、それを真っ向から要求した。

現代にティローパの教えをつぐチョギャム・トゥルンパは、こうした師の行状をユーモアを交えて「ダキニの館からの強奪」と表現したことがある。これこそ聖なるヴィジョンと目的を備えた、よい意味での攻撃性の一例である。

男の成長にとって、心を開いて受け入れることと地に足のついた力を持つことは、一対のものとして欠かすことはできない。その二つを合わせることで、男女の間に起ってくるさまざまな出来事に向かい合い、取り組む力がつちかわれる。自分の感受性を受け入れ評価できれば、パートナーに対してもきちんと応えられるようになるし、自分の怒りのエネルギーとうまくやっていければ、苦境に会ったときにも動揺しないでハートを開いていることができる。

こうした柔らかさと強さとの結びつきから生まれる大いなる力を見つければ、心を守る壁をとりはずし、女性性を自分の一面として受け入れることも恐ろしくはなくなるだろう。

対話11A——男から女へのアプローチ

I.

ここに掲載した対話は、メンズセンターで行なった私の講義のあとに行なわれたものである。そこで私は、前章で示したようないくつかの考えを述べた。

参加者A（男性）女性ととても穏やかな、甘く、大切な時を過ごしているときでさえ、つねに彼女から何かもっと与えてほしい、喜ばせてほしい、気づいてほしいと求められているように感じてしまうのです。相手に、「私をきれいだって言って」とか、「私のことをどう思ってるのか知りたいの」などと言われると、彼女が求めているのだからそれに応えようと思いつつ、一方で「そんなことぼくには関係ない。君のご機嫌うかがいなんてごめんだよ」と考えます。こんな場合には、どんな受け応えをしたらいいのでしょうか？

——彼女が求めているのは何だと思いますか？

A「私を愛していると言って。いったいどう感じてるの——私がうれしいと思えるように話して、私の時間の都合に合わせて、私の好みの声色で。それにあなた自身に誠実に、ありのままの思いを伝えてね」そういうことでしょうね。

――ちょっと板ばさみの感じですね。もし彼女が自分の期待を押しつけてくるようなら、心の隙間を埋めるためにあなたを利用しようとしているのかもしれませんね。

A 彼女との関係は、ギブ・アンド・テイクという点で充分うまくいっているので、それとなく何かを要求するという必要なんてないと思うのですが。

――何かを要求してくる女性には、いつも抵抗をもって応えるのですか？ あなた自身の問題は何なのでしょう？

A よくわかりません。自分が男として、恋人としてとるべき役割がわからないのです。私は彼女の父親がわりなんでしょうか？ 恋人？ それとも友達なんでしょうか？ 私はどうふるまうべきなのでしょう。

――彼女に何かを求められると、どんな立場をとったらいいのかわからなくなるのですね。「私はどうふるまうべきなのでしょう？」と私に尋ねたとき、どんな気持ちでした？

A 謎を知りたい、という感じですね。

――けっこうです。好奇心は、未知の領域へと踏みこんでいくための第一歩ですから。

A　そうですか。でも、彼女の要求をすべて満たさなければとは思いません。

――私もそうは思いませんよ。そうすべきだとは言っていません。しかし相手の欲求のすべてに応えるかどうかとは関係なく、彼女はあなたが居心地が悪く感じるようななじみのない場所、つまりエッジに連れていくのです。そこに立ち続けるには、ある意味でのヒロイズムが必要です。

D・H・ロレンスは現代の男たちについて、女たちからの挑戦を感じとっても自分の内面を深く探求する危険に挑むどころか、繭《まゆ》の中――居心地のいい自己イメージ――にこもったままでいたがると言っています。女性が何かを求めてくるときには、あなたの中の新しい可能性や力を見い出すように、刺激し要求しているのです。

A　これが仕事だったら、頼まれごとをこなすのにまったく問題はありません。けれど彼女から何かを求められると逃げ腰になって、何とかかわさなければと思ってしまうのです。ですから、あなたの言葉はすごく参考になりました。

――肝心なのは、これをあなた個人だけの問題だと考えないことです。これは男が共有するカルマのひとつでもあるのですから。何千年にもわたって男は女を支配し、その行動に口出ししてきました。そういった刷りこみ《プログラミング》は、類人猿の時代にまでさかのぼるかもしれません。だから、女性から何かを求められると、男はいつもとまどうのです。一般に女性の方が男性よりも感情表現がたやすくできるので、もっとあなたの感情を伝えてほしいと迫られたとき、自分たち男にそんなことができるわけがないと思ってしまいます。

こんなときには自分自身にやさしく接すること、自分がおかしいのではなく、こうした問題はすべての男女に共通の課題なのだ、と考えることが必要です。そうすれば、肩の力が抜け、進むべき道が見えてきますから。

参加者B（女性）私が女として苦労しているのは、相手にどうやって自分の望みを伝えるかということです。私は、「私はもっとやさしく従順になって、何も主張したりしない方がいいのだろう。私はこの人にきつく当たりすぎてるのかもしれない」という気持ちと、「もう別れどきかもしれない。私は壁に向かってこぶしを振り上げているようなもの。カップルのためのセラピーに半年通い続けたけれど、何ひとつ変わらないし」という二つの気持ちの間を行ったり来たりしているんです。

女としてこれをどう解決していったらいいのでしょうか？　私はパートナーに対して、何かを押しつけたりしないで、自分の気持ちを伝えようと懸命に努力してきました。彼の落ち度をつくことを避け、「私はこう思う」という言い方をし、穏やかに話すように努めてきたつもりです。どんなこともきちんとやっているし。すごく努力しているのに。

――その通りだと思いますよ。

B　ありがとう。でも、どんなことをしても私の欲求が受け入れてもらえないのなら、すぐにでも彼と別れるべきかもしれないと思いはじめているのです。それは避けたいし、ひとりぼっちになりたくありません。でも、たぶん男特有のエゴのようなものが、私自身のエネルギーになじまないのではないかと思うんです。

——そうかもしれませんね。

B　何もかもが絶望的に思えることもあります。

——状況がどんなに悪く見えても、その絶望がもたらす感情——何かの悲しみ、恐れ、または怒りのようなものまで——を受けとめることができれば、この機会を通じてあなたに与えられた本当の問題に触れることができるでしょう。それが、こんな状況の中であなたがとるべき道を見い出すきっかけになります。

男性の側も、絶望の壁に突き当たり、「彼女が何を望み、彼女の必要をどうしたら満たしてやれるのかわからない。ぼくには荷が重すぎる。ぼくは決して彼女を満たしてやれないだろう。いくらやってもぜんぜん足りないんだ」と思うようなときには、自分自身としっかりとつながっていくための方法を身につける必要があります。

そんな行き詰まりにぶつかったとき、相手のご機嫌をとったりその要求を拒んだりすることに走らずに、自分の中で生々しいエッジが触れてくるのを感じることができるはずです。それは私たちをありのままの自分に導き、求めていた力を見い出させてくれます。

A　Bさんに質問したいのですが、たとえばあなたが「私をきれいだと、愛していると言ってほしい。あなたが何を感じているのか話して」と求めるとき、女性としてどんな気持ちで言っているのですか?

B　私が男性とのコミュニケーションでいつも物足りなく思うのは、相手が心で感じるということ、そして感情が伝わるような話し方をなかなかしてくれないことです。私にとって言葉とは、そういうものだから。感情をまじえず話す人、そんなことを少しも大切に思わない人とつきあうと、まるで自分が色盲になったり音のない映画を見ているような気持ちになります。

男性特有の話し方も知りたいのですが、男の人にもこんな私の言葉を知り、深く理解する気持ちになってほしいのです。そうすればお互いの関係も、一面的ではなくなるでしょう。男性にいつもと違う世界に踏みこんでもらい、それを尊重してもらうことは、はたしてできるのでしょうか?

A　男性特有の言葉を学んでいらっしゃるとのことですが、男の言葉とはどんなものだと思いますか?たとえば、男と女では、思いやりの気持ちを伝えるにも大きな違いがあります。私自身はふつう、言葉よりも行動でそんな気持ちを表しています。行動が男の言葉なのかもしれません。でも相手がなかなかそれをわかってくれないこともあるのです。

私のつれあいは薄着がちで、どこかへでかけるときには私がいつも彼女の上着を持って出ます。でも、それが私の思いやりの表現だと彼女が気づいてくれることはほとんどありません。それだけでは足りなくて、その上「君はきれいだ。ぼくは君のことをいつも気にかけている」と言い続けなくてはならないのですから。

——そうした状況を鏡と考えることができそうですね。あなたのパートナーは、あなたに愛されていることをいつも確かめたがっている。それはおそらく、あなたの内面で起っている何かを映し出しているのでしょう。あなたの中の女性性が、もっと注目してほしい、大切にされたい、認めてもらいたいと要求しているとは考えられませんか?

男が自分の中の「陰」の性質——感じやすく、やさしくてデリケートな部分——を尊重しないなら、女性にやさしくすることは難しい。ときには男性が女性の素敵な部分を讃《たた》え、愛するのはいいことだと思います。女性がそうしたことを求めるのは、たんなるエゴイズムからではないでしょう。きっと男性の中の「陽」は、自然と賞讃の気持ちを表現するようにできており、女性の陰はその気持ちを受けとるのに適しているのです。ちょうど女性の陰の性質が男性の陽の力を讃え、尊重するように。

これは男と女の「リーラ」(聖なる遊戯)のひとつと言えるでしょう。こうして相手を讃えることによって、[*1]男は女性から学び、彼女から教えを得られるかもしれません。

しかし男性が女性からそうして求められたとき、自分のことを、もっと思慮深く慎重になれと口うるさく母親から言われる子供のように感じたとしたら、気力がうせてしまいます。そんなとき、すぐさま投影や反応に走ることなく自分の心の状態に意識を向けられれば、憤ったり妥協してしまうことなく、自分の真実を話すことができるでしょう。

たとえば、パートナーに向かって、「これはぼくの本音だけど、君から愛していると言ってと求められると、まるで要求されているみたいに聞こえるんだ。君にはそのつもりはないのかもしれないけど、ぼくにはそうとれるんだよ。しまいには君の思いのままになってると感じて、閉所恐怖症みたいになる。ぼくが君を愛していることをわかってほしいけれど、それには自然な心のこもった伝え方をしたいんだ」こんなふうに言えるようになります。

A　でも、女性からハートで感じてほしいと言われても、そんな気になれないとしたら？　昨日彼女のせいで機嫌をそこねたら、今日彼女を愛しているなんて言う気にならないかもしれない。そんないきさつを説明したとしても彼女は、彼女からの「ハートで感じてほしい」という欲求を私が理解しているようには、わかってはくれないでしょう。

——彼女がわかろうとしないのは何なのでしょうか?

A 彼女から求められたとき、私は注意を払って、心から話し、誠実に応えるべきだとあなたはおっしゃいましたね。けれどその結果は、必ずしも彼女が聞きたがっているものとは一致しないと思います。

——そうかもしれません。しかしどうして、そんなに確信が持てるのですか?

A 二回も結婚していますから。

——彼女はなぜあなたの本心を聞こうとしないのでしょうね。

A 知りませんよ。あいつに聞いてください。

——いえ、あなたは二回も結婚しているんでしょう? 話してみてください。

A あいつは私が苦手な話し方を要求してくるんです。

——おっしゃりたいことはわかります。けれどあなたは自分の立場にしがみつき、そこからガチガチのアイデンティティーをこしらえているようにも思えます。あなたは、自分の苦手な部分に触れられると、自分は欠点だらけの人間なのだという思いこみで反応するのでしょう。それは、新しい世界を自ら探索していく障害になっています。

感情表現が難しいなら、彼女の欲求に不満をぶつけずに、そうした自分を認めることからはじめてみたらどうでしょうか。あなた自身の苦しみを誠実に受けとめることができれば、もともとの彼女の要求に応えられなくても、彼女もその誠実さに応えてあなたを愛してくれるようになると思います。少なくともそこから、本当の出会いが生まれるでしょう――最終的には、それこそが彼女の求めるものなのですから。女性は、自分のエネルギーと男性のエネルギーとの出会いを感じたいのです。

彼女が知りたいのは、あなたが自分自身に、そして彼女に対して、ありのままでいられるかどうかなのです。そんな気持ちが、「あなたはどう感じているのか、もっと話して」と言わせるのかもしれません。しかし、そのとき彼女が本当に知りたいのは、「あなたはちゃんとここにいるの?」ということです。それに応えて、「ああ、ここにちゃんといるよ」と言えたなら、他のことは放っておいてもうまくいくでしょう。

女性から欲求や不満を表されると、ふつう男は第一に、「ああ、なんてことだ、どうしたら彼女は機嫌をなおしてくれるかな?　どうしたら彼女の気に入るようにできるだろう?」と考えるものです。しかし目の前の出来事を解決しようとすると、私たちは落ち着きを失い、状況に働きかけることで頭がいっぱいになり、ハートの存在を忘れます。そして事態は悪くなる一方です。

女性に心を開いた結果、苦い経験をした男性の中には、こんなふうに言い切る人もいます。「女はみんな、何を感じているのか伝えてと言ってくる。だけどその通りに応えたら、見向きもしなくなる」と。男の感情に脅かされるように感じるとき、女性はとくにこうした反応を見せることがあります。

しかし、私自身の体験やカップルとの面談の結果から見ると、いつもこうだとは必ずしも言えません。こんなケースでは、男性側が自分の感情をあるがままに認めるということができず、感情とまったく距離がとれなかったり、それに圧倒されていることがほとんどです。自分の感情を伝えているとはいえ、そのとき彼は地に足がついておらず、ありのままの自分を失っています。たんに感情的であることではなくありのままの自分でいることこそ、真の男女の結びつきの条件なのです。

　私が思うには、あなたはそうして自己防衛で応えるよりも、自分の真実をパートナーと分かち合ってみたらいかがでしょうか？　そうすればあなたの真実こそ、彼女があなたの口から本当に聞きたかったものだとわかるかもしれません。

A　しかし、彼女がそれだけで満足してくれるとは決して思えませんが。

——もちろんです！　純粋で真実な心をもった本当の結びつきに対して、誰でも「ここまでで充分だ」と満足できるものではありません。

A　方法は違っても、あらゆる人がそれを求めていることには変わりませんね。

——その通り。ではもう問題はないでしょう？

A　でも、女性たちは自分の感情がわかっています。だからはじめて顔を合わせたどうしでも、互いに苦もなく個人的な話に入れるのですね。男はだめです。きっかけはつかんでいても、先へと踏み出すことを自分に許さないのですから。

——そう！　そこが本当に問題なのです。先へと踏み出すことを自分に許さない。男が自分の感情についてわかっていないのは、ほとんどの場合、自分の奥深くに流れるいのちの脈動に耳をすまさないからです。おおかたの男たちが自分の内面の体験を尊重し、そこに意識を向けているような状況を想像できますか？　すべての物事が変わってしまうでしょうね。

自分の内なるリアリティーを受け入れたとき、心の奥深くに埋もれた源泉が見つかります。内なる女性性と切り離された男はひからびています。だから男どうしでこんな話をすることが難しいのです――心があまりにも乾き切っていますから。内なる女性性を受け入れれば、そこからまるで砂漠のオアシスのように、温かさや潤いや充足感がわき出してくるでしょう。

男の陽の力が、こうした繊細さや感じやすさをともなって発揮されれば、内的な体験から切り離されて乾き、もろく硬直した自分を克服し、私たちははるかに大きな力を手にすることができるでしょう。これこそ、この世界にどうしても必要な、内なる結婚、霊的交わり《コミュニオン》なのです。

II.

ここに掲載した会話は、五日間にわたるカップルのためのワークショップの最後に行なわれたものである。男性と女性は、それぞれ自分たちのグループで話し合いを持ったあと、合流した。ここでは部屋の一方に男たちが、反対側に女たちが向かい合って座っている。彼らは二部合唱のように二手に分かれ、自分たちの感情や欲求や相手への関心についてやりとりをはじめる。

女 もし私が完璧に私らしくなったら、あなたをまるでローラーみたいに押しつぶすわ。あなたはきっと逃げ出すでしょう。だから、あなたのそばにいるときには、いつも自分の力を抑えるようにしているの。

男 それじゃぼくはどうすればいいんだい？

女 何も。何もしなくていいのよ。

男 それなら、一緒にその先へ進もうよ。さっきのことは、どうなればいいと思って言ったの？

女 べつに。ただあなたに聞いてもらいたいと思って。

男 とくに何もいらないわけ？

女 聞いてくれたらそれでいいの。

男　だけど、ぼくのために君が自分の力を抑えても、それは他の形でぼくにはね返ってくるんじゃないだろうか？　それじゃ落ち着いていられない。そうならないように、なにか手を打たなきゃって気がしてくる。

女　私が自分の力を前に出さないときには、決まって、男の人のせいでそれが奪われている、そんなふうに責任を押しつけてしまうの。だけど、私から力を奪うのは男の人じゃないのよ、確かに。自分はだめなんだという思いこみが力をなくさせるのよ。

私には女性の力とは何なのか、全然わからないの。男の人も自分の力を失うことが恐いとしたら、女性と同じ理由よね。誰でも同じなのよ、人間であるかぎり。

男　ぼくには、自分が相手にふさわしくないんじゃないかという不安が根強くある、それがわかったことでとても力づけられた。女性から見て自分に値打ちがないと思っているわけじゃないけど、もしかしたらそうかも、という不安がいつもあるんだ。感情を表現してほしいというようなプレッシャーを女性から受けると、それは自分にはとても無理だと感じて不安になる。女性から、ぼくじゃ不満だと思われたくないんだ。

女　「ぼくは君には物足りないんじゃないか」というあなたの不安を聞いて、ちょっとがっかり。私はそんなふうに考えないもの。私はあなたに、私と一緒にいて人生をともに歩んでほしいだけ。べつに完璧でなくてもいい。ただ私とともにいてほしい。これだって押しつけみたいに聞こえるかもしれないけど、あなたとともに生きていきたいというこの気持ちが、押しつけにとられて、あなたの自己不信のきっかけになったらいやだわ。私だって、自分が相手に満足してもらえないなんて思いたくない――それがどんな感じかもわかる。でも私は、私自身の弱さもあなたの弱さも引き受けて生きていける、それをあなたに知ってほしいの。

男　心の奥底では、君がぼくの弱さまで引き受けてくれるかどうか自信がないんだ。君がぼくのいろんな弱点を目にしたら、うんざりして逃げ出すんじゃないだろうか。

女　あなたが自分の弱点まで明かしてくれようとするなんて、心がふるえる。そんなふうに自分自身を見せてくれるという気持ち、すごくうれしい。今までよりあなたが身近に感じられるし、もっと愛したくなってくるわ。

男　でも正直言って、弱点を愛されてもうれしくないな。ぼくが自分の気持ちや感情を見せたから、愛される価値があるのかい？　ぼく自身の力強さや価値、自分で長所だと思うところなんかを認めてもらえないと、しっくりしないな。それに、ぼくからは君に何があげられるのだろう？

女　あなたは今、自分にとって、あるべき自己イメージが通用しない、心の中の不確かな生々しい部分に触れている。それなのに、私に対してありのままでいてくれている。だからあなたとつながれる気がするの。あなたの中の、いつでも物知りで有能なところとは、私はつながれない。それよりあなたの中の、新しい方向を見つけはじめているような部分の方がなじみやすい。それがまだうまくいっていなくてもね。

男　それについて、ぼくの気持ちも聞いてほしいんだけど。君の言ってることは、君にとっては真実だろう――心の中の生々しい部分を感じている男とはつながれるということ。だけど、ぼくが自分のいちばん誇りに思っている部分を、君からつながれないと言われたり、嫌いだとまで言われるのはつらいんだ。まるで、「男は弱くて傷つきやすい方が愛せる。自分らしくて力強い男は愛せない」と言われているみたいだから。

男　パートナーから女性に対して自信がないと言われて、そのほうがかえって愛情を強く感じるなんて、皮肉だね。彼が男としての自分をいちばん愛せるのは、その有能さの部分なのに。

女　そうじゃない。そういう意味じゃないわ。

男　でもそんなふうに聞こえることが多いよ。生々しい感覚と言うのはわかるけれど、自分のことでいちばん自信を持っている部分に女性から「あなたのエネルギーを感じる。とても素敵」ではなくて、「あなたはちょっとがさつ過ぎるわよ。自分のことしか頭にないんじゃないの」なんて言われてしまうとね。しっかりしているときよりも、弱さ――違ったふうに見れば本来の弱さではないのだろうけど――を見せたときの方が愛されるみたいだね。どうもしっくりしないけど。

女　でも私、いま心強さを感じて、すごくどきどきしてきた。男の人たちがとても率直で、誠実に自分のことを話してくれるから。それがとても刺激的。

女　〝弱さ〟とか〝力強さ〟という言い方は、私は好きじゃないの。私が求めているのは、強い人とか弱々しい人とかじゃない。誠実で正直で尊敬できるような、そんな人に出会いたい。力強い誠実さを持った、まっすぐな性格の人——強いときでも弱いときでも誠実さを失わない、それが本当の強さということだから。

女　誠実さこそ強さ。真実であること——それが強さだわ。

男　本当の強さっていったいなんだろう？　よくわからないよ。ぼくがひっかかってるのはそこなんだ。ここにいる男の中で、子供のころ父親といい関係が持てたと思っているのは、たったのふたり。他の人には、本当の力強さの見本になるようないいモデルがなかったんだ。それを知ろうとしても、あいも変わらず西部劇のヒーローみたいな、型にはまった男らしさ以上には進めない。どんな方法を試したところで、とどのつまりぼくたちのお手本は——求めているものは——ぼくたち自身以外にいないんだね。

女　パートナーがいつも誠実でいてくれなくても、彼を愛したいと思っているわ。だけど求める気持ちがとても強くなって、待ちきれなくなることもときどきある。

男　ぼくは、自分がとり逃がした子供時代、本当の意味で一度も体験できなかったその子供時代のことをすごく悔やんでいる。そして、本当の男になるためのしっかりしたモデルになってくれなかった父親にも、強い憎しみがある。だから、心の中にぽっかり穴が開いているんだ。男どうしで話し合ったとき、ぼくたちは母親のことには少しも触れなかった——父親にまつわる喪失感がそれほど強かったから。

女　それを聞いてわかってきたわ。あなたたちにとって歪んでいるのは、母親との関係だけじゃないのね。それがわかってよかった。

それから、男の人は女性みたいになるのがいやなのね。その気持ちははっきり尊重したい。私は男の人の男性としての部分、ありのままの男に出会いたい。あなたたちは自分が適当な男のモデルを持てなかった、だから男らしさがわからない、というのね。でもあなたたちと顔を合わせてると、なんて私とは違うんだろうと思うの。その違いが何なのか、もっと知りたいわ。男の人に、私と同じようになってほしいとは思わない。

自分が男の人に対して、もっとぴったりくるような言い方をしてほしいと求めてしまうことは、よくわかってるわ。でも本当は私の方も、男の人の表現のしかたを知る必要があるの——そのためにあなたたちの得意なやり方に合わせることになっても。女性だけが人間関係の専門家だなんて思わない。

男の人が自分にプライドを持っているとわかって、好感を感じたの。男の人だって、男としてのプライドを感じたい、でもそれをどうつかんでいいのかわからない、そう理解したのだけれど。あなたたちが男として何を誇らしく思ってるのか、もっと聞かせて。

男　女性にいちばん伝えたいのは——実行できるかどうか自信はないし、まだ実現に向けて努力中というところだけど——ぼくたちの可能性に対するヴィジョン、リーダーシップをとること、集中力、がまん強さ、ねばり、安定感……そして冒険をすること、そういったことかな。

男　ぼくは父親不在の家庭で育ったから、自分の子供たち、とくに男の子に対しては、スキンシップをとることに喜びを感じるな。抱きしめたり、取っ組み合いをするのはいいものだ。それが、彼らのそばにいるときのぼくのやり方だから。そうはいっても子供と台所ではしゃぎ回ったりすれば、妻をいら立たせ、怒りのボタンを押してしまうようなことにもなる。彼女がいやがったところでぼくはやめないけど、なぜ男のこんなばか騒ぎを女の人はいやがるのか、よくわからないね。

女　男の人たちの戯れを見るのは好きよ。この間、招かれてロータリークラブでワークショップをする機会があったの。全員男。ひとつの部屋の中で大勢の男たちに囲まれている体験なんて、それまでなかったと思う。興奮したわ。強いエネルギーと、大きなパワーと、すごく楽しいことばかりそこで体験したの。最高だった。

男　今までぼくたちが話してきたのは、男とは何だろうということばかりだったね。でも結局、「じゃ、ぼくたちって何なんだ?」そんな疑問が残るばかりだ。だって、ぼくらは自分たちがいったい何者なのか知らないんだから。どうやらぼくら男は、発展途上のような状態なのかもしれないね。

男たちは長い間、女たちの変身に対して右往左往するばかりだった。君たちが変わるたびにそれに合わせようとし、君たちの要求についていけるだろうかと確かめる努力ばかりしてきた。そうして自分たちのことを見失ってしまったんだ。

とにかく今までやってきたことが良かったのか、この方向で向上していけるのか、いったい男とは何なのか、まだわからないでいる。ぼくらは、これからどこへ行こうとしているのか。どうすればそこへ到達できるのだろう? 男には、自分たちで見つけていく自分たちの方向が必要なんだ。女の人に刺激されて、はじめて自分を発見できるなんていやだ。だけど女性の存在はあまりにも大きくて、その影響を避けることはできない。

女　あなたの言うことはわかるわ。私たちだって変わっていってるんだから。自分が強くなっていったら女らしさを失うかも、そんな不安を持つことがときどきある。それは、私が強くなることを夫が望まないから、というわけじゃないの。実際夫はパワフルな私を愛してくれるし、心から喜んでくれるから。だけど私はまだ、そんな新しい自分のあり方に踏み出すことを、心のどこかで恐れている。それが不安なのよ。

男　自分が男らしくなるにはどうしたらいいのか、それがどんな意味を持つのかときどきわからなくなる。だけど、はっきりしているのは、女になりたいわけじゃないということだ。

女　私たちも、女であるということがいつもわからないわ。ただ、男になりたいわけじゃない、ということだけは確かね。

男　いま自分たちが体験しつつあるこのプロセスを、ぼくは全面的に信頼している。ここにいる男も女も、「まったくわからない」と言っているようだね。わからない――いいじゃないか。そんなあいまいさの中でこそ、挑戦することや、分かち合いやつながりの機会が得られるのだから。それに、今ここで何が生まれようとしているのかも見えてくる。

ひとつだけはっきりしているのは――もう後戻りはきかないということ。昔に戻って、父親がくれなかったものをとり戻すことはできない。それは、今ここで見つけるしかない。ぼくたちにはそのための、大きなエネルギーがある。

――ここで二つの選択肢があります。そのひとつは、「男らしさとは何なのだろう？　それがわからないのは、きっと自分がおかしいんだ。自分がどうあるべきかわからないのだから、女性に対してもふさわしい人間であるわけがない」と考えること。もうひとつは、「ぼくはまだプロセスの途上にいるのだから、男とは何かがわからないでいるんだ」と見ることです。

後者こそ、男である上で重要なことです——新たな可能性に向かってゆく意志、エッジと取り組むこと、つねに男の存在証明を見い出し続けること。人生はいつも発展途上です。男たちがプロセスの途上にいること、発展しつつあることは少しもおかしいことではありません。

女　ウェルウッドさんのさっきの言葉で気づいたのだけど、女もプロセスを歩んでいるのよ。女性解放運動は、私という個人には大きな力を与えてくれたわ。だけどそこからは、男性との関わり方については何も学べなかった。正直言って、かえって大きな問題が生まれたの。母親の時代に生まれた方がよかったと思うこともあるわ。私は彼女たちの経験の蓄積から、男性とのつきあい方について学んだ部分もあったから。男性との関係に恐れがあること自体、私自身もまだプロセスの途上にいるという証拠なのよ。

男　子供のころから青年期にかけて、ぼくらは自分の感じ方について話し合う機会を持たなかった。ぼくらの話題といえば、野球の試合でどっちが勝ったとか、どんな女の子とデートしようとか、流行の車のことなどばかりだった。思春期の心の変化とか、仲間にうまく溶けこめないときや、すべきことをしないで父親から叱られたときどう感じたか、などの話題はなかったな。ふつう男は、そういう話はしないんだ。だから、何々をどう感じるかと聞かれても、ほとんど何も出てこない。ぼくらは成長の過程で、気持ちを外に表すことをまったくしてこなかったからね。

女　それならその気持ちはどこへ行くの?

男　飲みこんでしまう。

男　今話してるのは、とても重要なこと、君たちに本当に聞いてほしいことなんだよ。男が、自分の気持ちについて話すなんて女のやることだと思うのには、こんな背景があるんだ。ぼくたちだって何かを感じている。けれど、それをどんなふうに言葉にしたらいいのかわからない。

このセミナーの三日間、ぼくはとても強い心の動きを感じていた。からだが総毛立つ思いをしたり、本当に感情的になったりもした。なのにそれがどんな感じだったのかというと、言葉に表せない。ぼくは、エッジにいたのだと思う。でもそれを言葉で表現できないんだ。そして、話してくれと言われてできないと、自分は無能なんじゃないかという不安が突き上げてくる。

女　そうね、むかし母が言ったことは正しかったんだわ。女の役目は男の人のエゴを守ってあげることだって……。

男　申し訳ないけど、ぼくは自分のエゴを守ってなんかほしくないな。

女　そのことで男の人に言いたいのだけど。私は、男性からもらえる力強さや恵みといったものを認めるし、尊重してる。だからあなたたちにも、私たちが差し出す贈り物や、お互いが成長していく上で女性の方が経験があるような部分を、認めて評価してもらいたいと思うの。私たちのそんないい面を——それがあなた方の男らしさをだめにするかどうかは別にして——自分が相手にふさわしいかどうかという問題にからめずに、目を向け、認めてほしい。
女を歪めている問題点は、男の人にこんなふうに成長してほしいと要求したり、自分のエゴからそんな言葉を言ったりすること。でも、そんな中にも真実は隠されている——女には特別な恵みが与えられていて、あなたたちに教えられる部分もある。そんなところを尊重してほしいの。

男 女性が評価するぼくたちの強さとは、どんなものなのかな?

女 男性が描くヴィジョンは素敵だわ。あなたたちの力強さも愛すべきもの。激しい動物的なセクシュアリティーも、個人を超えた大きな知慧を発揮できる能力も素敵だと思う。かけ値なしに私は素晴らしいと思う。男の人のそんなところは、文句なしに尊敬できるの。だから私の持っている女としての力に対しても、それにくじかれることを恐れずに、尊重してほしいのよ。

男 女が精神的に男より成長している、というのはどんなことなのか、説明してもらえないか? ぼくはそう言われると自分のことを無能だと感じてしまうのだけど。

女 男のあなたたちが、私が苦手な分野で先んじていることは認めるわ。そんな部分では男の人の方が先達なのよね。だけど逆に、あなたたちが苦手な分野で私が進んでいる場合もあるんだ、ということも認めてほしいの。私が教えてあげられそうな部分について、すぐに対抗意識を燃やしたり、自分を無能だと感じたり、私にやりこめられるなんて心配をしないで、男のあなたたちにもそこを認めてほしいのよ。

男　君の言うことがわかるしそれに感謝したい、そう素直に認めたいな。心を開いて、女性の話から学びたい。

――そうはいっても、彼女たちの発言に不安をかき立てられるのも事実ではありませんか？　現代社会では、男が女から学ぶというのは、不安を感じてあたりまえなのですから。

女　私は「精神的により成長している」といった考え方に少しひっかかるわ。私は、男または女の方がすぐれているといったことを口にしないように注意したいの。男には男の恵みがあるし、私たち女にも恵みがある。一方の力が相手より勝っているということはないわ。それはただ、自分が伸ばすことができないような力を相手が持っていてそれを尊重できる、というだけの話だから。

男　ぼくのパートナーは、深く関わり合うことやそれについて話し合うこと、気持ちを言葉にすること、ぼくが一度も意識したことのない心の領域に踏みこむ手助けをしてくれる点で、あなたにはいやな言葉だろうけど、「精神的にぼくより進んでいる」。それを認めても、不安になったり責められてるようには感じないな。それには感謝してる。彼女がそんなふうに助けてくれるのがうれしいんだ。

男　せっかく教えてもちっともぼくが学びとらないので、君は教師役をつとめることにうんざりし、あいそをつかして逃げ出してしまうかもしれない、そんな根深い不安がぼくの心から消えない。ぼくはそれでも、君がぼくの人生に与えてくれるものからもっと学ぼうとがんばっている、そこを知ってほしいんだ。こんな気持ちをどう言えばいいかわからないけど、ぼくは努力している。だから、辛抱強く待っていてほしい。

男　君を傷つけはしないかとすごく不安なんだ。でも、それでも傷つけてしまう自分は、だめな人間だと思う。もしかしたら君を、感情的に立ち直れないようにしてしまうのではないかと思うと、すごく不安になる。

女　私に対して何もかも完璧であってほしいというわけじゃないわ。ただあなたが、あなた自身に目を向け、自分と取り組んでほしいだけ。私自身もそうしたいと思ってる。「ぼくが何をしてあげても、君はうれしくないんだね」とよくあなたは言うわね。こうしたら私が喜ぶかな、なんて考えないで。あなた自身の喜びを探して。あなた自身に戻って。そして、私にもそうさせてほしいの。

男　ぼくは長いこと、自分のヴィジョンを保ち続けることに苦労してきた。女性からの要求に何とか応えようと頭がいっぱいなのに、現実にはそうできていない自分が見えると、そのヴィジョンまで失ったように思えてしまう。

男　あなたたち女性がぼくらよりも大人だと思うのは、自分の苦しみに触れ、すぐに解決できなくても、それとじっくりつきあっていける能力だな。ぼくらは自分の痛みや苦しみを認めるというところまで、ようやくたどりついたばかりだから。

女　そこが、私たちが男性を導けるひとつの点かもしれないわね。

男　ハートで導いてくれるなら、ぼくらも君たちの教えをハートで受けとめられるだろう。でも、君たちと同じになるよう求められたくはない。

男は、女性と深くつきあうことで男らしさを獲得していくのだ、と思うことがよくある。でも、それも解決にはならない。女性から学ぶことはたくさんあるけれど、どうしたら男になれるかは教えてもらうわけにはいかないんだ。ぼくらにこうしろと言うのではなく、君たち自身のありのままの姿を通して導いてほしい。

女　賛成だわ。

男　でも女の人は、男の方が慣れていて進んでいると思える部分より、自分たちのやり方――女性が先を行っている部分――の方がすぐれていて、程度が高くて、価値があると決めつけているんじゃないか、結局ぼくにはそう思えてしかたないんだけどな。

――ここでは相手側のことを指摘するよりも、「四つの真実」の原理（一五〇ページ参照）をもっと応用していく方がいいのではないでしょうか。自分が気になっていることを言うだけではなくて、お互いの間の真のコミュニケーションを妨げている歪みを認めるために。

女　私たちの歪んでいるところは、エゴや自分の問題と混同せずに、自分の存在そのものやハートを通して男性を導く方法をなかなか見い出せないことね。それが人としてめざすべき態度だし、だからこそ学んでいるんですもの。そうなれるように成長していかないと。

女　でも、ハートでそれを受けとめるのは苦しいわ。ハートが痛む。

――心に痛みを感じるとき、自分はどこか間違ったところがあるのではないかと思う。それが私たちの歪みのひとつですね。だからそれを隠し、すべてが順調だというふりをする。「大変じゃないのか？」「いや、まったく平気、大丈夫」。こうして私たちは、相手に心を開いて学ぶことができなくなるのです。

男　成長の過程で、男たちはルールの枠づけの中でゲームをしてきた。でも、女の人とのつきあい方のルールについては、まったく何も知らない——それはつねに変わり続けるからね。だから、つきあいというゲームのしかたがわからない。たとえば、これがルールその一、その二、その三、そんなふうにはっきりしていたら、話は早いのだけど。

——しかしルールをつくるというのは、エッジに身を置くことから逃げる、都合のいい言い訳になりますね。それは言い逃れのひとつです——適当なルールをあてはめて自分のあるべき姿を描こうとする。「ルールがはっきりしさえすれば、心配ない。この状況をうまくこなしていける」これはまた別の種類の歪みです。

男　でもウェルウッドさん、思い切った取り組みをするためには、ある男たちにとってはそうした安心を確保しておく必要があるように思うんです。あなたがどんなルールも認めないと言うのは、また別のルールをこしらえているように感じるのですが。

——どんなルールもあってはならないという意味ではありません。ときにはふたりの間で、基本的なルールは必要です。私が意味する歪みとは、安心感を得るため、自分の行動が理解できていることを確かめるために、自分の欲求に見合った都合のいい基準を他から探してくることなのです。それは自分が置かれた状況を引き受けずに逃げることですから。

男　そうですね。それじゃハートの生々しさはどうなってしまうのでしょう?

女　そうね。私自身の歪みは、男の人にルールを決めてほしいと期待することにあるわ。父はいつでもルールを決める人だった。だから、ほとんどのルールは男の人が考えるもので、それが世界を支配してきた、そう思えてしまう。そんなわけで私は、男性なら何でもわかるはずだと考えるようになった。その思いこみは今でも同じなの。そんな自分を認めるのは苦しいけど。

女　男性との関係に求めたいのは、純粋さね。男でも女でも、人間だったら心にいろいろ感じることがあると思う。でもそんな感情が伝わってこないと、相手に信頼感が持てなくなる。あなたには純粋さがないんだ、と思いはじめる。その上、自分自身も信じられないようになるの。隠しだてされたりすると、不安になる。あなたたちが私たち女性と深く関わり合うことを大切に思い、私たちへの純粋な関わり方を学ぼうとする意志があるかどうか私は知りたい。

男　ぼくらは自分の感情に対して、とても大きな恐怖感がある。だからそれを隠したりするんだ。どうしたら本当に男として生きられるのか、ぼくたちは苦労しているんだ。

女　よくわかるわ。

男　男は女性に対してだけではなくて、男どうしでも壁を築き合っている。女は男を愛し、男は女を愛する。だけど、もっと男が男を愛するようになれたらと思う。男は男であるというだけで、お互いに大きな恐れを抱いている。ぼくたちはもっと強くなって、つまりお互いへの思いやりに加えて自分の傷つきやすさもさらけ出して、そんな恐れを乗り越えていかなくてはならない。

ひとりの人間としての自分自身を愛するためには、まずは男に対する愛し方を学ばなければね。それではじめて、女性に対してもすべてを注いで愛していけるようになるんだと思う。

男　ぼくたちのやさしさを引き出してくれる女性に心を開く方が、ぼくたちのやさしい部分を尊重してくれない男に心を開くよりずっと簡単だな。

女　それはあなたたちの心が不安定なとき、受け入れてくれなかった父親に対して抱いた感情と同じじゃない？

——私たちの父親もほとんど、苦しみを感じることを自分に許しませんでした。彼らが自分の「感じる心」とのつながりを持っていなかったので、私たちは彼らとつながれなくなり、そして私たち自身ともつながれなくなってしまったのです。

女　ここ何分かのあなたたちのやりとり、私には聞こえていなかったの。心がいっぱいで。若いときには、男の人の方が女よりもほとんどの部分でものをよく知っていて、優れているんだと思いこんでた。でも大人になるにつれて、そんな評価はだんだん落ちていったわ。部屋に一歩入るでしょう、そこにいる女のほとんどに興味がわくけれど男たちにはあんまり惹かれない、そんな具合。

でも今ここでわかってきたのは、あなたたち男性が何を話していても、ここにいるそれぞれの顔を眺めわたすと、興味のわかない人なんてひとりもいない、一緒にいて退屈するような人もひとりもいないっていうこと。男の人たちの苦しみ、そして誠実さを感じたわ。それが、私の心の中の何かを開いてくれた。

私が今まで不当に評価してきたどんな人たちも、もう一度受け入れていける、そうわかってとてもうれしい。あなたたちを尊敬するし、感謝している——そしてそれを感じることのできた私自身にも。本当によかったと思うわ。

——それではミーティングはここまでにして、お互いに礼をして終わりましょう。

第12章 愛のマジック

あなたのいちばん深くに隠れた本質を、あなたとともにあるものの中に探し続けなさい。

――ルーミー

ふたりが一緒に暮らしていくにつれて、お決まりの日常におちいることは避けられない。お互いに役割を割りふり、あらかじめわかりきった反応をくりかえし、お定まりのニュアンスやほのめかしのやりとりを続ける。

すべてこれらは、「あなたのことはよくわかっている」といった一方的な思いがつくり出したものだ。お互いに知ったり知られたりしていくのは心地のよいものだが、慣れ親しんでいくにつれ、ふたりの関係から肝心なエキスがこぼれ落ちていく恐れもある。

そうこうするうちに、どちらか、またはお互いに別の恋を夢見るようになる――自分がまだよく知り合っていないそんな人との。かつての自由をとり戻したくなるのだ――知りつくしたことからの自由、はじめて会ったころの気持ちを求めて。

相手の中の何を愛するのか？

相手との関係にあまりにも慣れすぎたと感じたら、私は相手のどんなところを本当に愛しているのか、と改めて考えてみることだ。

それは彼女の肉体だろうか？　確かに肉体は快楽を与えてくれる。私はその動き、感覚、香り、味わいなどに魅力を感じる。もし、そのからだが病気にかかったり、老いのきざしが現れはじめたとしたら、落胆をおぼえるかもしれない。しかしそれでも、彼女に対する私の愛情は変わらないだろう。もし肉体が愛の対象でないならば、肉体の中の彼女の存在を愛しているのかもしれない。しかし肉体の中にある「彼女」とは、いったい誰なのだろうか？

それでは私の愛の対象は、彼女の性格なのだろうか？　私はそれになじんできた。あるときには私を喜ばせ、ある時にはいらいらさせる。ふたりの性格は互いに手をとり合い、あるときには楽しげに、あるときには痛みとともにダンスを踊る。そして私は、彼女の肉体に執着するように、その性格にも何らかの執着を持つようになる。

しかしお互いの関係がこのレベルにとどまっていると、それは広がることも、深まっていくこともなくなり、しまいには疲れを感じてくる。

そう、私がもっとも愛するものは彼女の性格ではありえないのだ。

私が愛するのは、彼女の沈黙の言葉、とらえられない動き、肉体や性格という装いの向こうにあるもの。それともそれは、彼女の肉体や性格の中に存在するものなのだろうか？　深く考えれば考えるほど、私は存在の神秘へといざなわれる。

もちろん、お決まりの言葉でこれに即答することはできる――彼女の魂、それこそ私が愛するもの！　しかし「魂」と言ってみても、それはたんなる言葉、概念、説明にすぎない――そこには真実は何も語られてはいない。いったい魂とは何かを、私たちに言い切ることなどできるだろうか？　それは名前のないものを呼ぶための言葉だ。

「魂」という言葉は便利だ。それは日常的に使われ、さまざまな含みを持ち、いろいろなことを連想させる。しかしそれゆえに問題もある。「私が愛しているのは彼女の魂だ」と言うことで、私たちはその意味がわかっていると思いこむのだが、実際には、自分が本当に愛するその魂というものについて、皆目わかってはいないのだ。

彼女の目を見つめていると、こんな疑問がわいてきてしかたがない。「君を君自身として存在させている『君であること』とは、いったい何なのだろう？」私の愛するその「君」とは、条件づけされた人格といったものよりはるかに深く広い存在であり、純粋な存在としての「君」よりも、ずっと不可思議で独特なものだ。

ここでどうしても、目の前のその相手の存在の神秘を言葉で表そうとするなら、その神秘をそこなうことなく表現できる、「真如」(suchness)という言葉を使いたい。ここでいう真如とは、あるがままということ、「その人自身であること」という意味である。

そのままの相手を愛すること

私は彼女のそのままのあり方を愛する。そうした「そのまま」の存在のしかたには、これだという定義はない。一瞬一瞬に、彼女の「そのまま」は、わずかに異なった表情を見せる。彼女が彼女自身であること、その、「そのまま」の姿は、はてしなく変わり続け、新しい表れかたをする。それはダンスのように、あるときは熱狂的に、またあるときにはやさしく姿を見せる。

私が彼女の本当の姿をつきとめようとしていることを彼女に悟られていないとき、そうした「そのまま」の彼女がふとわかることがある。けれどそのあと、私の疑問はますます深まるばかりだ。彼女のそのままの姿をとらえようとすれば、それは水のように私の指の間からこぼれ落ちる。彼女の中にあるその本当の姿を感じとるには、細心の注意をもって近づいていかなくてはならない。

D・H・ロレンスはこう述べている。

> いのちを捕まえようとするなら、そっと忍び寄らなくてはならない。木の根もとにくつろぐ鹿に近づくときのように。少しでも乱暴なふるまいや身勝手な自己主張があれば、いのちは逃げてしまう。(……)しかし静かな心を持ち、自己主張を手放し、深く真実の自分になっていけば、相手という他者に歩み寄り、その壊れやすいいのちの本質を知り、触れていくことができるだろう。

日本の俳人・松尾芭蕉も、あるがままの神秘に近づくことがいかに重要であるかを説く。

> 松のことは松にならへ
> 竹のことは竹にならへ

この言葉について、哲学者西谷啓治はこう解説する。

それは単に松を仔細《しさい》に観察せよといふ程度の意味ではない。まして松を科学的に研究せよといふようなことでは全然ない。むしろ、松が松自身であり竹が竹自身であるところの、それぞれの自体的な有り方に自分自身もなつて、そのところで松を見、竹を見よといふことである。それらが如実に現成《げんじょう》しているその次元へ参入する、といふことを要求してゐるのである。

（『宗教とは何か』創文社刊）

これは、マルティン・ブーバーが言うような「木がもはや〝それ〟でなくなる」ところ、つまり思考や観察の対象でなくなる領域での出来事である。松のことを松に習うとは、そのもの自体、そのあるがままの姿に入りこみ、私たち自身もそこでありのままの自分となって向かい合うということだ。

そこでロレンスや芭蕉の言葉にならって、こんな言い方をしてもいいかもしれない。

「愛する者のことは愛する者自身から習え。相手を知ろうとするのではなく、相手の存在そのものに入りこみ、あなた自身の存在をもって向かい合え。そうしてはじめて、相手の本当の姿をかいま見ることができるだろう」

ありのままの彼女と向かい合うということは、まじり気のない「汝《なんじ》」、「聖なる他者」としての彼女を体験することだ。「あなたを愛している」と言うとき、それが意味するのは、「私は私自身を通して、あなたがまるごとあなたである場所で、あなたを受けとめる。私はあなたが、他の誰でもなくそのままの姿で現れている、聖域に入りこむ。私はあなたの存在の源を訪れる者となろう」ということなのだ。

絶対的な次元――純粋な存在、純粋なスピリットの領域――では、パートナーと私はひとつである。しかし相対的な次元――具体的な物事の領域――においては、ふたりは永遠に二つに分かれたままだ。しかしいろいろな点から考えれば、一体であることよりもむしろ二つに分かれていることの方が、まったく不思議である。宇宙の中で働いている神の摂理が、こうした形――つまり私とはこんなにも違った「彼女」という人間の姿で現れているということは、私の理解を大きく超えている。

だからこそ、パートナーの死は大きな悲しみなのである。もし彼女が死んだとしても、私は気をとり直して誰かをまた愛することができるかもしれないが、他の誰も、彼女とまったく同じように私の気持ちを揺さぶったりかき乱したりすることはできない。ありのままの彼女によって、私は神秘の窓を開き、素晴らしい眺めを目にする。他の誰も私に、それと同じ世界を見せてはくれない。無執着ということについて、精神世界の教えには枚挙にいとまがないが、ふたりの魂がつながり合っているという真実は変わらない。

聖なる領域へと還る愛

それでもときには、古くからのなじんだ性格のパターンに圧倒されて、相手も私もこうした深いレベルのつながりを見失うことがある。そして私は再び、彼女を支配したり変えようとしたりする対象として考え、彼女の表面的な姿に対して反応をはじめるのだ。

ブーバーはこれについて、「これは、世界中の〝汝〟を〝それ〟に変えずにはおかない、私たちの運命的な強い抑うつ志向《メランコリー》である」と言っている。自分自身や深く愛する者たちを、自分の思考や詮索《せんさく》や計略の対象として扱うといった分離の状態をもたらす、この運命から私たちは逃れることはできない。長年続いていくふたりの関係はいつも、聖なる我と汝の関係をはずれ、お決まりの自己と(心の中の)他者とのドラマへとおちいっていく恐れがある。

パートナー(「汝」)のことを自分のいつもの習慣や性格づけでこしらえた対象物(「それ」)として扱えば、必ず私も、自分の性格づけの枠に閉じこめられることになる。ルーミーは、こういった態度にパートナー側から見た警告を発している。「もしもあなたが私を決めつけ閉じこめるなら、あなたはあなた自身に飢えることになる」と。

それでも、自分が飢えているという事実を認め感じることができれば、それは聖なる渇望へと変化する。そこから私は再び神聖な領域に入り、聖なる一体感と互いの聖なる他者性のうちに、ともにお互いのいのちを発揮させるようになるのだ。

私が彼女の中で愛しているものは、つかむこともとっておくこともできない。私にできるのは、移りゆく一瞬一瞬のうちにありのままの彼女の姿をかいま見ること、そしてつねに新たにそれを発見し直すことだ。「彼女のことはわかっている」といった考えを捨てたときはじめて、彼女自身のことがわかりはじめる。

こうして、愛する相手の知りつくすことのできない本質を受けとめることで、私は存在の神秘へとくりかえし連れ戻される。パートナーの存在の源《ホームグラウンド》にたどりつき、そこで彼女に出会うとき、私も自分の源へと還る。私は、名前や姿形という境界を超えた自分自身、本来の私に戻る。これこそ愛の魔法のなせる技なのだ。

第13章
失望、献身、そして魂の成長へ

期待は決してかなえられない。期待をかければ、それに束縛される。本当のあなたは、期待から自由な人間なのだ。

――H・L・プーニャ

情熱的に相手を愛するとき、私たちの中に思いをかなえたいという強い願いがわいてくる。しかし、自分が自分に満足できずにそれを相手との関係に期待すれば、落胆することは避けられない。

相手が自分と同じく不完全で苦しんでいる人間であることに気づいたとき、愛情や情熱といった感情が永遠に変わらないわけではなく、相手とつきあっていけば望み通りの幸せにたどりつけるとはかぎらないとわかったとき、私たちの抱いていた幻想は打ちくだかれる。たとえパートナーが、こちらの望むような条件をすべて満たしていたとして、ふたりの関係が真に尊いものであっても、それで自分の願いがすべてかなうということにはならない。

地獄の門に立つとき

お互いの距離が近づいていくほど、ふたりは無意識のうちになれあいの関係におちいっていく。「ぼくは君の足りない部分を補い、助けてあげる。だからぼくにもそうしてほしい」こうしてお互いに、世話をし合い必要とし合っていると思ってしまうような、「共依存」の関係ができあがるのだ。

相手が自分の穴埋めをしてくれると思うことによって、そこに親子の関係と同じような心の枠組みが生まれる。自分のことを未熟で傷ついた子供と考え、パートナーのことを、自分が幼かったときに受けとれなかったものを与えてくれる理想的な親(完璧な愛情、自分という人間の価値と自らを映す鏡とを与え、支えとなってくれる存在)として見る。

完璧に心を満たしてほしいと誰かに期待すれば、私たちは現実に背を向けることになる。そして相手がやはりその期待に応えられないと、私たちは自分を支える根拠を失い、地獄へと落ちこんでいく。

仏教では地獄を、ありのままの現実を否定することや憎しみで心がいっぱいになった状態だと説明している。そんな地獄から逃れようともがけば、事態をさらに悪化させるだけだ。それは自分の置かれた状況に対する、もうひとつの形の否定にすぎないのだから。この地獄から逃れるには、相手に対する落胆の気持ちをそのまま受け入れ、それに耳を傾けていくこと以外にはない。

落胆には必ず、信ずるに足るだけのパワフルで的を射たメッセージが含まれている。私たちはこれまで、自分の願いを見当違いの方向へ向けてきた。そうした幻想がくずれたとき、そこからの教えに耳を傾ければ、私たちは現実に足をつけ、ありのままの真実を認められるようになる。

そうすることができれば、私たちに精神的な成長をうながす、大きなチャンスがやってくる。こうした考え方によって、相手に対する落胆さえ、意識的な関係を進めていくための重要な踏み石になるということがわかるだろう。

成長のためのチャンスをつかまえる

落胆の気持ちを私たちは、お互いの絆に変えていける。落胆を通じて私たちは、「心の中の穴を満たすために、外の世界に愛を求める飢えた子供」という心の枠組みに閉じこめられてきた自分を、そうした忘我の状態から目覚めさせることができる。

はじめのうち、そうした幻想がくずれていくのを受け入れるのは苦痛である。それは強い喪失感、飢え、悲しみなどをともなうからだ。そこにある虚しさとは、昔からおなじみのものだ——私たちは人とのつきあいによって、その奈落の空洞を埋め続けてきたのだから。

しかし、愛や精神的な充足を自分の内に求めず、それを与えてくれそうもない相手から得ようとするなら、その空虚からくる苦痛はますます耐えがたいものになる。私たちは子供のころ、持って生まれた善の土壌に信頼を育てるためには、他者からの愛情がぜひ必要だった。大人になった今も、人から認めてもらい思いやってもらうことは必要だが、そうしたものを自分の内に求めず、「他者」から得ようとばかりしていると、人に対して子供のままの状態からいつまでも抜けきれなくなる。

ここでいう「子供のまま」とは、生きていくために自分でつかんでいかねばならない心の糧を、いつまでも相手——恋人だけでなく、環境、金銭、地位、成功など——が与えてくれるものと考えているという意味だ。大人として成長していくためには、できるだけ人に助けてもらおうとばかり考えることをやめ、自らの存在の源から自然と流れ出す創造性と愛にもとづいて生きるように、一八〇度自分を変えていかねばならない。それには、自己イメージの変革が必要だ――過去からのお決まりの心の枠組みがこしらえた偽りのアイデンティティーから、ありのままの真実に対してたえ間なく開いていく、真実の自己へと。

エゴ――「私自身」というわかり切ったおなじみの自己イメージ、自分とはこういう人間だという思いこみ――とは、未成熟な子供の心が、この不確かな世界の中で方向性と安心を手にするためにこしらえた概念である。自分に対するこうした見方が変わらないと、私たちは、過去によって心が縛られ続けるという形で、つけを払わねばならなくなる。表面的な「自分」というイメージは、変わりばえのしない「自己対他者」という心の枠組みからできているのだから。

私たちはそれとは逆に、真の自分自身――わかり切った自己を超えて、つねに新たに、予想もつかない姿で展開し続ける、創造的な存在である生きた私自身――を見い出し、実現していかなければならない。それが、私たちがめざすべき本当の成長なのだ。

このように、男女関係に起ってくる落胆や虚無感に心を開けば、エゴは増長するかわりに、私たちに成熟への道を用意してくれる。しかしこうした心の状態に向かい合うとき、おびただしい数の魔物――過去から引きずってきた根源的な恐れやストーリー――がその行く手に立ちはだかり、私たちの邪魔をする。そんなときには、そうした恐れの数々は自分の内なる子供が抱く幻想であるということを自覚する必要がある。

「そうだ、人から認められたいと叫んでいるのは……望んだときには必ずそこにいてほしいと求めるのは……愛は人からもらえるものだと思っているのは……苦しみは自分より大きく、それを受け入れたら殺されてしまうと考えるのは……みんな私の中にいる子供なんだ」そう考えてみよう。

こうして自分の中の子供のアイデンティティーや、その思いこみを言葉にしていくことで、私たちには深い目覚めがもたらされ、子供のときには深く感じることを自分に許さなかった心の飢えやパニックや絶望感が現れてきても、圧倒されることなく、それらに居場所を与えてあげられるようになる。自分の内なる子供との古い自己同一化は、こうして解かれていくのだ。

落胆や虚無感から生まれる根源的な恐れや思いこみの渦をくぐり抜けていくとき、私たちはまるでハリケーンの目に入りこむような体験をする。その吹きすさぶ嵐の中心では、私たちは混乱してきりきり舞いすることも、自分自身から逃げ出そうとすることもない。自分の経験により直接関わっていけば、悲しみはやさしさに変わり、虚無感は大きく広がり、まるで広大な空間のように感じられてくる。

自分の源に戻る

広大な空間として感じられるこの大いなる解放感は、さまざまな精神世界の伝統によって、意識の中心に存在する感覚として考えられてきた。そこは、人間のあらゆる善い性質がわき出てくる、真実の源だ。抵抗さえしなければ、それを恐れる理由は何もない。恐れるどころか、私たちが長いこと求めてきたものがそこにあるのだ――自ずから心地よさと、安らかさを感じられる、深く満ち足りた体験が。

それこそ、あらゆる恵みが流れ出てくる、望みをかなえる宝石(如意宝珠《にょいほうじゅ》)である。あるとき、私の妻ジェニファーが自分の体験を思い起こしたさいに、こんな詩が浮かんできたという。

あなたの内なる宝石は汚れてしまった
その宝石を忘れてしまうくらいに
何があなたをそれほど夢中にさせたの?
感じなさい
あなたがしたそのひどい失敗を
今からでも遅くない、嘆きの涙が
その汚れを洗い流してくれるから

この宝石とは、私たちのありのままの姿、私たちが恐れのあまり、愛と目覚めの源として受けとめずに、子供のころ失ってしまったものだ。そしていまだに私たちは、その喪失感をかかえ続けている——心の無感覚な部分や穴や空洞のような、欠乏にまつわる不安という形で。そしてそれを、人とのつきあいや、金銭や、世間的な成功によって埋めようとしているのだ。そうした空虚に進んで立ち向かい、入っていかないかぎり、じつはそれがはるか昔に自分が失った宝物が埋もれている場所だと気づくことは決してないだろう。

虚しく満たされない気持ちをもたらす、一見したところ砂漠のような場所のまっただ中にとどまっていることができれば、思いがけず新しいいのちの水がわき出てくる。

アントニオ・マチャドは、彼が書いたある詩の中で「ハートの中で春が芽吹く」という表現を使い、こうした体験を語っている。

隠れた水路の中を
水よ、おまえは私へ向かってくる
新しきいのちの水
私がかつて口にしたことのない水よ

この新しきいのちの水――「隠れた水路」から流れ出る水、地下の水脈、誰もが恵みにあずかれる源泉、それゆえ純粋でみずみずしい味わいがある――それこそは、長いこと私たちが求めてやまなかったものだ。

落胆のはるか深くに隠れたこの源泉にたどりつけば、何事もそう深刻な問題には思えなくなる。そのときそこはもう、地獄ではない。現実をコントロールして問題を解決しようとする過ちを経験して、私たちの心はとても柔らかなものに変えられる。その結果、ここにある真実をそのまま、素直に受けとめることができるようになる。私たちはただそこにあり、心を開いてあるがままに感じ、パートナーに対しても同じく、期待を押しつけずに、ただそこにいることが受け入れられるようになる。

こうして、自分ではない他の何かによって満たしてもらおうとすることをやめたとき、私たちは、多くの聖なる伝統が目覚めへの段階に欠かせないとしている、ある状態――自己の放棄――を体験する。

チョギャム・トゥルンパは、自己放棄とは、自己と他者との境界をとりはずすことだと言う。

自己放棄とは、他者のそばに自分を置き、よりやさしく接し、心を開いていくことだ。真の自己放棄を達成した戦士は、何ひとつ身にまとわず生身をさらしている。彼は、まわりの物事を操ろうというもくろみを一切抱かない。そして少しも恐れることなく、あるがままの彼自身でいることができる。こうして自己を手放すことによって、彼は自分が生きるためのエネルギーの貯蔵庫を見い出し、それをいつでも引き出せるようになる。このエネルギーこそ、人に本来備わった善のエネルギーなのである。

愛する者への献身

こうした放棄は、現実を自分の意志に従わせようとえんえんと無益な苦闘を重ねたあげく、ようやく可能になるものだ。パートナーに自分を満たしてもらおうとあれこれやってみた努力もむなしく、落胆というごつごつした岩の上に落ちて割れたとき、心の底にあった私たちの求めていたもの（それはもはや何かの対象や人ではない）が自ずからわかるようになる。私たちがずっと一体になりたいと望んでいたものとは、じつは私たちの中を流れ魂を生かし輝かせる、宇宙の神秘的な力と知慧そのものなのだ。

その力と知慧に身を捧げたいという思いが、それらを私たちに引きつける。ロマンチックな恋愛に身を捧げるときのような激しさと情熱をもって、自分のありのままの姿を実現していこうとするとき、はじめて私たちは、求めていた本当の充足を得ることができる。自分自身と一体にならなければ、人生は豊かで満たされた深みのあるものにはならない。ルーミーの言う通り、「愛する者を知るためには、愛する者にならなくてはならない」のである。

私たちは人生がなかばにさしかかるまで、愛や充足の源を自分の外に求めることが多い。だからこそ、若いときほど恋愛の相手や精神的な師に心が強く惹かれるのだ。そういった人たちは、それまで自分がほとんど知らなかった、何かしら尊く素晴らしい、深く豊かな雰囲気を放っているように思える。しかし、そういった相手にあまりに魅了されていると、自分に与えられた課題の持つ真の意味――本当の自分自身を知ること――を忘れてしまう。その上あいも変わらず、愛する人を自分の心を満たすための手段と考えるならば、心の宝石はますます汚れて、当の欲求も満たされずに終わるだろう。

そうした投影――自分自身の素晴らしさを他に映すこと――という幻想がとけないかぎり、愛の深い意味に目を開き、自分自身やこの世界の中心にある聖なる存在と出会うことはできない。男女の関係は、こうした愛の交流の秘蹟《ひせき》を映し出しているのである。

ともに手をとり合う戦士たち

パートナーに対して、私たちが心の欲求を押しつけることがなくなれば、相手は大変な重荷――私たちの人生の面倒を見、心の空虚を満たし、救世主を演じなければならないという重荷――から解放される。そうすれば私たち自身も解放され、相手を真の人間として理解し愛せるようになり、相手が与えてくれる真実の贈り物に感謝できるようになる。こうして私たちの献身のエネルギーがその本来の目的へと無制限に流れこんでいくにつれ、それはまた自然とパートナーとの間をも満たしていく。私たちは相手が幸せになり、その人がより深いところから解放されていくことを心から望み、その内なる宝石が輝くことを願うようになるだろう。

ここまでくれば、お互いに「ぼくが君を助けるから、君もぼくを助けてほしい」といった、昔からの習い性になっていた親子のような関係性は解消していく。ふたりは励まし合い、自分たちの内なる聖性や根源的な善を尊重し、絆をさらに強めていく。

これこそ、真の大人どうしの関係である。ふたりは、子供のころからしみついた感情にふり回されることがなくなり、それを受け入れることもできるようになる。

こうして愛する者どうしは、自分たちの結びつきをありのままに受けとめはじめる。この世の天国でもこの世の地獄としてでもなく、ふたりの戦士の関係として。人生の道を歩む旅人どうしの、愛にもとづく霊的な交わり《コミュニオン》として。

第14章 ハートが破れた戦士は世界を変える

それではなぜ、人間として生まれてきたのか？
この世に幸せがあるからではない
好奇心があったからでもない……
この世に生きているというのは、はかり知れないことだから
すべてがここに存在し、またたく間に消えてゆき、私たちを求め、
謎めいた呼びかけを続ける……
ひとたびこの地上に生をうけたこと、それはただ一度きりの出来事にしても
この大地とひとつになって生きてきたことは――
決して消えることはない

――ライナー・マリア・リルケ

私たちは不安定な時代に生きている。チベットに何世紀もの昔から伝わる悪魔払いの詠唱の中には、驚くほど今日の状況と似た、暗黒の時代の描写が出てくる。

魔の時代には
親しい者どうしがいがみ合い
一族は争い、人々は戦いに巻きこまれる(……)
〔復讐の怒りは燃え上がり、それによって〕
人も獣も病いを患う
大空は分厚く病んだ紫雲に覆われ
武器があまねくはびこり、破壊が生まれる
人はまたたく間にからだが膿《う》みただれ、いのちを落とす。

見渡せばどこもかしこも、分裂の力が猛威をふるっている。学校や宗教集団から町や国家のレベルまで、あらゆる組織からは明らかにまともな機能が失われ、人間としての健康的な成長がはばまれている。この地球のすみずみ、個人から世界的規模において、魂の喪失のきざしは次から次へと数えきれないほど現れてきている。人間性そのものが脅かされ、危機に瀕しているのだ。

現代社会のいたるところで、人間は世界を支配する権利と引きかえに、ファウストのごとく魂を売り渡し、そのつけを次から次へと支払わされつつあるかのように見える。環境破壊、近隣や地域社会の喪失、教育の荒廃、健康をそこなわせるような食品の生産、多くの人間の無意味な労働への従事、無差別暴力の蔓延。手痛いつけが回ってくることも考えずに技術の「進歩」に盲目的に追従し、人々は目くらましや誇大宣伝や幻想のとりこになり、政治はことごとく虚偽にまみれ、歪んだメディアは真実を装う。聖地や先住民の伝統は汚され、すべては混沌の中へと落ちこんでいき、世界の人口の大半が貧困にあえぎ、権力を一手に握った多国籍企業は人類共通の利益にはまったく関心を払わない。この他にも目を向ければ、あらゆる場面でこうした現象は見られる。

一方自分の内側に目を転じれば、そこは動揺と混乱に満ち、心もハートも麻痺しあるいは暴走しているありさまだ。私たちは方向を見失ってしまった。

こんな時代の中で、男女の関係はどんな意味を持っているのだろうか？　パートナーどうしの愛は、この地球をよみがえらせ、人類全体を幻から目覚めさせるために貢献することができるのだろうか？

壊れてしまった世界に対して、愛するふたりにできることは何なのだろう？

破れたハートとともに生きていくこと

誰かを愛することによって、私たちは人間の力と素晴らしさ――私たちが持つ肉体の美しさ、明晰な気づき、こまやかな感受性、そして存在の豊かさ――を心から讃えられるようになる。しかしこうした内面の、人間の存在の中心にある根源的な善に向けたまなざしを、この世の現実――仲間たちや世界の荒廃した現実――へと向けたとたん、私たちのハートは破れる。

そんなときにまず、私たちは衝動的に、あまりにひどいまわりの苦しみに背を向け、目を伏せ、狂ってしまった世界から逃れてふたりだけの孤島をつくり上げ、繭《まゆ》に閉じこもってしまいたくなる。誰しもがそう思うだろう。私たちはそれほど打ちのめされているのだ。

しかしそれと同時に、私たちがまだ小さな子供だったころ、人々の苦しみに対するショックがハートに刻まれたとき感じた、あのやむにやまれぬ気持ち――〝なんとか世界を救いたい〟――があることも確かだ。すべてが正しい方向に変わっていけるために何らかの行動を起したい、環境を浄化し、無知や不公平を克服し、貧困や絶望にあえぐ人々に手を差し伸べたいという願い。

そんな気持ちを救いがたいほど非現実的で理想的すぎるものだとして捨て去ってしまう前に、その衝動を少しでもありのままに感じることができれば、それはあなたのハートが、世界の苦しみに純粋に反応しているのだということがわかるだろう。

しかし次の瞬間には私たちは、人の苦しみどころか、自分自身の苦しみさえそう簡単にとり除けるものではないことがはっきりわかる。こんなとき落ちこんだり、ひねくれた考えにおちいることなく、心を開いてすべてに関わっていこうとするなら、破れたハートとともに生きていくすべを身につけなければならない。

破れたハートを受け入れることによって——それは実際には、ハートが〝破れる〟というよりも、〝開く〟ということだが——はじめて、私たちは思いがけない真実を発見する。人生の苦しみに触れたとき壊れるものとは、ハートのまわりを長年にわたって締めつけていた殻なのである。

世界に対する愛と、あらゆる存在の苦しみの両方を同時に感じたとき、ハートはこの殻を破って外に出てくる。そこから現れるものは、ハートの真実の姿——自分の中に世界を感じ、世界と自分とが一体であるという、開かれたはっきりとした実感——である。それは束縛を解かれ、肉体をすがすがしい外気にさらすような感覚だ。殻に締めつけられて生きたいのでなければ、こうした生々しい感覚を避ける理由はない。破れて開いたハートとともに生きれば、人生をすみずみまで味わうことができる。

開かれたハートをかかえて現代社会の問題に向かい合うことは、禅の逸話に登場する、虎に追いかけられて崖っぷちに追いつめられた男の置かれた状況に似ている。男は崖の途中から生えた木の枝に必死の思いでしがみつきながら、その根を鼠がかじっているのに気づく。上を見れば飢えた虎がおり、下を見れば深淵がぽっかりと口を開け、あらゆる救いの道は失われつつある。そのとき彼は、自分が置かれた窮状《きゅうじょう》をつぶさに見た。

そして今にもいのちをあきらめかけたとき、彼は自分がしがみついている枝に野いちごが実っているのを認めた。一瞬、彼は生気をとりもどし、手を伸ばしてその小さな一粒を口に含み、芳醇な甘味を味わった。

この物語の男のように、世界を覆っている退廃的な力に対してすぐ解決法が見つからないと、私たちはすべてを投げ出してしまいたい誘惑にかられる。けれど苦しみや悲しみの中でも、手を伸ばしていのちの美しさを讃えるなら、私たちは確実に素晴らしいものを見つけられる——自分の内にある野性的で美しいハートを。

聖なる伝統においては、ハートは感情的なものでも感傷的なものでもない。ヒンドゥー教や仏教ではそれは人の本質を表し、イスラムの神秘主義であるスーフィズムにおいては、最も深い真実を明らかに見せてくれる、精妙な神聖さと考えられている。

ハートは私たちを、自らの存在のまっただ中、生きたスピリットや魂へと導いてくれる門である。ハートが破れて開き、深いところにある存在の中心に向かうとき、私たちは眠りから覚めて大いなる魂の深みに出会い、世界に対して深い愛情を抱けるようになる。

ハートが宇宙的な慈愛を生み出すものなら、特定の対象——この顔、この森、この隣人、この世界——を愛するのは魂だ（七八ページ参照）。たとえば、美しい大自然の一部が、分譲住宅の建設やショッピング街によってつぶされていくのを見て、苦しむのはあなたの魂である。ハートはこうした破壊による傷に慈愛を感じるかもしれないし、スピリットはこれをより大きないのちの出来事、または宇宙の死の一部とみなすかもしれない。しかし特定のものに愛を注ぐあなたの魂は、地球の美を傷つけられることに悲しみ、憤る。

こうした情熱的な反応を、感じるままに受けとめることは大切だ。そうしなければ魂は鈍くなってしまう。まるでつぎはぎだらけにされたこの地球の表面のように。

世界の苦しみを知ったとき、感覚を鈍らせないためには、自分の内なる戦士に触れるといい。そしてその戦士を通じて、「この悲惨さは、私の奥深くのどんな力を引き出そうとしているのだろう?」と自らに問いかけるのだ。

苦しみを自分の力やヴィジョン、愛、信仰、ユーモアといった能力を育てるために使えるようになれば、魂の器は鍛えられ、世界の状況に対する憤りや憂うつさから解放されていく。さらに、苦悶する地球自身が私たちにこうした目覚めを望み、私たちが目覚めることによって、そうした私たちを通して地球も目覚めていくだろう。こうしてあらゆる困難を乗り越え、破れたハートの戦士はすべてのものを愛し続けることができるのだ。

ハートが破れる瞬間、それは、世界との真の愛の交歓のはじまりである。それは望みや期待に彩られたありふれた愛ではなく、破れたハートの愛だ。この、いのちの苦しみと美をともに感じることのできる恐れを超えた愛を通じて、はじめて私たちは、この困難な時代の中で、本当に私たち自身とすべてのものを助けていく力が発揮できる。破れたハートの戦士こそ、私たちの時代が真に必要とする存在なのだ。

ふたりで魂の道を歩む

私たちが魂の道へと歩み出すとき、私たちがいろいろな場面でそのハートを開き、またこちらのハートも開いてくれた、愛するパートナー以上にふさわしい入り口があるだろうか？　その人とともに過ごすことで、私は自分の中の天使と悪魔の姿をいやというほど見せられた。私は救いを求めて破れたが、まったく思いがけない場所に隠れた宝物が見つかった。

私は恐れのあまり逃げ出したり、暴力的にふるまったこともある。相手を呪ったり、感謝にひざまずいたことも。彼女が語る真実や自分の心の偽りに、ショックを受けたりもした。またあるときには、彼女を敵だと考えたり親友だと思ったりもした。ふたりは夜がふけるまで、一緒に踊り、戯れ、泣いた。私たちの愛が深くなればなるほど、私は冷たい無言の時や、相手への無情な接し方に敏感に気づくようになった。

ハートが破れ、開いていく体験を通じて、私はより深くパートナーや世界に関われるようになったばかりではなく、何度も自分の心の故郷《ホームグラウンド》に還り、自分自身と一体になってはじめて相手とも融け合えるのだ、ということを心に刻んだ。

たとえどんなに、自分の感情についての責任を自分以外の何かに押しつけようとしても、ハートはそれとは違った真実を告げてくる。相手との関係から起きる喜びや悲しみは、まぎれもなく生々しく開いた私自身の心から生まれてくるのだということを、ハートは思い出させてくれる。

愛を他のどこかにいある何かに左右されるものだと考えるかぎり、私に実感できるのは、せいぜいその過ぎ去っていく一時的な状態(state)——現れては消える心地よさ——でしかない。しかし愛の本質は、私自身に生まれながらに備わっている、変わることのない「中心」(station)なのだ。

道元禅師の「自己を他者のように見るのは愚か者である」という言葉が本当なら、私たちはすべて愚か者だ。私たちの根底にある開いたハートに背を向けたとき、その宝石のような本質は投げ捨てられ、私たちがそこから切り離されていることへの疎外感を、自分がすることすべてを通して外面化するようになる。これが私たちの魂の共同体を衰えさせていく原因であり、人間性を荒廃させる疫病の正体なのだ。

自分に対するそうした疎外感は、何かの策略や技術によっては癒せない。そうした手段にたよっても、もともとの問題である心の分裂——解決する自分と、問題をかかえた癒されるべき自分との——は決してなくならないだろう。自己嫌悪は、その苦痛をからだと魂においてすみずみまで意識し、深く感じとることによってしか消えることはない。そこから、聖なる欲求が生まれる——自分自身に対してハートを開いていきたい、という気持ちが。

先ほどの言葉に続けて道元は、「賢者は他者を自己として見る」と言っているが、彼のこの言葉は、世界が今もっとも必要としている救済のヒントである。私たちは、心の中で他者として分離した自分の要素をとり戻し、それとの融合をはたさなければならない。そしてはじめて、自分の外の他者とみなしてきた存在——この素晴らしい、壊されてしまった世界——を、自ずから愛し大切にすることができるのだ。

愛し合うカップルが、お互いの結びつきを通じてハートを開き、深遠なる魂を育てていくとき、ふたりはまた、この世界における魂の喪失をより敏感に感じるようにもなる。そのときこそ、ハートと魂を現実の世界にとり戻すという働きを通じて、彼らは世界に何かをもたらしていけるのである。

ふたりはまず、自分たちの家を聖なる環境に整えることができるし、深みのある人間性を子供たちに伝えることも、互いを思いやる仲間の共同体を育てていくこともできる。さらに人々との日常の交わりの中で、世界を支配している心の麻痺や魂の喪失から彼らが目覚めるために力をかし、ハートや人間性をさらに広げていく助けとなることもできる。また、自分たちの住む地域を大切にすること、テレビなどの魂を枯渇させる刺激を遠ざけること、本当の会話や瞑想、精神的な修養や創造的仕事、生涯を通じて一般社会の目覚めと刷新をもたらすために貢献することなどによって、そうした働きをさらに進めていくことができよう。

これらは、男女がふたりのヴィジョンと愛を広げていくための、数えきれない方法のうちのほんの一部にすぎない。もし彼らが、お互いの関係を魂を養う器として使い、自分たちの内なる分裂から癒された恵みを他の人々とも分かち合うことができれば、それはこの厳しい世界の状況に対する最大の贈り物になるだろう。

そうすれば男女の深い結びつきは、すべてのいのちある存在のためにハートを破って開いていくための小宇宙となる。苦痛をやさしく受けとめ、恐れに心を開いていき、多くの悲しみを乗り越え人生の美を讃えることで、私たちは条件づけされた心という牢獄から解放される。そしてふたりは、絶え間ない驚きに出会う旅へと出かける――自分自身に立ち返り、自分を超えていく旅に。

鈴木俊隆《しゅんりゅう》老師はこう言った。「自分自身に、すみからすみまで自分自身になり切ったとき、あなたは宇宙そのものとなり、条件づけされた自分を超える」

そうなれば、世界のために自分の身を捧げた結果がどうであろうと、それに私たちの幸福は左右されない。私たちは、永遠《とわ》に新たに生まれ続ける宇宙の力と融合していくのだから。

原註

はじめに

＊1――私たちは歴史上、こういった可能性を視野に入れられる最初の世代である。生涯つれそうパートナーを自らの意志で選択する完全な自由を多くの人々が手にするようになったのは、西欧社会でもたかだかこの二～三世代、百年以内のことだ。一九三〇年代以前には、セックスについて率直でオープンに話すことさえはばかられた（セックスについての最初の手引書が出されたのは一九二九年のことだ）。また、大多数の人々が、男女のさまざまな関係のあり方について考え話すための手がかりになるような、言葉や情報に接することができるようになったのは、五〇年代から六〇年代にかけて大衆向けの心理学書が出るようになってからのことである。

男女関係に対する意識をさらに深めていこうという動機づけは、ごく最近になるまで決して強くはなかった。一族や社会が結婚についてのしっかりとしたヴィジョンを持ち、男女間のルールや役割を厳密に決め、その通りに実行させていたからである。こうして一族によって求婚のしかたや結婚がとりしきられているかぎり、本人どうしの意識が深まる必要はまったく生じない。多くの血族や部族社会におけるカップルは、同じ屋根の下でずっと暮らし続ける子供のようなものだった。彼らは決まりに従い、言いつけられる通りの生活を送っていたのである。

一九二〇年代、産業化の時代に突入し血族の影響力が弱まりはじめると、若者たちの自由を求める欲求から、革新的な相手選びの形――デートが生まれた。デートという形式の出現によって、男女の意識は、「青春期」と呼べるような新たな発達段階に踏みこんでいく。そこでカップルは、いっぺんに新しい課題を背負うことになった。自分自身の感情や情熱にもとづき、長年にわたってパートナーとの絆を保っていく方法を見つけなければならなくなったのである。

一九二〇年代に人々が映画やメロドラマに熱狂しはじめたことは、伝統に対する反抗、完璧な恋愛への夢想などといった、この青春期の段階の特徴をよく表している。それがクライマックスを迎えたのは、一九六〇年代、セックスについてのあらゆる種類の実験的試みが登場したときだ。それは、青春時代に誰もが奔放な行いに走るように、次なる成長の段階の前の試行錯誤の時期であった。

そして新世紀を迎えようとするいま、カップルの意識がいわば大人の段階に入るための準備がようやく整った。男女関係にとって、安全や保障ということが子供時代の必要性であり、自由や反抗や興奮などが青春期を象徴するなら、ふたりが大人の段階を迎えるためには、ありのままの自分たちの姿を見つめ、ともに何を築いていくのかを考えていくような、意識の深まりが必要だ。

第2章

＊1――ここで言いたかったのは、私たちが幼いころには自分の深くにある魂の本質と完全に結びついているのに、成長するに従ってそれを失っていく、ということではない。魂――私たちが自らの本質を表現するときの個性的な形（詳しくは七八ページを参照）――は、子供のころに完全に実現されているわけではなく、一生を通じて成長していくものだ。しかし、その意味を完全に認識したり把握することができなくても、子供がそうした自分の本質の深みをかいま見るという可能性はある。

＊2――自分が経験していることから一歩しりぞき、それを深く考察する能力――つまり内省と観察の意識は、児童心理学者のジャン・ピアジェが「形式的思考操作期」と名づけた発達段階である十代のはじめになるまで、完全に成熟することはない。

幼児はこういった能力がまだ開花しておらず、自分自身や自分の経験をはっきりと把握することができない。まして、両親や他の大人が子供の本質的な価値や愛らしさを映し返してあげなければ、彼らが単独でそれらを自分のものとして受け入れることなど不可能だ。

子供たちがその大いなる能力を伸ばしていくためには、子供が自分の個性的な資質と普遍的な本質とをともに認められるように、大人たちが導いてあげることが望ましい。

私の義理の父は、私の妻が三歳だったころ、ぬいぐるみのライオンを与え、おまえはこのライオンと同じように、美しく、強く、輝いているんだよと言いきかせたそうだ。彼女はそのことをいまでも、子供時代の特別な出来事として記憶している。父親はそうした言葉によって、「彼女自身のかけがえのない魂の本質を見て励ます」という恵みを彼女にもたらしたのだ。

それだけでなく、自分のより普遍的な大いなる本質を大人から映し返してもらうことも、子供にとっては必要だ。伝統的社会においては、宗教がその役割をはたしていた。インドの僧侶階級においては、子供は五歳から、一族の導師、つまり精神的な導き手のもとで学びはじめる。そのようにして、自らの神聖な本質にじかに触れ、それについての教えを授かるのである。

チベット仏教の伝統では、悟りを得た者の生まれかわりとみなされた子供(トゥルクと呼ばれる)は、幼くして僧院に連れていかれ、そこであらゆる霊的な教育を受ける。その中でももっとも重要な教えは、「指示の導き」と呼ばれるものだ。導師はそれを通して、子供が自分の本質やそこに宿るパワーを認めることができるように、示し導いていく。

幼いころにこうした指導を受けた導師たちに会った私の経験からすると、その教えには重要な効果があると言わねばならない——彼らは私が会った中でも、もっともパワフルな精神性を備えた存在である。また、あるチベットの導師たちの言では、選ばれた子供が導師から認められこうした教育を受けなければ、その子の人生は方向を失い、混乱したものになるだろうということだ。

＊3——私が使っている「自我《エゴ》」という言葉には、人が機能するための総合的な能力といった、厳密に臨床学的な意味はない。むしろここではもっと大まかに、昔からの条件づけにもとづく固定した自己概念を表している(精神分析学からすると厳密には、自己概念とは自己を表現する能力であり、数あるエゴの機能のうちのひとつにすぎない)。

本書の内容を簡潔かつ明快で、読みやすいものにするため、ここではエゴの発達について精密で包括的な説明をすることはさけ、自己概念というものが、一般的にどのように形づくられ発達していくかという、大まかなしくみだけを示した。

また、私が「性格」という言葉を使う場合は、つねに「条件づけされた性格」といった意味合いを持たせている。それは過去の条件づけによって、自分自身を見ることだ。しかし第4章で論じる「魂のワーク」を行なうことにより、「魂が吹きこまれた」人格——自分の神聖な本質に心を開き、それを引き出すようなあり方——を発達させることもできる。

＊4——私たちのアイデンティティーの忘我の状態《トランス》がどう生まれるかを、心理学的にはっきりつきとめられれば、「人間性のほとんどの部分は、眠っているような状態にある」と説く、あらゆる偉大な精神世界の伝統の教えがより具体的に理解できるようになるだろう。

＊5——エッジについてのより全体的な説明と、男女関係においてそれがいかに重要であるかについては、前著『男女のスピリチュアルな旅』の第5章「刃の切っ先《エッジ》で踊る」を参照のこと。

第3章

＊1——ここでいう「無意識」とは、気づきの背後で働き、ふだんは自覚していないアイデンティティーのことだ。ときにはこうしたアイデンティティー(この場合には、「潜在意識」と言った方がより適切だろう)は、わずかな注意力と努力によって容易に姿を現し、気づきの光に照らし出される。あるいは、それはさらに深いところに埋もれたままになり、長期にわたる集中的な自己探求がなければとらえることができなくなる。

＊2——ここで蠟のたとえを持ちだしたのは、人間の本質は非常に感受性に富んだものであるが、外的な影響力によってどのようにも色づけされうるような、まったくの「白紙状態」とは違うからだ。子供もまた、もともとある傾向を持って生まれてくる。そして理性によって、自分がとりこんだ情報を、積極的に選びとり、解釈し、またそれに反応していく。

子供たちのほとんどが両親から誤ったミラーリングを受けているが、それに対する反応はひとりひとり違い、対応のしかたも一様ではない。同じ状況であっても、従順で人を喜ばせることに懸命な子供がいれば、けんか腰で反抗的になる子も、尻ごみし落ちこむ子もいる。このように異なる反応は、ある部分では子供自身の性質に備わった先天的傾向から発している。

こうした傾向について、西洋では遺伝、東洋ではカルマという言葉で説明してきた——それはおそらく、両親の子供への対応のしかたにも影響している。幼年期における条件づけは、親と子供の相互作用によって形づくられる。幼いころの、自己と(心の中の)他者との関係性への固執やその内面化のしかた、またそれによってどう生きていくか、これが私たち自身のカルマとなる。それは男女の関係においても取り組んでいかねばならない問題だ。

＊3——イギリスの精神分析医で小児科医でもあったドナルド・ウィニコットは、かつて「人格の発達段階において第一に鏡の役割をはたすのは、母親の顔である」と述べた。

＊4——現代社会においては、子供に対する親の影響がとくに強調されている。いまの子供たちは、大人たちとの多面的な、幅を持ったやりとりの渦中に身を置くような、親類を含めた拡大家族や一族の中で育つことはない。そうした伝統的社会では、親によって子供の魂の性質が認められなくても、少なくともその文化が魂を養う道を用意していた。そこでは神話、儀式、伝承説話、精神的・霊的な教え、または通過儀礼などを通して、若者たちは自分の人生と大いなる宇宙との結びつきの意味に目を向け、理解していった。しかし現在私たちが生きているのは、クリストファー・ラッシュが「ナルシシズムの文化」と名づけた、偽りの自己イメージを増長させ讃えるような社会なのである。

＊5——霊的導師A・H・アルマースは、こうしたアイデンティティー形成(自己同一化)のプロセスを明確に表現している。

「何らかの対象や状態と同一化するということは、端的に言って、(……)心が表象や感情や状態などをとらえ、それらを通して自己確認をするということである。つぎに心は、それらをとらえながら、その状態と結びつく。

こうした心の結びつきが『アイデンティティー』と呼ばれるものをつくり出す。このように何かと同一化する状態が意識されたとき、『これが私だ』とか『それによって私がわかる』という言葉になる」

こうしたアイデンティティー形成によって私たちは、十代に意識が成熟するころにはすでに、自分に対してさまざまに限定された歪んだ視点を持つという重荷を負うようになる。大人になってからこうした古いアイデンティティーから目覚めるためには、意識的な取り組みが必要だ。残念ながら、あえてそうした努力をする人はほとんど見受けられない。

＊6――こうした「自分に対する見方」のことを、専門用語では「自己表象」という。

第4章

＊1――私はここで「魂」という言葉を慎重に扱っている。それはさまざまな文化の中でじつに多くの形で表現されてきた。しかしそのほとんどが明確な定義を持たず、あいまいでとらえどころがなかったり、既成の伝統とある形で結びつくことによって、限定された意味しか持ちえなくなっている。とりわけ問題となるのは、それが人間の経験の神秘を説明するための都合のいい表現として使われたり、人間に宿る永遠で完成された実質として考えられるときだ。

ここで述べたように、魂は決してからだの「中に」存在するものではない。むしろそれは、からだを生かすもとになるもの――人間の個性的で具体化された存在のしかたであり、宇宙を源とする、私たちのありのままの生きたプロセスである。インドの聖者シュリ・オーロビンドはそれを、「神の火花」と呼んだ。

ユング派心理学者の多くは、魂を想像力の働きとかその内容と考えているが、私はそれをさらに広い意味でとらえている。

この「魂《ソウル》」という言葉は、仏教文化の中で育った人たちにはしっくりこないかもしれないが、それは仏教でいう「色身《しきしん》」（ルパカーヤ）――形あるひとりの具体的な人間と、その人が表す独特な性格とか性質――に近いと思われる。これは「法身《ほっしん》」（ダルマカーヤ）――真理そのもので、誰にも共通する普遍的なもの――とは異なる。

法身が個人を超えた不変のものであるのに対して、色身は人間に欠かせない性質や美点を成長させることで発達し成熟していく。

この成熟の過程を、私はここで「魂のワーク」――人間の持つ大いなる性質を成長させること（仏教では「徳を積む」こと）――と呼んでいる。これは、自己の本質を直接見つめる（「知慧を積む」）ことによって法身を悟ることとは違ったものである。

このように色身と法身との違いは、西洋の神秘主義の伝統でいうところの魂《ソウル》と霊《スピリット》との違いに近いかもしれない。

また少し視点を変えれば、魂は「報身《ほうじん》」（サムボガカーヤ）――真理が現象面に人間などの生きた姿をとって現れた「応身《おうじん》」（ニルマナカーヤ）と、形を持たず真理そのものである法身との中間的な存在――とも近い。

＊2――こうした能力は、努力によって身につけていくというより、私たちに生まれつき備わったものだ。たとえば愛は、誰に教えられなくても自然とわいてくる。私たちは愛を大きく広げていくことができるし、その前に立ちはだかる障害をとりのけることもできるが、愛そのものは、私たちという存在に固有の性質としてわいてくるものだ。

また、勇気、強さ、忍耐、ユーモア、献身、冷静さなど、その他の能力についても、同じことが言える。しかし、こういったものの多くは条件づけされたパーソナリティーにはばまれ、実現されないままでいる。それは、実を結ぶようになるまでに必要な水や太陽の光を受けられない、休眠中の種子に似ている。

第5章

＊1――この「嫌悪すべき自分」という言葉は、対象関係理論の中で厳密に定義されているものではなく、自分の一部を切り離すことによる原始的な自己防衛という、特殊な無意識のアイデンティティーを表すために使った。

＊2――条件づけから自由な人間の持つ「善」は、後天的な努力によって手にしたりすることはできない。自分

の価値をなんとかして証明しようとする試みは、かえって私たちを善から切り離していく。
＊3――この「物語《ストーリー》」という言葉について、さらにそんな物語をこしらえることと自分の経験をそのままに感じとることとの違いについては、『男女のスピリチュアルな旅』第2章（三八〜四三ページ）を参照のこと。

第7章

＊1――この「中間的な状態」は、「バルド」（中有）という言葉で知られ、チベット仏教の伝統でも重要なものと考えられている。ふだん私たちは、ふたつの異なる考えや、仕事と休息との切り替わりなど、物事が移行していく瞬間、ふたつの意識の状態の間にある、ギャップ（中間的状態）の存在に気づかない。瞑想を行なっていると、こうしたギャップが、つねに私たちの意識をさらい続ける思考の強い流れから、自由になる方法をかいま見せてくれることがある。

チベットの伝統ではまた、死ぬと私たちはまずバルドの状態に入るが、そのとき古い執着を手放す方法を知らなければ、意識は恐怖と混乱へと投げこまれ、それは死後の私たちの状態にまで影響することになるという。だからこそ、生きているうちにバルドに意識を向け、それを正しく通り抜けていく方法を学ぶことが大切なのだ。

＊2――フォーカシングの技法を知っている人ならば、私が妻と行なったワークショップについての描写のうちに、このフェルトセンスの要素を認めることができるだろう。ただし私がクライアントに接するときのよりオープンなやり方に比べると、フォーカシングにおいては、より目的志向的で段階的なテクニックが使われるようだ。

第9章

＊1――いがみあいを解決できないでいるうちに、けんかそのものを全くやめてしまうカップルもいる。それはふたりの間の生き生きしたエネルギーを抑圧し、見せかけの調和をもたらすだけだ。

第10章

＊1――もちろん、こう一般化してしまうにはあまりにも例外が多い。私は、女性は陰という理念にもとづいて生き、男性は陽の理念に従って生きるべきだとはまったく考えていない。むしろこのふたつのエネルギーを男女がさまざまなやり方で結びつけ、現実化させれば、必ずそこからその人独自の幅広い表現が生まれてくるだろう。

第11章で論じるように、実際に男の方が女よりも陰を表すことがあるし、女の方がより陽を表すこともある。古代ギリシャの多神教の世界にはこの多面性がよく現れており、その神殿には陽を備えた男神(アレス)や陰を持った女神(アフロディーテ)だけではなく、より陽の傾向が強い女神(アテナやアルテミス)や、より陰が強い男神(アドニスやディオニソス)たちもいた。

こうした陰と陽のさまざまな融合のしかたに加え、異なった生物学的、文化的、歴史的な働きかけによって、男女ひとりひとりに固有の心理が形づくられていく。人の気質や条件づけには実際、かなりの差異がある。本文中で男女のさまざまな性質について触れている部分では、あくまでも現代社会の大多数の男女を対象にしているということを念頭においていただきたい。

最後に、男性性と女性性に属する性質の違いは、固定した融通のきかないものではないことを強調しておく。すべての文化が、こうした西洋や中国のような分類をしているわけではない。この問題全体については、『男女のスピリチュアルな旅』の第12章において、さらに詳しく論じている。

＊2――『男女のスピリチュアルな旅』第15章(二八四～二八八ページ)において私は、外なる結婚、内なる結婚、隠された結婚という、結婚の三つの次元について論じた。本書では簡単に、前著での「内なる結婚」と「隠された結婚」の両方に対して、まとめて「内なる結婚」という言葉を使っている。前著の第15章では、結婚のより深い意味合いと目的について、さらに広く考察している。

＊3――女性性を軽視することから生まれるすべての問題に加えて、現代では女性性に対する信頼や信仰も失わ

れはじめている。私たちは、いのちや人のハートに宿る女神を信じられなくなっているのだ。いわゆるポスト・モダン的な風潮に特有のシニカルで風刺的な傾向は、当世風の自己防衛の手段となっている。

＊4――「知恵が呼びかけ、英知が声をあげているではないか。高い所に登り、道のほとり、四つ角に立ち、城門の傍《かたわ》ら、町の入り口、城門の通路で呼ばわっている。『人よ、あなたたちに向かってわたしは呼びかける。人の子らに向かってわたしは声をあげる（……）わたしによって王は君臨し、支配者は正しい掟を定める』」（旧約聖書・箴言第八章一～一五節）〔引用は『新共同訳聖書』による〕

この箇所を見れば、知慧が女性性の上に成り立ち、男性性を正しく働かせる（「わたしによって王は君臨し……」）ということがわかる。また次の、旧約聖書外典である「知慧の書」からの引用では、ソロモンが知慧《ソフィア》に対して自分の恋人のように接していることがわかる。「わたしは若いころから知慧を愛し、求めてきた。わたしの花嫁にしようと願い、また、その美しさのとりこになった」（「知慧の書」第八章二節）

第11章

＊1――ダキニについての詳しい説明は、『男女のスピリチュアルな旅』第12章（二二七～二二九ページ）を参照。「初心者の心」については、同書の「はじめに」（八～九ページ）と第10章（一九五～二〇二ページ）にある。

対話11のA

＊1――アジアにおけるタントラ仏教の興隆やフランス南部の宮廷の恋愛の出現など、歴史の中で、男の女に対する献身が急に大きな重要性と価値をおびてきた時期があった。それは、芸術的創造性と精神的革新をもたらす、パワフルな時代の到来を導いた。

これらふたつの伝統では、男の恋人に対する接し方は、その時代に一般的だった女性に対する支配や軽視とは反対に、尊敬と賞讃、奉仕と崇拝という特徴を持つ。女性性を讃えることは、男のハートを開き、人格を洗練し、創造的な知慧とエネルギーという富を解き放つための精神的な修行と考えられていた。

現代においてはもちろん、こうしたことは、宮廷での恋愛のように男から女への一方向で行なわれるのではない。男女はともに、相手の恵まれた資質を讃え、それぞれのやり方で仕え合うようになりうるのだ。

訳者あとがき

　どんな時代にも、その中に住む男と女の心情を象徴するような歌がある。最近記録的なＣＤ売り上げで巷の話題をさらい、実際私もよく無意識に口ずさんでいた、ある若い女性歌手の歌が思い浮かぶ。無意識に歌われるほど、そうした歌は多くの人の深層心理をうまく表現しえているのかもしれない。

「君といると自動的に天国に行ってしまう私」「君にアディクティッド（中毒状態）になっているのかも」ここでは、女性が相手を今風に「君」と呼んでいるだけで、流行歌の中でそれまでにも表現され続けてきた、〝恋愛の魔法〟（自分でコントロールできない陶酔感と苦しみ）があいも変らず時代の心を浸《ひた》しているのを感じる。それを歌うとき、私の中にも、ちょっとした心地よさと苦しみに対する共感や、どうにかならないの？　といったじれったさがわいてくる。

　見渡せばこの世はまさに、恋愛や異性との関係性についての話題が花盛りだ。広告や雑誌、テレビからは、有名人のゴシップやおしゃれな愛のあり方が絶え間なく流れてくる。そうしたメディアに目や耳をなじませている私たち自身も、友人たちとの間で人や自分の体験について秘密めかして話題にのぼらせたりするが、「男って、女ってそんなもの」「恋愛するとこうなって、結婚とはこんなものだ」といった、メディアや周りから吹きこまれたものの見方を、あたかも自分で見つけ出したもののように思いこんでいることにはなかなか気づかない。

　確かに「人はいい恋愛をするべきだ」という思いこみも含めて、私たちの心には、いくつもの〝枠組み〟ができている。そしてその枠組みは、つき合うならこうでなくては、結婚するならこうならなくては……と、まるでロシアの入れ子人形のように、幾重にも私たちを枠づけ、縛っている。だから異性との関係に入っていくとき、自動的に中毒状態になることを免れないのかもしれない。こういった状態は、心地いいけれどもすごく苦しい、でもやめられない。それを多くの人たちが人間の性《さが》と呼んできた。しかしそれが私たちの本当の望みなのだろうか？　魂は何に飢え、何を求めているのだろうか？

メディアの発達であふれかえる情報によって、私たちはあたかも選択の自由を手に入れたように感じている。しかしそれらはあくまで「外側から」与えられたものだ。そういったものの雑音にはばまれて、かえって人は自分の内面の声に耳を澄ますことを忘れてしまった。魂の声は心の枠づけに閉じこめられ、私たちは与えられた自由で真の自由を制限してしまっている。

どこかがおかしいと思いながらも、どうにもならない。そんな心の中に開いた穴を埋めるために私たちは、あらゆるものに中毒する。タバコ、酒、ゲーム、電話、メディア、コンピューターの仮想現実、ペット、仕事、子供の教育、そして人との関係性、恋愛に。これらすべての人間の営み自体に問題があるわけではない。それらに囚われ、依存し、ロボットのように操られてしまうという「不自由さ」が、苦しみを生み出しているのだ。そう、私たちは思いこみに彩られた恋愛(他者との関係)の魔法を、自分にかけてしまっている。

かつて伝統的社会においては、人類の歴史の中で長年にわたってつちかわれてきた知慧が、親や長老たちを通して次の世代へと間違いなく継承されていった。そこではあらゆる価値観、生き方がある秩序を保ち、あたかも(たんなるノスタルジアかもしれないが)ある種のユートピアが実現していたかのように見える。

今や社会は大きく変容し、そうした秩序は崩れ去り、多くの場面で理想的なモデルがもはや存在しない。前の世代も封建社会の名残から抜け出せずに、現代において人のあり方も、「あるべき男女の関係」も示せずにいる。むしろ現代においては、「あるべき」といった考え方そのものが崩壊したといってもいい。

しかしそうした遺産や価値観を失ったように見える私たちは、一方で一族や社会全般、伝統的価値観に縛られずに考え、行動することができるような可能性を手にしている。前記のようなメディアによる情報や、社会的自由の保障、スピードと幅広さを可能にするさまざまな手段の発達などは、それらに対する中毒の魔法を解いて生かすことさえできれば、深まっていくさまざまな問題に取り組むための強力な助けにもなる。ただそれについても、自分の魂の真実の声を聴こうとしなければ、心はまたも新しい魔法にかかってしまうだろう。

本書『男女の魂の心理学』(原題 *Love and Awakening*)は、日本に紹介されるジョン・ウェルウッドのパートナーシップに関する著書としては二冊目になる。

前著『男女のスピリチュアルな旅』では、伝統的価値観を失った、またはそれから自由になった孤独なふたりが、お互いの関係を、より積極的に試練を引き受けて成長していくための「道」となすことが提案されていた。相手との間に起きる問題から生まれる精神的な〝きつさ〟——刃の切っ先《エッジ》にとどまることによって、自分の心の枠組みをはっきりと自覚すること、あくまでそうした自己観察を中心にして段階的に相手との関係に踏みこんでいくことによって、はじめて男女それぞれの可能性が開花し出し、同時に深い絆もつちかわれていくことが強調されていた。

そうした前著の姉妹篇ともいうべき本書では、地に足のついた真摯な姿勢を保ちながら、さらに弱さや醜さを含む〝ありのままの自分〟に向かい合い、相手との関係を通して、それまで失われたり抑圧されてきた真の自己を回復していくという課題の真っただ中に踏みこんでいく。

「自分が真に自分自身になることによってしか、他者との関係性も築かれてはいかない」——つまり魂の真実の声を聞くこと、それは変わらぬ本書の通奏低音である。それに耳を澄ますと、男女の関係への意識的な取り組みが、自分の内面ばかりか世界のあらゆる問題につながってくるのだと、改めてわかる。本書の後半は、おもにそうしたことに捧げられている。

日常的に接するパートナーどうしが、つきあいの中で真実の自分を見させられることが恐くて、相手から逃げたり攻撃的になったりするのでなく、「こんなものだ、これで仕方ない」といった心の枠づけの鉄格子を揺さぶり合い、ふたりがお互いの真実の望みを目覚めさせることができれば、そこからどれだけのパワーが生まれてくるかははかり知れない。そのパワーがふたりだけでなく、周りに対しても大きな可能性をもたらすことは、世界が男女の関係性、または家族を基本単位として成り立っていることからも想像にかたくない。だから本書は、たんなるパートナーシップの指南書を超えて読まれていくはずだ。私たちは遅かれ早かれ、人類全体をおおう苦しみにつながっていかねばならない。

本書は約三分の一が、ウェルウッドの行なったワークショップなどの対話によって成っている。それが一章ごとの論点をきわめて日常的なレベルに引き降ろし、読者が自分に引き比べて読めるようになっているのがありがたい。ここで登場する人たちの多くが、ウェルウッドの導きがあるものの、自分の身体感覚や感情の動きをじつにこまやかに観察しているのが印象的だ。現代はこうした主体的な「からだ」が失われた時代である。

読書はどうしても知的理解が先行しがちだが、とくにこうした会話の部分を読者は「感じながら」読んでいってほしい。そうすればきっとそのどこかに、自分の魂の真実に響く言葉が見つかるはずだ。そうすればアメリカのどこかのワークショップで発せられた会ったこともない参加者の一言が、自分の言葉になり、血肉化するだろう。

訳者自身もこうした対話部分を訳しながら、幾度となく現在の自分の枠づけが揺さぶられ、つらくなったり、励まされたりした。活字というメディアだからこそ、今読み返してみるとそうした一瞬一瞬がありありと刻印されている。頭ではなく本書を「身読《しんどく》」された読者なら、本書とともにまた、自分が新たに魂への道という時間を生き直していることを知るだろう。

二年余前に訳した前書をきっかけに、私自身、パートナーシップに関するいくつもの講座やワークショップを行なったり参加したりして、多くの出会いの中からじつに豊かな学びを受けとり、また自分も変えられてきた。男女・年齢を問わず、そうした場所では、ふだんかわすことのできない本音を聞き合うことができたが、また多くの人が、パートナーとはなかなか心を開いて話せないという悩みや、あきらめを告白していた。

確かに現代では、安心して心を開ける場所があまり見あたらない。家庭でさえ、自分の最良のパートナーに対してさえそうであることが多い。自助グループなどの形で、そうした「場」をつくっていくことの必要性を最近痛感する。逃げこむのではなく、そこでの経験をきっかけにして現実に取り組んでいく勇気づけとしての場だ。

ただ最終的には自分自身の中に宝が隠されていることを、重ねて強調しておきたい。そのことを気づかせ合い、お互い自身につねに立ち返らせるようなパートナーシップに向けて、私自身も苦闘中である。

本書の翻訳は、これまでの二年余の講座やワークショップや数知れない対話を通じて、ともに取り組んできた仲間たちや参加者、前著を手にとって訳者以上に読みこんでくれた読者のかたがた、引き続き翻訳のパートナーとして助けていただいた編集部の田中晴夫氏、そして日常をともにしている生活のパートナーの美帆、すべての人たちの共同作業である。万感の思いで感謝を捧げたい。

なお、原註は巻末に掲げたものより長かったが、出典のみを紹介してあるものについては、邦訳書がほとんど存在しないことから、省略させていただいた。

こうして再び、私たちはスタートラインに立つ。二千年を迎えた瞬間のあの気持ちを憶い出してみよう。次にいったい何が起こるかわからない不安と期待、そう、それがいつでもリアリティーだ。今あなたは何を感じているだろうか?

新しき千年紀の最初の月に

島田啓介

◎訳者紹介——**島田啓介**(しまだ・けいすけ)＝一九五八年群馬県生まれ。上智大学中退、武蔵野美術短期大学卒業後、木工玩具作家。インド、ヨーロッパなどへの旅を重ね、一九九二年、十ヵ月間のパナマ—ワシントン中米徒歩巡礼に参加。帰国後イベントの企画、瞑想会の主宰、翻訳などを手がける。共訳書に『レッグス』(カタツムリ社)、訳書に本書の姉妹篇である『男女のスピリチュアルな旅』(日本教文社)など。

◎著者の連絡先——Journey of the Heart Seminars, P.O. Box 2173, Mill Valley, CA 94942, U.S.A.

男女《だんじょ》の魂《たましい》の心理学《しんりがく》
ふたりの魂《たましい》を目覚《めざ》めさせる愛《あい》の旅《たび》

初版発行――平成一二年二月一五日

著者――ジョン・ウェルウッド
訳者――島田啓介（しまだ・けいすけ）
©Keisuke Shimada, 2000〈検印省略〉
発行者――中島省治
発行所――株式会社日本教文社
東京都港区赤坂九―六―四四　〒一〇七―八六七四
電話　〇三（三四〇二）九一一一（代表）
　　　〇三（三四〇二）九一一四（編集）
FAX　〇三（三四〇二）九一三九（販売）
　　　〇三（三四〇二）二六五六（編集）
振替＝〇〇一四〇―四―五五五一九
組版――レディバード
印刷――東洋経済印刷
製本――徳住製本
装幀――山田英春

LOVE AND AWAKENING
by John Welwood

ISBN4-531-08125-0　Printed in Japan